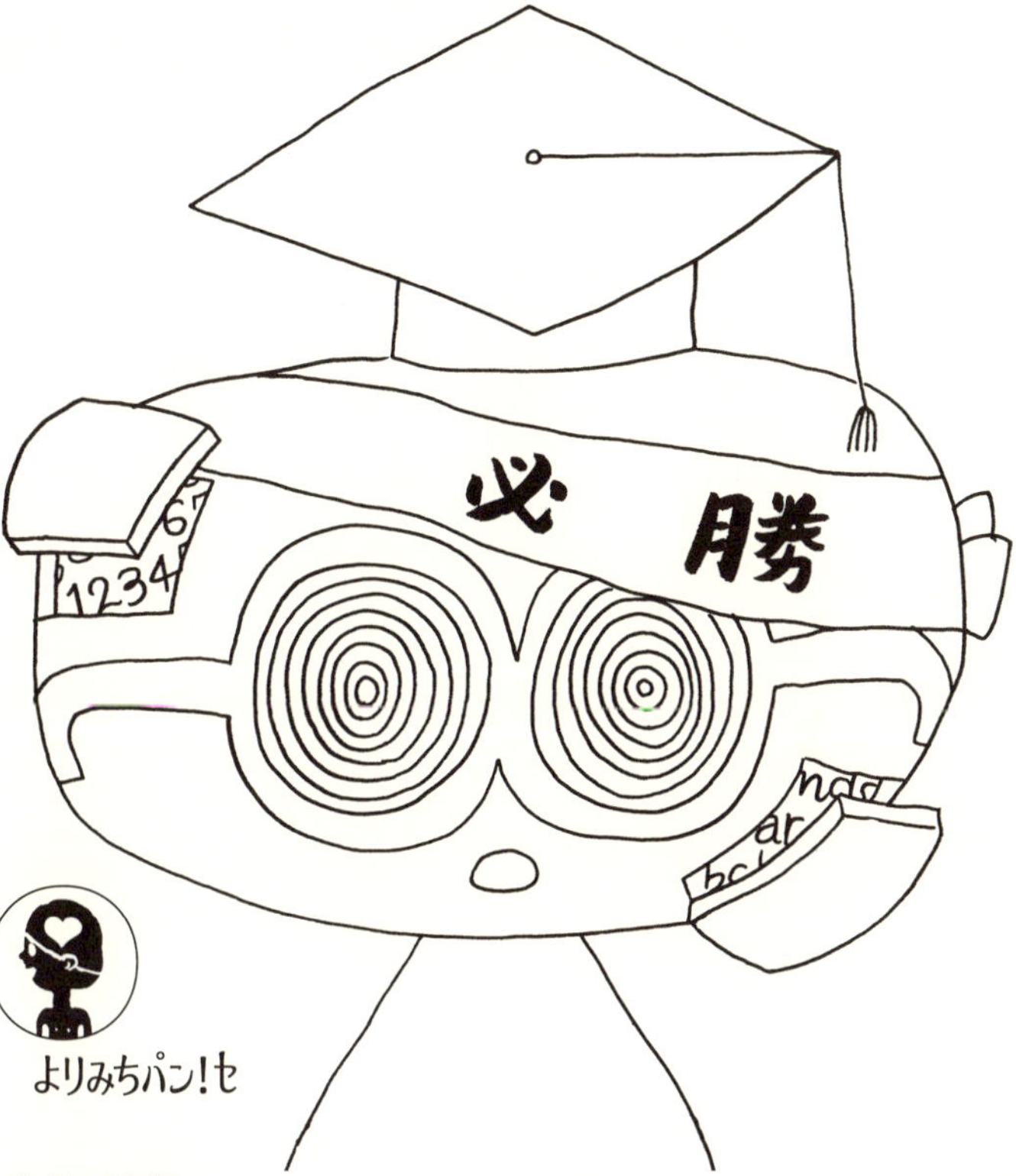

よりみちパン!セ

改訂新版

ロボットは東大に入れるか

新井紀子

新曜社

ロボットは東大に入れるか　もくじ

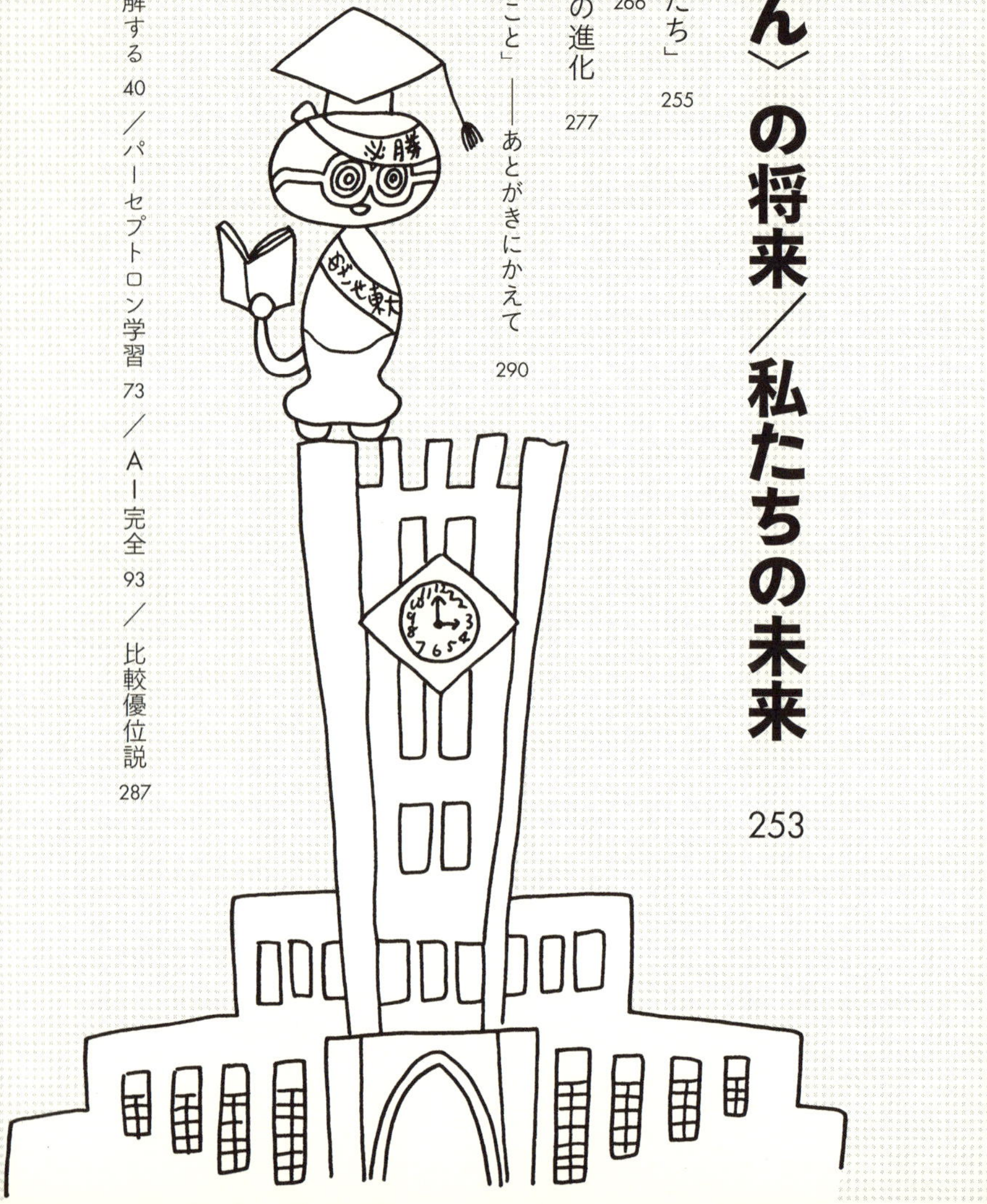

必勝
めざせ東大

ロボットは東大に入れるか

まえがき

この本のタイトルは「ロボットは東大に入れるか」です。

このタイトルを見て、不思議に思った方もいるかもしれません。

「えっ？　ロボットってまだ東大に入れないの？」と。

「だって、スパコンの京は1秒間に1京回も正確な計算ができるんだよ。無人自動車がアメリカでは免許を取ったし、将棋プロに勝てるようになったり、宇宙に行って若田幸一さんと一緒に作業もしたのに、まだロボットは東大に入れないの？」と。

ええ、残念ながら、そうなんです。

この本は、どんなすごい技術でロボットを東大に入れるか、について解説する本ではありません。

なぜ、ロボット／人工知能／コンピュータ（計算機）が、1秒間に1京回計算ができ、チェスや将棋のプロを破り、マイケル・ジャクソン風のダンスを踊れるようになっても、東大に入ることが難しいのか、そのことについてみなさんと一緒に考えるための本です。

「どうして私たちがそんなことを考えないといけないの？」
「そんなこと、ロボット研究者とか技術者とかに任せればいいんじゃん」

そうですね。電話や新幹線が作られたときは、実際私たちはそうしたんですものね。でも、私は今回ばかりは、「それはちょっとまずいんじゃないか」と思うのです。その理由はおいおいくわしくお話ししていきますが、コンピュータに関する技術、特に知能をもったコンピュータ「人工知能」を実現しようとする技術の「あり方」が、電話や新幹線を開発したときとは決定的に違うからなんです。

電話や新幹線を開発したときには、技術者たちは「何が実現されるのか」をはっきりとわかっていました。ご存じのとおり、電話というのは、音声を電気信号に変えて、電話回線を通じて離れたところにいる相手に伝えるものですし、新幹線とは時速200キロ以上で走行できる列車を日本で実現するプロジェクトでした。彼らは、それがどのような道筋で実現されるのかを知っていました。もちろん、それらを実現するにはいろいろな困難があって、そのひとつひとつを乗り越えなければならなかったことは言うまでもありません。

でも、「人工知能」は、まったく違うストーリーで進んでいるんです。「人工知能」や「ロボット」の研究者や技術者はたくさんいます。子どもの頃、アトムやドラえもんが大好きだったり、「２００１年宇宙の旅」に感動したりして人工知能研究者を目指した人も少なくありません。けれども、いま自分たちが研究していることが、「人工知能」という大きなパズルの中でどのピースになるのか、はっきりとわかっている人は、じつはいないのです。

本当を言うと、それが「大きなひとつのパズル」なのかさえ、よくわからない。「人工知能」というゴールがあって、それに向かってひとつひとつ障害を乗り越えつつ進んでいる、というタイプのわかりやすいストーリーではないんですね。

そのいっぽうで、人工知能に関連する技術は、すでに知らず知らずのうちに、私たちの生活の中に深く入り込んでいます。人工知能の技術なしには、もう私たちの生活は一歩も前に進まない、と言ってもいいでしょう。それくらい人工知能は、私たちの生活の一部になっているのです。でも、さっきも言ったように、その技術で何ができるのか、どこに向かっているのか、私たちは本当はよくわかっていない。にもかかわらず、私たちは日々の生活の中でその技術に頼っているんですね。

それは、ちょっとまずいかもしれない。

だからこそ、「ロボットは東大に入れるのかな？」というじつに興味深い題材をテーマとして、みなさんと一緒に考えてみたいと思うんです。

この本は3つの大きな章で構成されています。

第1章は、本書と同様の「ロボットは東大に入れるか」という題で、2013年に各地の中学、高校あるいは大学などで行っていた講演をまとめたものです。この時点でのドキュメントとして、本改訂新版では最低限の加筆・修正に留めました。

第2章は、「東ロボくん」の現在についてまとめました。人工知能＝コンピュータの東ロボくんが、2016年、ベネッセコーポレーションの「進研模試　総合学力マーク模試」と、SAPIX YOZEMI GROUPの「東大入試プレ」を受けたときの結果と分析です。後者は、「東大」に入れる学力がどのくらいあるのかを試す模擬試験です。また、実際にボールペンを使用して答案を書く「東ロボくん」のようすやじっさいの答案用紙なども紹介します。このパートについては、東ロボ手くんの活躍をはじめ、2014年に刊行された旧版を大きく改訂しています。そして章の後半には、「ロボットは東大に入れるか」プロジェクトチーム内の各教科の先生方、つまり、東ロボくんの家庭教師ともいえる先生がたからいただいた解説を掲載しています。とても普遍性に富む内容であるために、これらの解説については、旧版に最低限の補足をお願いするに留めています。ただし、英語の先生からは、あらたに詳細なコメントをいただきました。

そして最終章である第3章は、このプロジェクトに関する学生さんからの質問や意見に答えるだけではなく、お互いに問題を共有したり、私自身がなるほどと気がついたり、あるいは深く共感した記録です。素朴なものから、かなり高度な、あるいは本質的なレベルのものまで、さまざまな質問や意見をいただいて、とても大きな刺激を受けました。こちらも旧版に最低限の修正を施すに留めました。


人工知能にできることは何なのか。

できないことは何なのか。

そして、そのような不完全な人工知能と迎える、私たち人間にとっての遠くない未来、たとえば20年後の２０３０年というのはどんなすがたなのか。

さあ、一緒に考えていきましょう。

第1章

〈東ロボくん〉と人工知能の現在

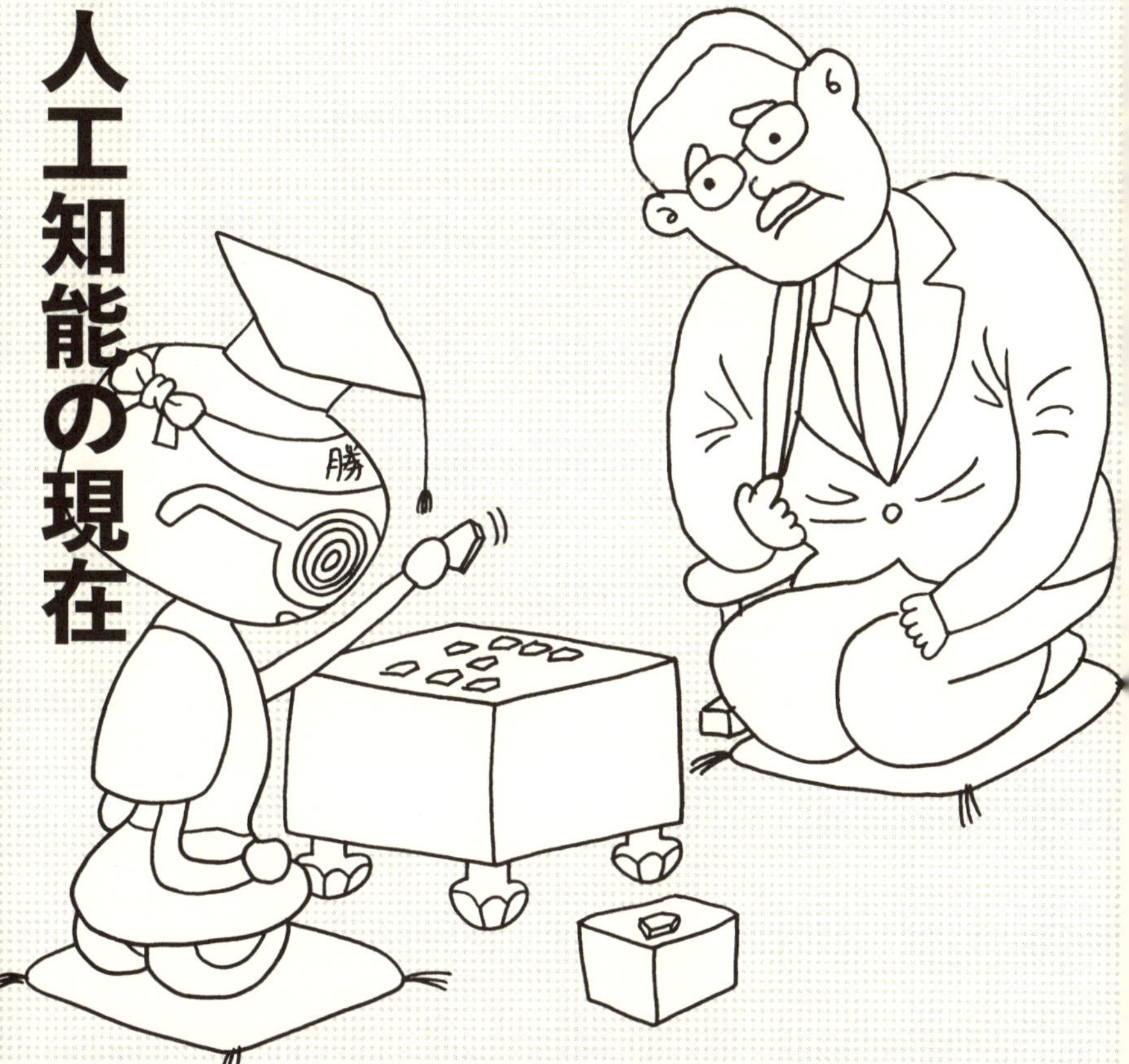

センター入試は楽勝か？

東大に入れるか入れないのか

さて、お話をはじめていきましょう。

ここでは、そもそものテーマである、「ロボットは東大に入れるか」ということを、一から考えてみたいと思います。入れるのか、入れないのか、いったいどっちなんだよ！　と気持ちがはやるかもしれませんが、どうぞ落ち着いて。

次の第2章で、人工知能〈東ロボくん〉の入試にかかわる現状をあらかたご報告しますから、まずみなさんはどんなふうに考えるか、聞いてみたいと思います。

さて、どうでしょう。

「ロボットは東大に入れるか」という問いに対して、みなさんは「入れる・入れない」のどっちだと思いましたか？　2択ですよ。手を挙げてください。正直にね。

「入れる」という人は……だいたい7割くらいでしょうか。

「入れない」という人は……3割くらいですね。つまり「入れる」派は「入れない」派の2倍以上いるということですね。

では、「入れない」と思う人に、その理由を聞いてみましょうか。

――国語は無理じゃないかと。数学は、もしかしたらちょっとできるかな、って思ったんですけど、国語って、まず文章を読解しないといけないじゃないですか。文学とかだと行間とかも読んでいかないといけないところもあるし、複雑ですよね。だからなかなかコンピュータには難しいかな、と。

行間ね、私も苦手だなあ（笑）。

「ロボットにとって、難しいと思う教科はなんでしょう？」と聞くと、たいていの人が国語、って言いますね。国語の中でも、小説が難しい、と。機械には心がないから、複雑な感情を理解できないに違いない、というわけです。たしかにそんな気がしますね。

とはいえ、センター入試では、国語の小説の問題数はたかが4問程度です。だったら、ほかの問題が全部解けたなら、そこで失点しても東大に入れるんじゃないでしょうか？　私の知り合いの東大理系男子の中にも、「古典は0点だった」とか「現国は勉強してもしても点が上がらなかった」という人は少なくありません。

――ちょっと質問してもいいですか？

はい、どうぞ。

――そもそも、東大入試に合格する、というのはどういう意味ですか？　会場で実際に〈東ロボくん〉というロボットが試験を受けるということですか？　そのときインターネットと東ロボくんは、つながっていたりするんですか？

ごめんなさい、大事な前提についてお話しするのを、すっかり忘れていました。

東京大学、いわゆる東大を受験するには、本来ならば、まず高校卒業か同等程度の学力があることを認定してもらわなければいけません。さらに試験会場まで移動し、人間の受験生に交じって紙でできた試験問題を受け取って、答案を書かなければならないでしょう。しかしそれをいっぺんにこなすのは、まだ難しい。まずはロボットの脳、それも知的な作業をする脳だけに注目することにしましょう。

ロボットは問題用紙を受け取るわけではなく、試験問題からテキスト（文章）や画像が抽出されたデジタルデータとして問題を受け取ります。そして、受験生と同じ制限時間内で問題を解きます。問題がマークシート式の場合は、鉛筆でマークしなくても、答えが何であるかを出力できればよいことにしましょう。

試験前に入力したネット上のデータ、たとえばウィキペディアやYahoo!知恵袋の過去ログなどは利用できることにします。けれども、試験中はインターネットにはつなぐことはできません。

――東大入試は、最終的にはセンター試験と2次の記述試験の両方を受験するということですね？　理系・文系のどちらを受験するんですか？

そうですね、そこもはっきりしておく必要がありますね。

話を先に進める前に、東大の入学試験のシステムそのものについて、ざっくりとおさらいしておきましょうか。東大では推薦入試も近く導入されますが、ここでは、「東京大学前期日程試験」に挑戦すると考えましょう。理系・文系、どちらでも得意な方を受験してよいことにします。

東大入試は、2つの試験からできています。

ひとつめは、大学入試センター試験、いわゆるセンター入試ですね。国公立大学を受験する学生の多くは、まずはこのセンター試験を受験します。マークシート方式の試験で、最近は私立大学も参加し、毎年50万人以上が受験しています。センター入試でどの科目を受けなければならないかは、大学や学部、また年度によって異なりますが、東京大学の場合、文系は「国語、外国語（英語、ドイツ語、フランス語、中国語、韓国語から1科目）、数学Ⅰ・数学A、数学Ⅱ・数学B、社会（日本史B、世界史B、地理B、倫理+政治・経済から2科目)、理科(物理I、化学I、生物I、地学Iから1科目)の合計7科目(900点満点)を受験する必要があります(2014年度)。理系の場合は、社会科が1科目になる代わりに理科を2科目受験しなければなりません。(注:東京大学の前期試験は2015年に大幅に改訂されました。文系でも理科2科目を受験することになりました。)

もうひとつは、東京大学の個別学力試験、いわゆる2次試験です。東京大学の先生方が「こんな学生にぜひ入学してほしい」という考えから、毎年独自に作成している記述式試験です。

センター入試を受けて東京大学に願書を出せば、全員が2次試験を受けられるわけではありません。あまりに多くの人が受験すると記述試験の採点を丁寧にできなくなりますから、東京大学ではセンター入試の結果から定員の約3倍まで受験者を絞る「第1段階選抜」、いわゆる「足切り」を行います。ですから、多くの受験生が殺到すれば、センター入試でより高得点を取らなければなりません。

逆に、そもそも受験生が定員の3倍未満ならば足切りを実施しない年もあります。2017年春の試験では、第1段階選抜の合格者のセンター入試の最低点は1類で571点、2類で623点。得点率にしたら70パーセント弱だったそうです。ロボットが東大を目指す場合、センター入試でまず900点中、最低700点とれれば少しは安心かもしれません。

どうでしょう。ロボットは東大に入れそうでしょうか？

じゃあ、こんどは東大に「入れる」と思う人に理由を聞いてみましょうか。

――近年、人工知能の発展はすごいから。

ふむふむ。たしかに最近、人工知能の話題、盛り上がっていますよね。コンピューター将棋やコンピュータ囲碁は人間のトッププロを破りましたし、佐渡おけさを上手に踊るロボットも登場しました。アメリカでは無人自動車が公道を走っています。

でも、ちょっと待ってください。

「ロボット工学の発展がすごい『から』」の『から』は、順当な帰結を表す接続詞です。「ぼーっと歩いていたから電柱にぶつかった」とか「鍵をかけ忘れたから泥棒に入られた」のように。ただし、鍵をかけ忘れたら必ず泥棒に入られるとは限らない。同じように、ロボット工学が発展したからといって、それを理由にロボットが東大に入れるかどうかはわからないんじゃないですか？

考えてみてください。なぜ「最近の人工知能の発展はすごい」から「ロボットは東大に入れる」んでしょう。

――脳科学が発達したら、人間が考える仕組みが解明されますよね。そしたらそ

れをロボットに持たせれば、人間よりずっと速く正しく判断できるようになると思います。

あなたは、科学が大好きなのね。

——はい。時間はかかっても科学に解明できないことはないと思ってます。

そのことについては、あとでじっくり考えてみることにしましょう。でも、「脳科学が発達したら」というのは、「したら」ですから、どうなるかいまはまだわからない、というのが前提ですよね。だとすると、それは根拠のある予想とはちょっと違いませんか？

——たしかに……。でも、パソコンでもけっこう数学の問題が解けたりしますよね。だから国語の問題とかも解けたらすごいなと思うので……。

なるほど。「解けたらすごい」と。うん、それは「解けると思う根拠」というよりは、「そうなってほしい」という願望じゃないでしょうか。なんだかいちいちうるさい人みたいでごめんね（笑）。誰か「根拠」を挙げてくれる人はいませんか？　……ちょっとしーんとしてしまいましたね（笑）。

コンピュータ、チェスチャンピオンに挑戦！

みなさんに考えるヒントを提供するためにも、ここでひとつ、人工知能の歴史を振り返ってみたいと思います。

1997年のこと、世界的なIT企業であるアメリカのIBM社が、チェスのチャンピオン、ガルリ・カスパロフに対して対戦の申し込みを行ないました。具体的には、6戦やって勝敗を決めよう、という話でした。

このときの写真が**図①**です。

左側がカスパロフです。カスパロフは15年もの間、世界チャンピオンのタイトルを保持した、20世紀を代表する

図①

天才的なチェスプレイヤーです。でも、かなり苦戦している様子がうかがわれますね。

右側にいる人は、ロボットではありませんよ(笑)。IBMのコンピュータ〈ディープブルー〉に指示された手——この手を打つべきだ、っていうものですね、それをそのまま打っている人です。そしてこのディープブルーというコンピュータに、カスパロフは敗れてしまったのです。

ちょうどこのとき私は、カナダにあるフィールズ研究所というところで、計算量理論の研究をしていました。与えられた問題をコンピュータで解くのにどれくらいの計算時間が必要か、ということに関する理論を研究していたのです。

当時、フィールズ研究所には計算量理論の研究をする世界的研究者が集結していました。朝から研究をして、3時になるとお茶の時間になる。みんな部屋から出てきて、クッキーやケーキをつまみながらお茶を飲んであれこれ雑談しながらひとやすみするのですが、その週のお茶の時間の話題を独占していたのが、このディープブルーとカスパロフの対戦でした。

昔からチェスは人間の知性を表すゲームと考えられてきました。詩人ゲーテも「人間の知性の試金石だ」という言葉を残しています。チェスをどのように指すか、ということに人間の知性は反映されるのだ、ということでしょう。当時フィールズ研究所の計算量理論屋たちも、そう思っていました。理論的に言っても、現実的に考えても、コンピュータがカスパロフを破ることなどあり得ない、そう信じていたのです。

しかし、カスパロフは破れました。チェスにおいては、人間がコンピュータに敗れてしまった。そしていまでは、チェスでは人間はコンピュータにはかなわない、と考えられるようになったのです。

では、東大入学とチェスのチャンピオンになるのと、どちらが知的か、あるいは知的に難しそうでしょうか。

東京大学には、毎年約３０００人が入学します。いっぽう、チェスのチャンピオンっていうのは、ごくひと握りです。カスパロフのように15年間も世界タイトルを保持し続けた天才的チェスプレイヤーは、1世紀にひとりかふたりしかいません。ですから、どう考えても、チェスのチャンピオンになるほうが東大に入学するよりも知的に難しい、ということになるかと思います。

将棋なら、負けないか？

さて、チェスといえば、その次は将棋でしょうか。

みなさんも新聞やテレビのニュースなどでご覧になったかもしれませんが、

２０１２年に始まった「将棋電王戦」は、プロの将棋の棋士5人に対して、日本でもっとも優れたコンピュータ将棋のプログラム5種類が出てきて熱い戦いを繰り広げるものです。2013年の「GPS将棋」とは、東大の駒場キャンパスにある新入生用のパソコン約600台を使った並列型のコンピュータ将棋ソフトで、これが三浦弘行8段を破り、コンピュータを勝利へと導きました。

2014年の「第3回電王戦」では使うことができるコンピュータの性能に厳しい制限が設けられ、GPS将棋のような並列型のシステムは参加できませんでしたが、それでもコンピュータ側が4勝1敗で大きく勝ち越したのです。その後、2015年の「第4回電脳戦」では、プロ棋士が3勝2負、はじめて1勝を挙げました。以降、2016、2017年（「叡王選」と名称を変更）は、棋士一人とコンピュータ1台の1対1の二番勝負となりましたが、どちらもコンピュータが勝ち越し、人間側はなかなかの苦戦を強いられています。

1997年にチェスで人間が敗けた当時、日本では「将棋もコンピュータが制するか？」という議論が巻き起こっていました。ちょうど羽生善治名人が7冠を達成し、若くて大変きらきらした棋士として大活躍している頃でした。多くの日本人は、きっと羽生さんならコンピュータなんかに負けやしないだろうと言いました。羽生さんにはコンピュータなんかに負けてほしくない、という願望も相当含まれていたとは思いますが、チェスは負けても将棋は大丈夫だろう、と思う理論的な理由もありました。

チェスとは違い、将棋は相手から奪った駒をまた盤上に置くことができます。この違いは大きいですね。それによって取り得る手の可能性が爆発的に増えるわけですから。（2018年現在、羽生さんはコンピュータと対戦していません）だから、コンピュータがチェスと同じような方法論を使っている限り、けっして人間が、羽生さんが負けるはずはない、そう思う人は少なくなかったのです。

相手から奪った駒がある。その駒をどこに置けばどのような形勢になるのか、ということは、単なる計算とか予測のレベルを超えて、直観であるとか深い洞察が必要なのだ、とも言われています。なぜそこにその駒を置くのか、とプロの棋士に聞いても、そのように見えたから、などとおっしゃる。そこは芸術と同じように、人間の直観力によるものであって、プログラムに置き直すことはできないのだ、というふうに私も言われたことがあります。

ただ、そんなさなかにインタビューを受けた羽生さん本人は、2015年にコンピュータがプロの棋士を負かすときが来る、と予想していました。さすがですね。そして予想より2年早く、そのときが来たというわけです。

しかも、2016年にはさらに衝撃的なことが起こります。将棋よりもさらに複雑だといわれる囲碁の世界でも、コンピュータはトッププロに勝利したのです。

では、東大に入学するのと、羽生さんみたいな将棋のプロになるのとどちらのほうが難しいか、というと、やはりチェスのときと同様に、将棋のプロのほうが知的に難しいに違いありません。

チェスの王者にも勝ち、将棋や囲碁のトッププロにも勝てるのであれば、東大に入ることなんて楽勝なのでは、と思っても不思議ではありません。

さあ、どうでしょう。

それでもコンピュータが東大に入れる日は来ないのでしょうか。

では、東大入試は？

ここで、もう少しコンピュータにハンデをつけてあげることにしましょう。

東大入試は、センター入試と筆記試験の2段構えになっている、と先ほどお話ししました。センター入試はマークシート方式ですが、記述式試験では、国語や社会の論述問題や数学の証明問題を解かなければなりません。記述式試験のほうがハードルが高そうです。

では、選択式のセンター入試に限って考えてみることにしましょう。「ロボットはセンター入試で高得点を取ることができるか？」

どうですか？　できると思う人、手を挙げてみてください。

センター入試だけならばなんとかなる、と思う人は……さっきより増えましたね。

9割くらいでしょうか。どうして選択式だと楽そうなんだろう。

――「4択だから」

記述式は、答えがわからなかったら白紙になっちゃうけど、選択式なら、最後は、鉛筆を転がして「えいやっ！」と選べば当たることもありますからね。

センター入試の選択肢は、だいたい4択から5択です。4択ならば25パーセント、5択ならば20パーセントの確率で当たります。ただ、東大に入学するには、センター試験で少なくとも70パーセントから80パーセント、正答しなければならないんでしたよね。しかも第1段階選抜、いわゆる「足切り」にひっかからないためにも最低700点くらいは取っておきたい。となると、まぐれで25パーセント当たってもしょうがない。しかも、数学は選択式というより数字や記号を記入する方式なので、鉛筆を転がして当たる確率は1パーセントを下回るんですね。なかなか「4択だから」では説明できそうにないということがわかりますね。

――コンピュータだから、記憶力とかはすごそうですよね。スパコン、スーパーコンピュータとかあれば過去問も全部記憶できるはず。センター入試ならば、それで点数がけっこう稼げそうな気がするけれど……。

記憶力、ときましたね。

ところでみなさんが使っているパソコン、どれくらいのデータを保存できるか知っていますか？　標準で「1テラバイト」くらいです。

コンピュータでは、すべての情報は0と1の文字列（例：10110など）で表現されています。0または1の1文字を1ビットと呼び、8ビットを1バイトと呼びます。そして、1000バイトを1キロバイト、1000キロバイトを1メガバイト、1000メガバイトを1ギガバイト、1000ギガバイトを1テラバイトと呼びます。つまり、1テラバイトのデータには、1バイトの1兆倍の情報が含まれているのです。

それってどれくらいの情報量なのでしょう。国会図書館の蔵書数はだいたい1000万冊だそうです。夏目漱石の「こころ」のテキスト全文がおよそ150キロバイトですから、計算上は同じ程度の本が600万冊以上も格納できることになります。文字だけならばふつうのパソコン2台で国会図書館の本は全部入ってしまうんです。（ただし、この計算はテキスト情報だけを考えた場合で、図版や写真などは考慮に入れていません。）

ひるがえって入試に必要な知識はどれくらいの量かというと、過去三十年分の入試問題と辞書、あらゆる出版社の教科書、さらにウィキペディアの項目、入試に出そうな小説や評論、さらに古典文学も合わせて10ギガバイトでおつりが来てしまうんですね。これくらいは、今や1000円くらいのメモリースティックに全部入っちゃいます。つまり、「暗記」のためだけなら、スーパーコンピュータなんて必要ないんです。けれども、残念ながら暗記しただけでは試験問題は解けない。このことはあとで詳しくお話することになると思いますが、ポイントとしては、教科書と完全に同じ問題が出るわけではない、ということです。文字どおりの暗記、つまりただの記録と、人間が考えている暗記、つまり記憶とは、全然別物なのです。

――「機械翻訳」というソフトを使ったことがあります。あれを使えば、センターの英語なら解けそうな気がします。

なるほど！　それはよさそうなアイデアですね。グーグルやヤフーなどが翻訳のソフトを無料公開していますね。みなさんの中にも機械翻訳ソフトを使ったことがある人はいるでしょう。のちほど、機械翻訳でどれくらい英語が解けるか、一緒に調べてみることにしましょうね。ほかの科目についてはどうでしょうか。

――公式を暗記して解き方をパターン化すれば、数学なんかも解けるんじゃないですか？

なるほど。まったく同じ問題でなくても「似たような問題」をパターンとして覚えれば解ける。なんとなくそういう気がしなくはないですね。

いろいろな意見をどうもありがとう。

こうやって聞いてみると、みなさんが考えてくれたことと研究者がしていることの間には共通したところが少なくありません。

たとえば、膨大なデータを保存して、そこからパターンを見つける、というのは「機械学習」という人工知能の重要な考え方です。逆に、それだけでは人間の脳と同じことは未来永劫できない、という批判もあります。だから脳科学を研究しなければならないんだ、「身体」ということについてもっと研究しないといけないんだ、という考え方の研究者もいます。

……というと、なーんだ、研究者も僕らも、じつはどころか、全然変わんないじゃないか、と思いましたか?

そうなんです。

人間が一所懸命考えて、それで思いつくことは、高校生も大学院生も研究者も、じつはそれほど変わらない。でも、研究者とみなさんとで決定的に違うところもある。それは、研究者はイメージを数学の言葉にする方法論を持っている、という点なんですね。


——えー、数学の話なの……つまんない……。

あ、聞こえてしまいましたよ(笑)。まあ、そう言わないでください。人工知能の脳は、今のところコンピュータでつくります。そして、コンピュータの仕組みは数学でできています。もう徹頭徹尾、数学だけでできている。ほかには何にも入っていないんです。もし未来にドラえもんが実現されるとしても、彼がアンドロイドではなくてロボットならば、その脳もコンピュータということになるでしょうから、結局のところ数学で記述されているはずなんです。

要は、人工知能ができるかどうか、とは、人間の頭脳は数学で書けるか、ということなんですね。

――でも、入試って、結局答えが決まってるじゃないですか。答えが決まっているのを選ぶだけなら、プログラムできそうな気がするんですが。

たしかにそんな気がしますよね。

では、答えが決まってたら必ずできるか、ということについて、これから一緒に考えてみたいと思います。

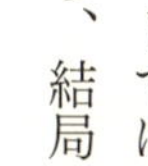

答えが決まっていれば、本当に「できる」のか？

犬と猫の写真をたくさん集めてくることにします。そして、「犬と猫を見分けるロボット」をみなさんと一緒につくってみたいと思うんです。いいですか？　人工知能学者になった気持ちで考えてみてくださいね。

入力は、犬と猫が写った写真。これを「犬の写真」と「猫の写真」に分類するのがタスク（やるべきこと）です。入力されたデータが犬だと思ったら「犬」、猫だと思ったら「猫」と出力すればよいんですよ。

では、この「犬猫分類タスク」が人間にとってどれくらい難しいか、試してみましょう。

まず次頁の2枚の写真（**図②**）を見比べてください。

図②

上の写真が犬だと思う人？

はい、全員が上は犬だと思うようですね。

……では、下の写真も犬だと思う人？

……ひとりもいない。そう、こっちは猫です。

「犬猫見分け」というタスクは、人間ならばほぼ１００パーセント正解できるようですね。つまり、正解が決まっている。しかもどうも犬には「犬らしさ」というパターンがあり、猫にも「猫らしさ」というパターンがある。それを見分けることができれば、犬と猫を区別することができるはずです。

では、どこで見分けたのか、教えていただけますか。


――鼻とひげ？

ひげがどうだったら？

――ひげが生えているのが猫。

えっ？　犬にはひげが生えてないということですか？（笑）

——首の太さ？

太さねぇ。何センチ以上だったら犬なのでしょう？　チワワなんか結構細そうですよ。

——耳じゃないですか？

耳がどうだったら猫なんですか？

——立ってたら……

立ってたら猫。なるほど。

「耳」が犬と猫を見分けるポイント、という人は多いのですが、次頁の**図③**の写真は、どうでしょう？

図③

耳、とがっていますけど、どう見ても犬ですね。柴犬。

――とがっている、っていうか立ってるのがポイントじゃないかと……

でも、柴犬も立ってませんか（笑）。

――たしかに……（笑）。

――目じゃないでしょうか。猫らしい目。

あぁ、猫は明るいところでは瞳孔が線になるけれども、犬はそうじゃない、ということですね。でも、**図④**（次頁）みたいに、目は必ず開けているとは限らない。つぶっちゃったら瞳孔で判断する、ということはできませんよね。同じように、ひげもね、毛がもしゃもしゃと長すぎて、ひげが見えなくなってしまうと困るわけです。

図④

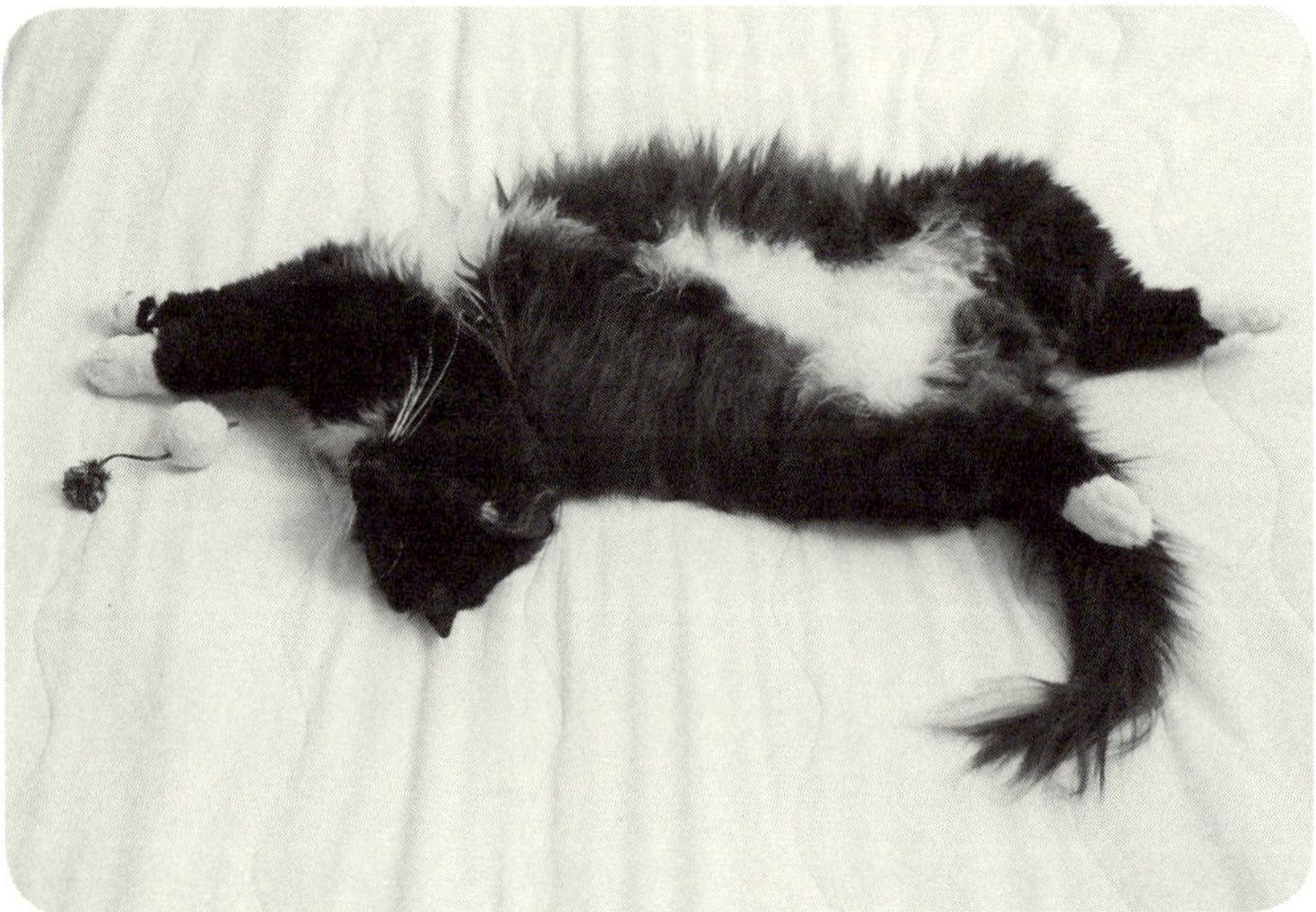

図⑤

ついでに言えば、**図⑤**のような写真もありえます。

そう、顔がほとんど見えない角度で写ってますね。なのに私たちは、なんとなく、これは犬じゃないな、猫か犬かのどちらかと聞かれれば猫だな、と見分けられるんです。不思議ですね。

――……**(笑)**。

つまり、「耳が立っていたら猫」「瞳孔が縦に線になっていたら猫」などのルールに基づいて犬と猫を見分ける人工知能を作ると、柴犬や目をつぶっている猫の判断を誤ってしまうんです。次に誰もが考えるのが、ルールをもっと複雑にすればよい、というアイデアなんですね。耳が立っていても、毛が茶色で、瞳孔が線でなければ、犬、とか。でも、やっぱり「茶トラの目をつぶっている猫」で失敗しちゃうんですね。

このようなルールに基づいた推論で人工知能を作ろうという試みは、80年代にことごとく失敗してしまいました。

ほかにも、毛並みの特徴で見分けようとしても、たとえばイタリアングレーハウンドという犬や、スフィンクスという猫のように、極端に薄かったり短い毛をもつ変わった種類もいるわけです。なのに私たちは、初めて見たにもかかわらず、だいたい犬か猫か区別ができるんですね。どういう仕組みで、人間が簡単に犬猫を区別できているか、いまだに謎です。この謎を現代の人工知能はどういう考え方で克服しようとしているかについては、のちほどまたご紹介することにしましょう。

最後にもうひとつ。

図⑥は、犬・猫どちらでしょう?

――猫?

ちょっと猫っぽい、でも瞳孔が線になっていませんね。じつはこれ、キツネなんです。

――かわいーー!

あ、今日は犬とか猫とかキツネとかがテーマじゃないんですけども(笑)。犬・猫見分けプログラムをつくると、機械は必ず、犬・猫のどちらかに分類するんですね。豚やパソコンの写真を見せても、必死にどちらかに分類しようとする。人間だったら、豚やパソコンを見て、犬かな、猫かな、なんて絶対に思わないですけれ

図⑥

column

コラム1 部品に分解する

コンピュータやデジカメでは、色を表す数字を四角く並べて画像を表すのが普通です。例えばカタカナの「コ」は、白を0、黒を1として、図①のように表せます。

さて、図②は犬や猫の耳をいくつかの角度から撮ったもの、と思ってください。「とがった耳」と「丸い耳」の2タイプあるようです。まずはその2つを自動的に見分けたいのですが、数字だけの元データから、「とがってる」かどうかを直接知るのは難しい。

そこでまず、それぞれの画像を四角く切り分けて、どんな部品がいくつあるのか数えてみます（図③）。画像の特徴が少し見やすくなりましたが、困ったことに、同じ「とがった耳」でも角度が違うとまったく違う部品になってしまいます。

そこで考え方を変え、「耳のふち」の上に円をいくつも描いて部品を切り取り、しかも、「回転と反転でだいたい重なる部品は、同じものだと思ってしまう」ことにします（図④）。これで、角度が変わっても、同じ形の耳は同じような部品で表せます。

また、たとえば耳が小さく写っている場合は、さっきと同じ大きさの円で切り取ると、同じ「丸い耳」でも部品の形と数が変わってしまいます。そんなときは、円の半径を上手く調節すれば、先ほどと同じような部品に分解できます（図⑤）。

こんな風に画像から切り取った部品を「文章の中の単語」と同じように考えると、「とがった耳」か「丸い耳」かを自動的に見分けるのに、本書73頁の「コラム2」で説明する「特徴の得点にもとづくラベル貼り」と同じ仕組みが使えます。

0	0	0	0	0	0	0
0	1	1	1	1	1	0
0	0	0	0	0	1	0
0	0	0	0	0	1	0
0	1	1	1	1	1	0
0	0	0	0	0	0	0

図①

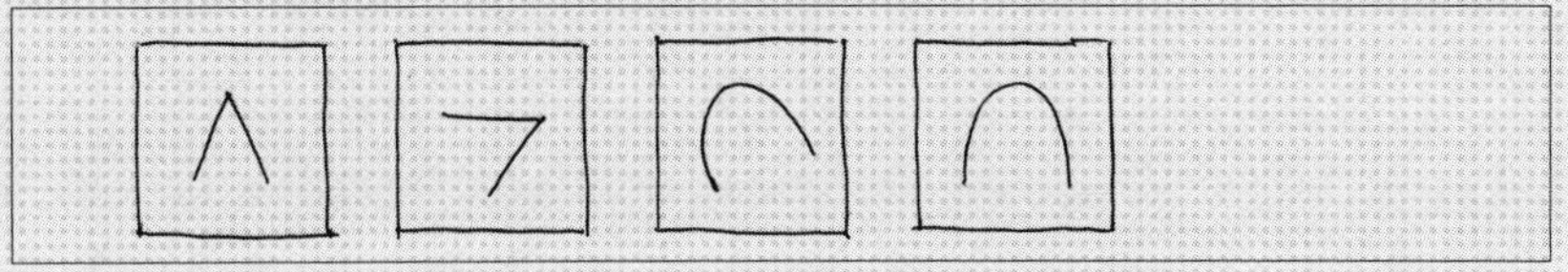

図②

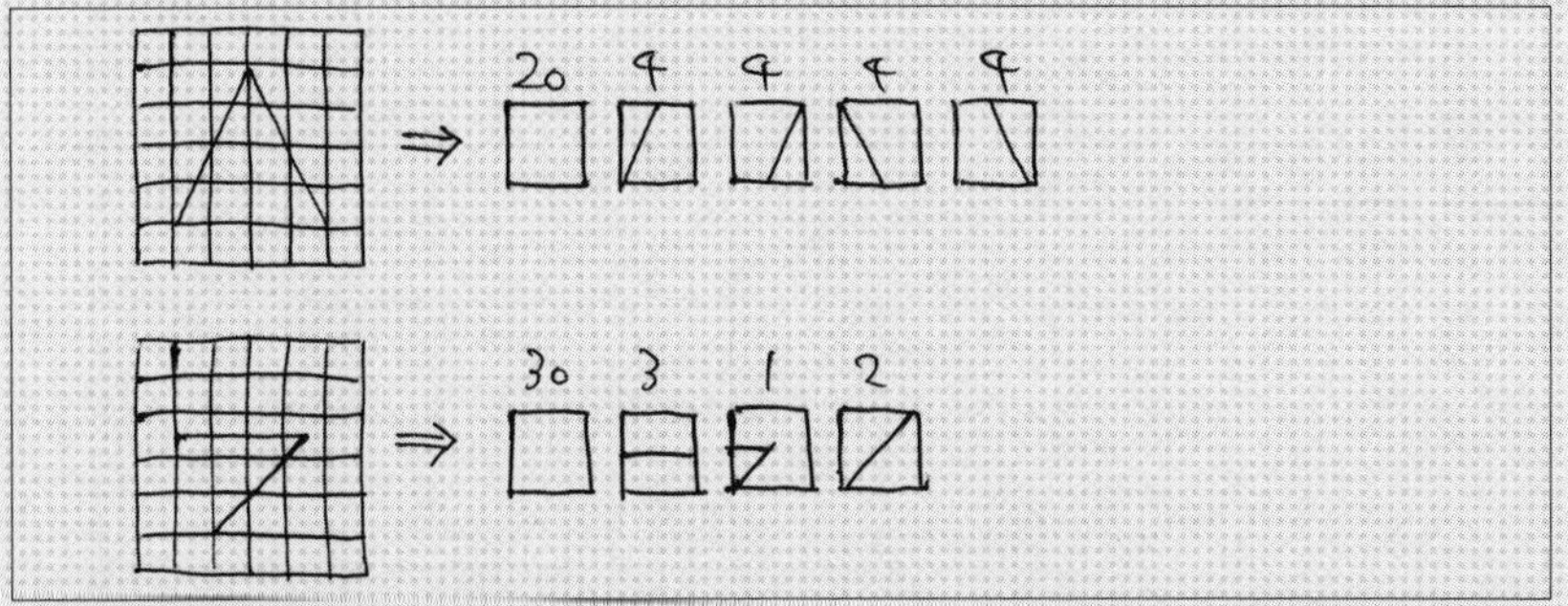

図③

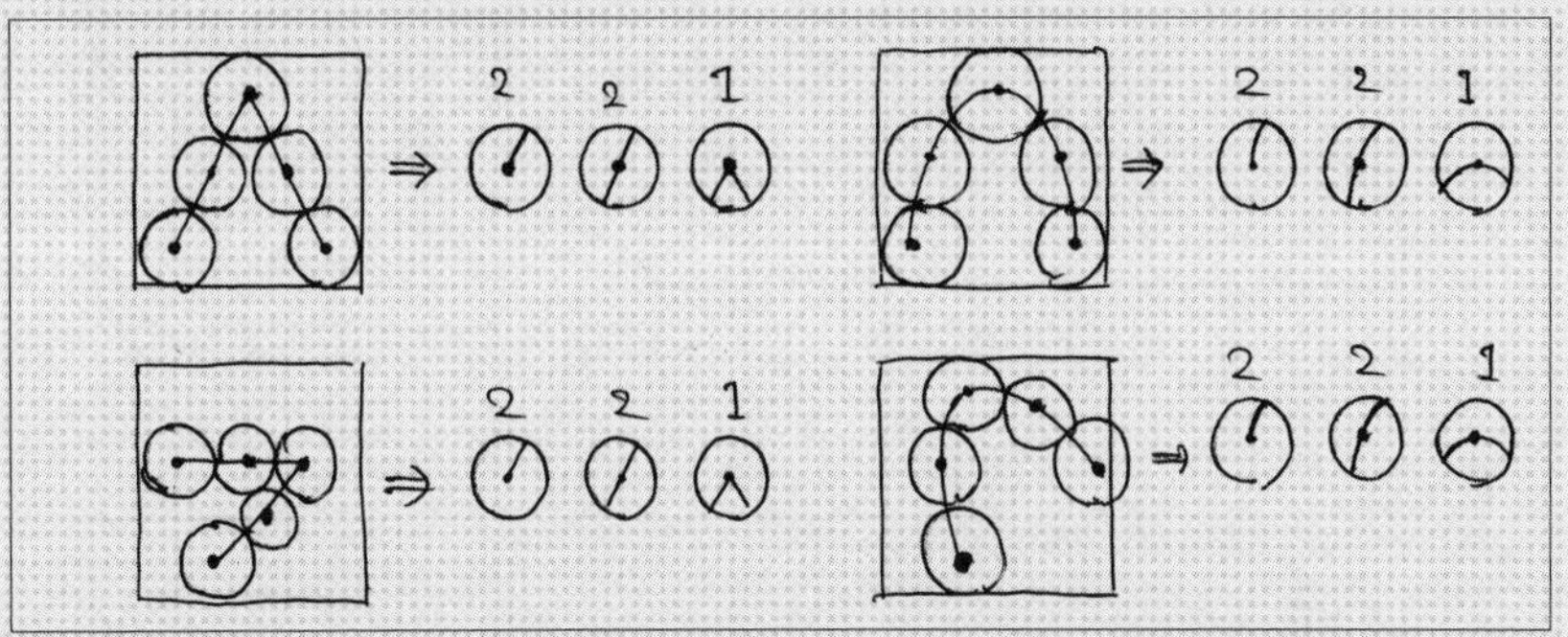

図④

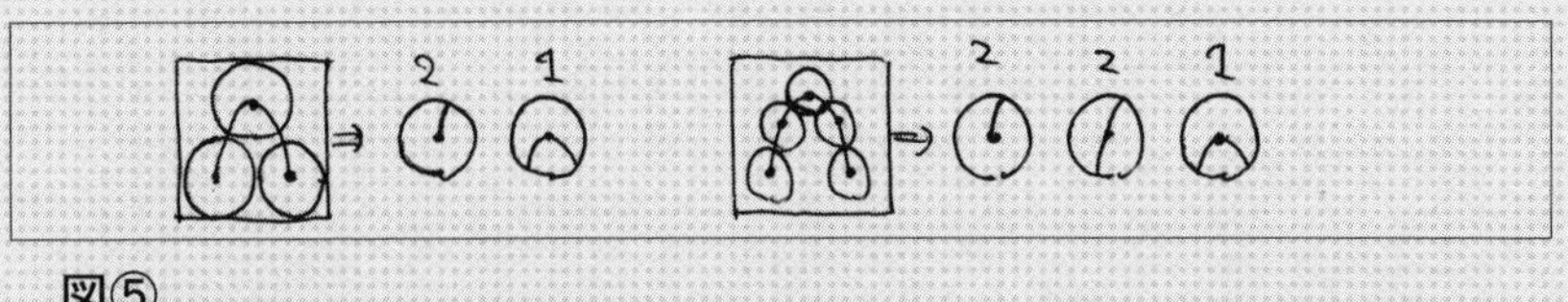

図⑤

ども。こういうところが、機械のダメなところで、想定外のものを見ると、パニックに陥っちゃうんですよね。

以上、つまり、答えが決まっているから、しかもそこに明らかなパターンがあるからといって、それがすぐにプログラムになるとは限らないんですね。ですから、「センター入試は選択式だから」あるいは「入試には答えがあるから」、すぐにプログラムになるとは言えない。つまり、コンピュータがセンター入試において高い正答率を得られる、とはそう簡単には言えないというわけです。

どうでしょうか。「ロボットを東大に入れるのは、思っていたよりもちょっと難しそうだぞ」と感じてもらえたでしょうか。

では、次へと進んでいきましょう。

コンピュータの「知性」とは?

コンピュータと数学の言葉

さて、先ほど私は、「コンピュータには、数学以外のものは何も入っていない」と言いました。アニメのCGを作るときに使われるソフトも、初音ミクに歌を歌わせるソフトも、みんな数学だけでできているのです。

まず入力を受け取ります。コンピュータが受け取れる入力は「記号列」だけです。写真や絵ならば、それを小さなマス目に分割して「どの位置に」「どの色が」「どのような濃さで」置かれているかを分析し、それを記号列にして入力にするというわけです。

たとえば、左下の画像。

私が子どもの頃流行った「インベーダーゲーム」に登場するインベーダーですが、次頁の図⑦のような記号列として認識されています。

```
 4d42 01c0 0000 0000 0000 003e 0000 0028 0000 0030 0000 0030 0000
0001 0001 0000 0000 0182 0000 0b12 0000 0b12 0000 0000 0000 0000 0000
ffff 00ff 0000 0000 ffff ffff ffff 0000 ffff ffff ffff 0000 ffff ffff
ffff 0000 ffff ffff ffff 0000 ffff ffff ffff 0000 ffff ffff ffff 0000
ffff ffff ffff 0000 ffff ffff ffff 0000 fcff c003 ff3f 0000 fcff c003
ff3f 0000 fcff c003 ff3f 0000 fcff c003 ff3f 0000 c3c3 ffff ffc3 0000
c3c3 ffff c3c3 0000 c3c3 ffff c3c3 0000 c3c3 ffff c3c3 0000 c0c3 0000
c303 0000 c0c3 0000 c303 0000 c0c3 0000 c303 0000 c0c3 0000 c303 0000
00c0 0000 0300 0000 00c0 0000 0300 0000 00c0 0000 0300 0000 00c0 0000
0300 0000 03fc 03c0 3fc0 0000 03fc 03c0 3fc0 0000 03fc 03c0 3fc0 0000
03fc 03c0 3fc0 0000 c0ff 0000 ff03 0000 c0ff 0000 ff03 0000 c0ff 0000
ff03 0000 c0ff 0000 ff03 0000 fcff fc3f ff3f 0000 fcff fc3f ff3f 0000
fcff fc3f ff3f 0000 fcff fc3f ff3f 0000 c3ff ffff ffc3 0000 c3ff ffff
ffc3 0000 c3ff ffff ffc3 0000 c3ff ffff ffc3 0000 ffff ffff ffff 0000
ffff ffff ffff 0000 ffff ffff ffff 0000 ffff ffff ffff 0000 ffff ffff
ffff 0000 ffff ffff ffff 0000 ffff ffff ffff 0000 ffff ffff ffff 0000
0000
```


図⑦

こうして受け取った入力に、数学的な処理をほどこして、やはり記号列で出力します。また、正面から撮った写真を右45度に動かしたらどんな風に見えるはずかを写真(状のもの)にして出力する、なども同様です。

つまり、図⑧の「?」の部分が入力、「!」が出力とすると、「?」から「!」を出すための処理「→」を、コンピュータが理解できるような数学の言葉で書いたものをプログラムというわけです

数学の言葉でいうと、図⑧の「→」の部分は「式」です。

図⑨は、式の例です。

図⑨の→「式」の規則は、なんでしょうか?

そう、「2倍して1をたす」ですね。式で表すと、「$2x+1$」、「1次関数」とよばれる種類の関数です。

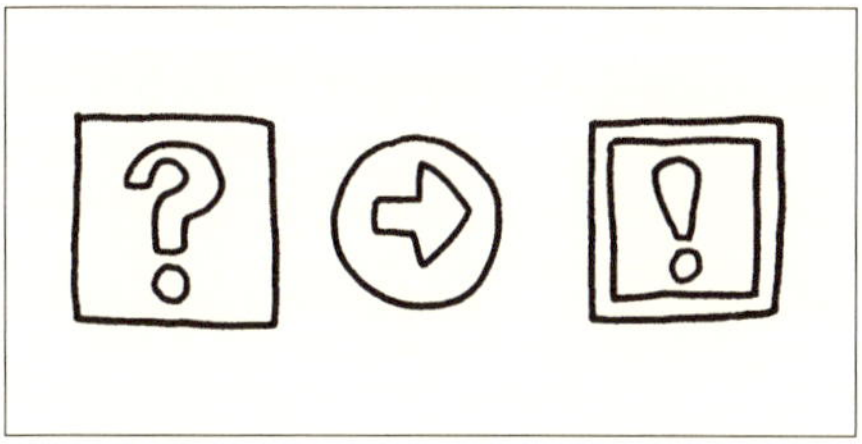

図⑧

1	→	3
2	→	5
3	→	7
4	→	9

図⑨

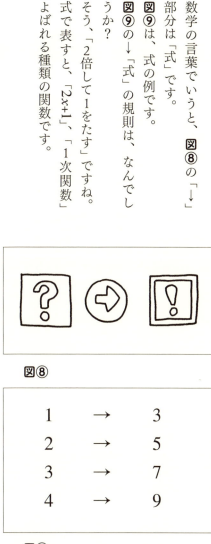

では、図⑩の規則は、なんでしょう。

−3	→	9
−2	→	4
−1	→	1
0	→	0
1	→	1
2	→	4
3	→	9

図⑩

この規則は、「2乗する」、ですね。

つまり「x^2」という2次関数で表すことができるでしょう。

関数といえば、ほかにも、三角関数、指数関数、対数関数などを学校で学びます。コンピュータが数学しか理解できないのならば、「犬と猫を見分けるプログラム」も、こうした式を使って実現せざるをえません。猫の写真を入力する、そしたら猫、犬の写真を入力する、そうしたら犬、というふうに答えが出る。それを可能とするために、何かの式をつくるということです。それがコンピュータに知的判断をさせる、ということになるんですね。コンピュータが十分に知的になるかどうか、というのは、つまり、人間が行っている多様な知的判断を式として書けるか、さらに、それを比較的短い時間内に計算できるか、ということなんですね。

計算できる式、計算できない式

――ちょっと聞いていいですか。式で書けるなら、ふつうに計算できるんじゃないですか？

いいえ、じつはその2つは、ぜんぜん別物なんですよ。まずは、この問題を解いてもらえますか？


「この式ならば計算できる自信がある！」という式を2つ書け。

そして、実際にそれを計算せよ。


どんな式でもいいんですよ。

1＋1＝2って書いてる人、もちろんいいですね。ほかにはどんなのがありますか？

5×5＝25、6×3＝18、いいですね。みんな掛け算と足し算が好きなのね（笑）。

じゃ、1447×654.54　は？

この式、計算できる？　って聞かれたら、どうですか？

——計算間違いしそう……。

じつは私も計算が苦手なので、その気持ちはわかります。でも、ゆっくり時間をかけて慎重にやれば、計算できる気がしますよね。

でも、ちょっと考えてみてください。これとまったく同じ式をいままでの人生の中で計算した経験がある人は、たぶんいません。

1987年4月2日以降に生まれた方は、「ゆとり教育」で育っています。ゆとり教育以降は、3ケタ以上の掛け算は基本的に電卓を使うことになっています。そんな人はなおさら、この計算はしたことがないはずなんですね。まぁ、私も、この問題を出題するまで、たぶんこれとまったく同じ計算なんてしたことはなかったわけですけれど(笑)。

それなのに、みなさんも私も「やればできる」と思っている。それって、ちょっと不思議ですよね。その仕組みについては、あとで考えることにしますが、先取りして結論だけをお話しすると、じつはみなさんの中にコンピュータが内蔵されているということなんですね。

次にもう1つ、別の問題を考えてみてください。

式の意味はわかるのに、あなたには計算できない式を挙げなさい。

変数は含まない式です。そして、答えが数直線の上にあることはわかっているもの。にもかかわらず、「小数第10位はいくつですか？」と聞かれたら答えられないな、と思う式を考えてみてください。

あれれ、こんどはみなさん、かなり困った顔をしていますね（笑）。「これを計算しなさい」という問題は毎日たくさん解いているけれども、「計算できない式を挙げなさい」なんて言われたこと、まずないですものね。

――3÷0とか？

なるほど。これは計算できませんね。でも、これは「答えがない式」です。0に何をかけても0で、3にはなりませんから。つまり、答えは数直線上にありません。答えが数直線上にあることはわかっている、という式を考えましょうか。

――1218の1218乗……。

なるほど。意味は分かりますよね。1218を1218回掛けるんですね。でも、そんなことをしたら、それだけで人生が終わっちゃいそうです(笑)。理屈では計算できるはずだけれども、実際には計算できないですね。こういうことは人間や電卓だけでなく、スーパーコンピュータ、スパコンでも起こります。そういうのを「計算量爆発」なんて言います。

——$\sqrt{17}$は?

あ、いいんじゃないですか。意味はわかりますよね。2乗すると17になる正の数ということです。

だけども、計算してください、と言われたら……4より大きい、ということはわかるし、5よりも小さいこともわかる。でもそのあと、なかなか計算ができない、ということですね。

ただ、こんな風に考えることはできませんか? 小数第1位を決めるには、まず、4.1の2乗をしてみる。すると、16.81になる。4.2の2乗をしてみる。17.64になる。だったら小数第1位は1に決まるでしょう。

——新井先生、それって計算なんですか? 順番に試しているだけじゃないです

か。

ええ、原始的ですけれども、たしかにこれも計算です。「やり方」が「なんとなく」ではなく、きちんと説明できますから。割り算の筆算でも似たようなことをしますよね。

——cos 62°はどうですか?

cos（コサイン）62°ってなんだかわかりますか？　図⑪のこの線の長さのことです。cos 60°は0.5ですよね。だから、cos 62°は0.5よりほんのちょっと小さい。とすると小数第1位は4でしょうね。けれども、小数第2位がよくわからない。

√17とは事情が違って、0.41から下から順番に調べていけば小数第2位が決まるわけではありません。

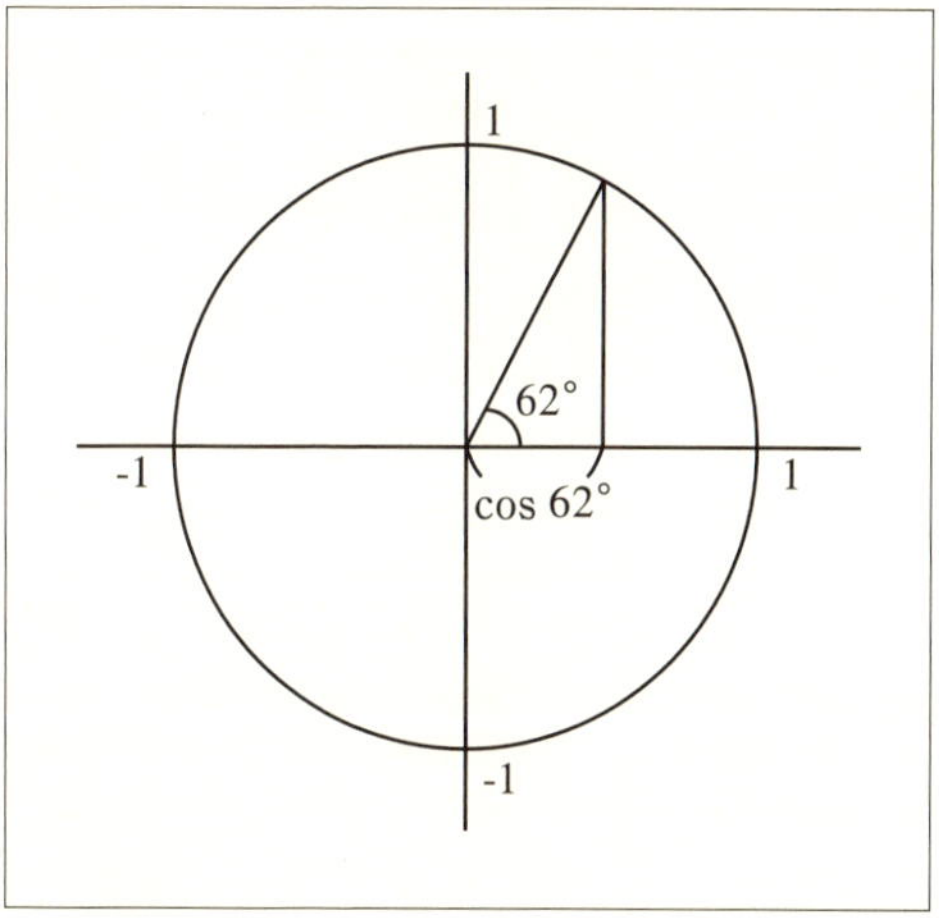

図⑪

——分度器で62°を測って、線の長さを正確な物差しで測ればいいんじゃないですか？

「測る」つまり「観測する」ということですね。観測と計算はまったくの別物なんです。観測には「観測誤差」というのがつきものですから。いくら正確な分度器と物差しを使っても、どうしても測った人や測ったタイミングで差が出てしまう。その方法では、小数第2位は決まらなそうです。小数第100位になったら、絶望的でしょう。

つまり、意味がわかる、ということと、計算ができる、ということとは、かならずしも一致していないんですね。書ける、式で書ける。意味がわかる、でも計算できるとは限らない。

たとえばπの2乗などもそうですよね。

πの意味はわかりますね。直径が1であるような円の周の長さです。πは3.14ではありませんよ。3.14はπの近似値です。

これはcos 62°よりさらに始末が悪い。意味どおりにπを求めようとすると、曲線の長さを測らなければなりません。さらに観測誤差が出そうです。だから、πの2乗を計算しなさい、なんて言われると困っちゃうんですね。つまり、πの意味はわかる、だけれども、計算はできそうな気がしない。

ここでちょっとグーグルさんに聞いてみましょうか。検索してみましょう。
「πの2乗」は、と。

9.8696044

なんと、グーグルさんは答えを返してきましたね！

でも、私は数式を計算するときは、あんまりグーグルを信じないんです。グーグルの得意分野というわけではないので。こういうときに一番信用するのは、ウルフラム・リサーチというところが提供している「ウルフラム・アルファ（Wolfram Alpha）」という検索エンジンです。検索してみます。

9.869604401089358618834490999876151135313699407240790626413349…

おお！（笑）

最初の60ケタを表示しただけでなく、πの2乗が「超越数」（transcendental number）だということも、ウルフラム・アルファは知っているようですね（図⑫）。

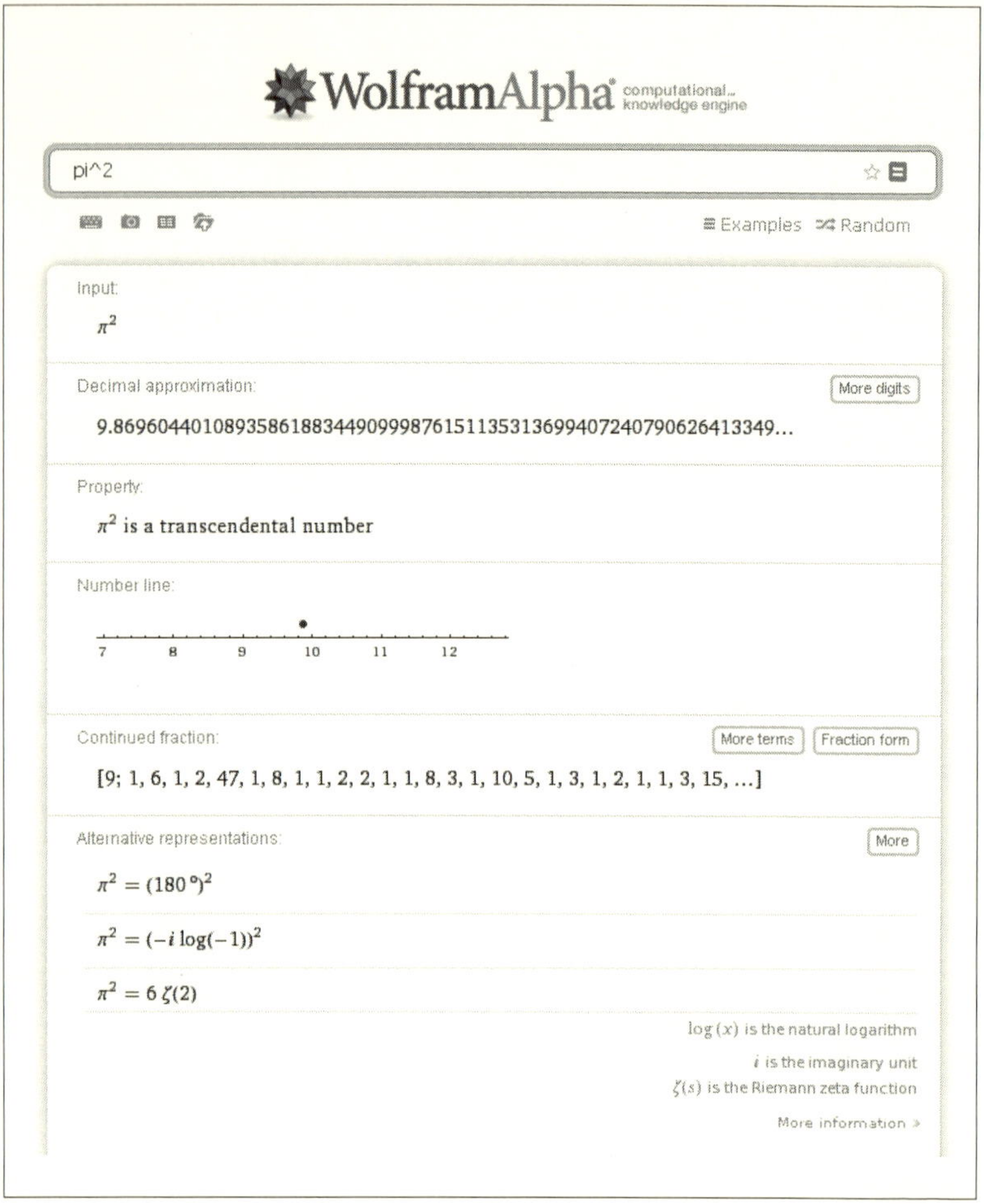
WolframAlpha computational.. knowledge engine
pi^2
Examples
Random
Input:
π^2
Decimal approximation:
More digits
9.869604401089358618834490999876151135313699407240790626413349...
Property:
π^2 is a transcendental number
Number line:
7
8
9
10
11
12
Continued fraction:
More terms
Fraction form
[9; 1, 6, 1, 2, 47, 1, 8, 1, 1, 2, 2, 1, 1, 8, 3, 1, 10, 5, 1, 3, 1, 2, 1, 1, 3, 15, ...]
Alternative representations:
More
π^2 = (180 °)^2
π^2 = (−i log(−1))^2
π^2 = 6 ζ(2)
log(x) is the natural logarithm
i is the imaginary unit
ζ(s) is the Riemann zeta function
More information »

図⑫

では、cos 62°はどうでしょう。検索してみます。
0.46947156278589077595946228822784329572321875671111966808336108……

やっぱり0.5よりちょっと小さかったですね。

というわけで、小数第2位は6でした。私は今日この検索をするまで、そのことを知りませんでした。8くらいかな、と予想していたのです。どうやら、私たちが知らないような計算方法をグーグルやウルフラム・アルファは知っているようですね。

「計算できる」とは？

ところで、「計算できる」って、どういうことでしょう？ そんなこと改めて考えたことのある人は少ないかもしれませんが、このことをきちんと定式化して考えた人がいます。

それは、いまからちょうど100年ほど前にイギリスで生まれた数学者・論理学者のアラン・チューリング（1912－1954、図⑬）です。

彼が考えた「計算とは何か」という理論に基

図⑬

づいて、すべてのコンピューターがいま、動いているのです。彼は、第二次大戦中に、ドイツ軍の暗号「エニグマ」の解読に貢献したことでも知られています。

チューリングいわく、計算というのはたった3つのことから成り立っている、と。**1つは、有限の知識。2つ目は、特定の条件の下における特定の手続き。**そして**最後は、同様に繰り返す**、ということ。それ以外何ひとつない、とチューリングは言うんです。

ほんとうかしら。

先ほどの、掛け算の例でそのことを確認してみましょう（図⑭）。

この掛け算をするように言われたら、まず何をするかというと、「4×7＝28」をします。九九ですね。九九の表は「有限の知識」と言えますね。そして、4の下に8を書いて繰り上がりの「2」を覚えておく。次に、「4×4＝16」をする。繰り上がりがあったので、その2を足して、18にして、5の下に8を書いて繰り上がりの1を覚えておく。つまり「繰り上がりがあるかないか」という条件のもとで決まった（特定の）手続きをするわけです。これをケタがつきるまで「同様に繰り返す」。チューリングが

```
         1447
  ×    654.54
  -----------
         5788
        7235
       5788
      7235
     8682
  -----------
    947119.38
```

図⑭

言ったとおりでした。

この3つの操作だけで説明ができたとき、私たちはそれが「計算できる」と感じるんですね。先ほどのように、これまでの人生で一度も1447×654.54という計算はしたことがなくても「計算できる」と思えるのはそのためなのです。

コンピュータはその名のとおり「計算機」ですから、スマートフォンもスーパーコンピュータも、近未来に実現するかもしれない量子コンピュータであっても、みんなチューリングが定式化した「計算できる」の枠の中にいます。

しかも、すでにお話ししたように、コンピュータの中ではすべての情報は0と1の有限の文字列で表現されます。ということは、コンピュータが扱えるのは、本質的には自然数だけ、ということになります。わかりますよね？

つまり、どんなコンピュータも、自然数として入力を扱い、また例の3つのこと、つまり、**①有限の知識、②特定の条件の下における特定の手続き、③同様に繰り返す、**ということ以外は何1つできないということなんです。犬と猫の判断も、チェスを上手に指すことも、東大に入ろうとすることも、全部この3つでやらないといけない。

そしてこの3つの操作の中でも、最大のポイントは、「同様に繰り返す」なのです。最初にそのことにはっきりと気づいたのはブレーズ・パスカル（1623－1662、**図⑮**）、例の「人間は考える葦である」と言ったパスカルなんですね。学校の社会科の教科書でこのセリフを読むと、「単なるロマンチストなのかなあ……」という気がする

かもしれませんが、とんでもない。

　パスカルは、17世紀前半でおそらくもっとも頭脳明晰で、合理的な人でした。彼は最初の計算機と言われるパスカリーヌを発明し、乗合馬車というシステムを考案し、二項定理を発見した人でもあります。こうした仕事を通じて、自然数の本質が「同様に繰り返す」だということに気づいたのでしょうね。ご存知の方もいらっしゃると思いますが、この気づきは、「数学的帰納法」として定式化されることになります。

図⑮

「理性は計算できる」

　そして当時もうひとり、非常に重要なことを言った人がいます。トマス・ホッブズ（1588－1679、図⑯）です。やはり高校の社会の教科書に登場する人ですね。ホッブズは『リヴァイアサン』（1651年）という本の中で、人間の自然状態は「万人の万人に対する戦い」、つまり闘争状態にある、と言ったことで知られています。「なんだか物騒な人だなぁ」という感じがしますけれども、ホッブズは「国家が存在しなければならない理由は何か」ということを考えて、こういう結論にたどりついたんですね。

『リヴァイアサン』には、そのことが詳しく書かれているのですが、それはじつは、人工知能に深い関係があるのです。ホッブズは、理性は足し算や掛け算のように計算できる、と考えていたのです。こんな具合です。

図⑯

> 人が推理 reason するとき、かれがするのは、諸部分のたし算によって総額を概念し、あるいはひとつの額から他の額を引き算して残額を概念することに、ほかならない。（『リヴァイアサン』／岩波文庫）

そんなことをホッブズ以前に言った人はいませんでした。ですから、ホッブズがある意味で「人工知能」の発案者と言ってもいいかもしれません。

パスカルもホッブズも17世紀の中頃に活躍した人です。日本では徳川家光の時代ですね。なぜ急にその頃、「計算」に関していろいろなことを考える人が出てきたのでしょうか。

彼らは、近代科学革命の真っ只中を生きていました。どうも地球は宇宙の中心にあるのではなく、太陽の周りを回っているらしい、という衝撃的事実が発見された時代です。私たちの中には、「そんなの別にどうってことないじゃない」と思う人もいるかもしれませんが、当時の人たちにとっては、すさまじい衝撃でした。なにしろ、神様がつくったはずのわれわれの地球が、特別な存在ではなく、太陽の周りをくるくる回っている一天体に過ぎない、というのですから。それは、みなさんが「ロボットは大学入試をパスするようになりました」と言われるのに比べて、何倍もショックな出来事だったろう、と思います。そんな背景の中、「当たり前」と思っている事柄をすべて疑い、なぜそのようになるかを分析し、実験で確かめようという機運が高まったわけですね。近代科学の始まりです。

けれども、中世までの哲学でも「分析」的なことはしていたわけです。ですから、何をもって新しい時代の「分析」と呼ぶかをはっきりしておかなければならない。そのためには新しい時代の分析であることを表現する、新しい言葉が必要でした。そこで選ばれたのが「数学」だったというわけです。

数学の言葉と作法を使って分析する。そうすれば間違いが起こらない(に違いない)。実際、物理の現象を書き表すのに、数学の言葉はぴったりだったんですね。みなさんもご存じのガリレオ・ガリレイ(1564－1642)は、「宇宙は数学という言葉で書かれている」という言葉を残しているくらいです。

それから現代にいたるまで、数学が科学の言葉として採用されているのは、ご承知のとおりです。数学で書けると、それは科学と呼ばれるようになったんですね。科学の言葉として、本当に数学が最適なのかどうかは、誰も知りません。もしかすると、たまたま物理と数学の相性が良かっただけかもしれない。でも、この400年の間、数学以外の科学の言葉は見つからなかった。

何か法則らしきものが感じられるとき、それはきっと数式で表わされるに違いない、という近代科学の信念はこうしてかたちづくられました。猫には「猫らしさ」という法則が、犬には「犬らしさ」という法則がある。そう私たちは感じます。どんなときに腹を立て、どんなときに喜ぶかにもパターンがあるような気がします。そこに普遍性があるなら、落下の法則と同じように、それらは式で書けるに違いない――ホッブズはそう考えたのでしょう。

機械にはマネできないもの

ホッブズとは異なる考えの人もいました。それはルネ・デカルト（1596－1650、図⑰）です。デカルトは、機械はけっして言語を使うことはできない、言語を話す機械というのは絶対につくれない、と『方法序説』（1637）の中で主張しました。どんなに幼く、あるいはおろかと思われるような子どもや人間でも、それは機械やほかの動物にはまねができない知性を備えていて、それはとりわけ、言語を使う能力である、と言うのです。

デカルトは、どんなに科学が発達しても、ロボットはけっして言葉を話すようにはならない、人工知能なんてできっこない、と主張したわけですね。日本ではちょうど参勤交代が始まった頃、ホッブズとデカルトによって、近代を代表するふたつの考え方が生まれたというわけです。

ですから、ロボットは東大に入れるか、というテーマは、ホッブズとデカルトから始まった４００年の問いについて、いま現在ある技術でアプローチしようという試みなのだと思っていただいていいかもしれません。ホッブズが正しければ、間違いなくロボットは東大に入れるはずです。デカルトが正しければ、難しいことでしょう。

いったいどちらが正しいのでしょうか。

図⑰

「チェス」からプログラムを考える

ここで、先ほどの、チューリングがいった「計算」、つまり、有限の知識、場合分け、同様に繰り返す、この3つを使って、チェスのもっともいい手をどうやって計算するか、ということについて、少し解説をしたいと思います。それを通じて「プログラム」とは何かを、考えてみようということです。

チェスというゲームは、縦横8マスずつに区切られた市松模様の盤の上で、1対1で戦われます。対戦するプレーヤーは、それぞれ動き方の異なる6種類16個の駒を与えられます。プレーヤーは交互に、盤上にある自分の駒を1回だけ動かすことができます。動かす駒の動ける範囲に敵の駒があれば、それをとる（盤上から取り除く）ことができますが、倒した敵がいた場所へと自分の駒を移動させなければなりません。この操作を繰り返しながら、敵のキングを追いつめていきます。最終的に、キングをとったほうが勝ち、とられた方が負けとなります。

チェスには明確なルールブックが存在します。つまり、1回の操作によってできることを有限の「手」として記述することができるのです。これはつまり、チューリングのいうところの、①有限の知識、そして②特定の条件の下における特定の手続き、の部分にあたります。これだけ教え込めば、とりあえず「チェスをするコンピュータ」をつくることができます。が、このままではとても弱い。とりあえずゲームはできま

すが、すぐ負けてしまう。

問題は形勢ですね。どれだけ形勢がよくなっているかを評価する、その評価関数をうまく作らないことには、強いコンピュータチェスをつくることができないんです。評価といっても、「なかなか固い陣形になっている」のような曖昧な言葉で評価するのではありません。コンピュータがわかるように、それは数でないと困ります。たとえば、この手は3点、あの手はマイナス100点のように数値化する必要があるのです。

ただ、ひとことで「評価」といっても、なかなか難しいですよね。私のような初心者でも、「ルーク（城塞）を敵陣の7ランクに侵入させると有利だ」、みたいなことは聞きかじって知っているわけです。そして、そればかりに気を取られて、次の一手でキングを取られてしまったりする。考えれば考えるほど、話が複雑で、局面の数値評価なんて無理なんじゃないか、という気がしてきます。

こんなとき、どうすればよいか。さきほど登場したデカルトはこんなアドバイスを残しました。複雑なことを複雑なまま考えてもだめ。まずはよくわかる小さな部分に分割して、考えましょう。まずは単純なことを考えて、それをクリアにしてから、複雑なことに進みましょう、と。


デカルトのアドバイスに従って、チェスを単純化して考えてみます。

あなたは誰かとチェスを指しています。今はあなたが指す番です。あなたは2手先を読むことができるとします。つまり、次の次の回である、あなたの局面まで読むことができるとします。

　話を簡単にするため、どの局面でも取り得る手は2種類しかないとします（図⑱）。右か左かのどちらか。すると、私の（右、左）の選択それぞれに対して、相手も同じように、右か左かのどちらかしか選べないことにします。つまり、一手先に起こり得る未来の可能性は、2×2で4種類ということになります。その先の回にあなたが取り得る可能性がある局面は2×2×2で全部で8種類になります。また、それぞれの局面を最悪の「−3」から最善の「3」までの値で評価ができることがわかったとします。

　あなたは、「相手がどのような手を打ったとしても」自分に最も有利になるような局面を選ぼうと考えを巡らせることでしょう。例えば、右端の2つの局面にはそれぞれ−1、−3という評価がついていますから、当然あなたはましなほう、つまり−1の局面を選ぶに違いありません。これによって、その直前の相手の局面の評価が決まります。

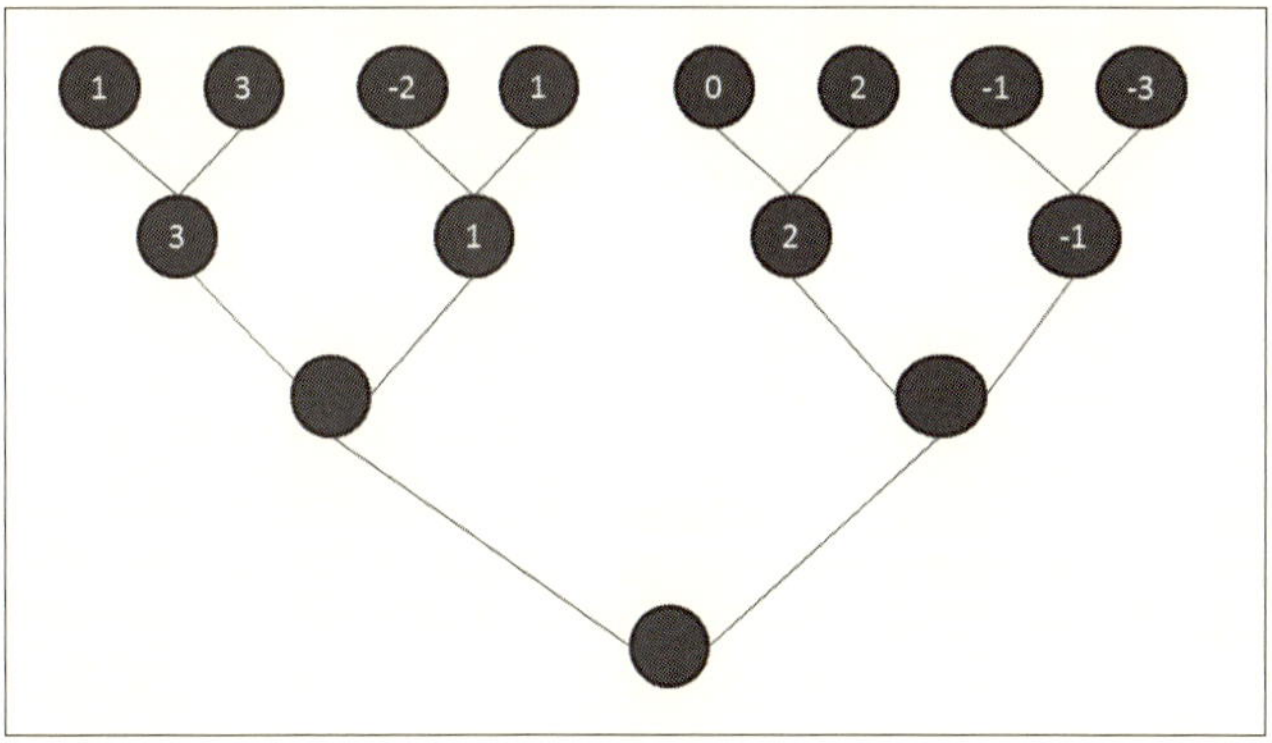

図⑱

では、相手はどうするでしょうか。当然ながら相手もあなたを打ち負かしたいのです。よって、相手は、あなたに最も不利になるような（つまり相手にとって最も有利になるような）手を打ってくることでしょう。たとえば、右2つの局面はそれぞれ、2、−1という評価がついていますから、当然相手は、あなたにとって不利な「−1」の局面を選ぶに違いありません。この法則によって、その直前のあなたの局面の評価が決まります。

さて、いよいよ現在の局面評価です。あなたが取り得る選択肢は2つ。それぞれ、1と−1の評価がついています。どちらを選びますか？　当然、高い方の評価1がついている左の局面ですね。これによって、現在のあなたの局面の評価が1に定まります。数手先の評価を元にして、現在までの各局面の評価を動的に定めることができるわけです。この考え方を「ミニマックス法」といいます。単純でしょう？

問題は二手先の評価関数なんて決まらない、ということです。でも、考えてくださいい。チェスは平均して120手くらいで終了するわけです。二手先の評価はできないかもしれないけど、120手くらい先まで考えられれば、「キングが取れる」「キングが取られる」のどちらかになるということではないでしょうか。そこまで行けば評価は決まります。そこから遡って、最初の一手で何をすべきかを決めればよいのです！

つまり、120手先まで「同じように繰り返す」わけですね。

さぁ、これで最強のコンピュータチェスができあがるはず！　と言いたいところなのですが、この考え方には重大な欠陥があります。コンピュータの一局面には十手くらい可能な打つ手があると言われています。となると、１２０手先までいくつの可能な手があるかというと、なんと10の１２０乗通り！　これを「探索空間」といいますが、つまり、チェスを完全に理詰めで解こうとすると、その探索空間は10の１２０乗程度になる。

これがどれくらいの大きさか、っていったら……みなさん、「アボガドロ数」って覚えていますか。物質粒子1モル中に含まれる分子の数のことで、約6×10の23乗でしたね。このアボガドロ数よりもだいぶ大きい。余談ですが、じつは10の80乗というのが、観測可能な宇宙の全水素分子の総数と言われているんです。

ええと（笑）……ね、10の１２０乗がどれくらい大きいのか、どのくらい無理な数かが、わかりましたね。

また、将棋の探索空間は、おおよそ10の２２０乗と言われます。取った駒をもう1回置く、ということによって、これくらい探索が爆発する。10の２２０乗、もうどれくらい大きいか想像もつきません。

ただ、本当に可能な十手をすべて検討しなければならないか、というとそうではない。ご存じと思いますが、チェスにも将棋にも「定跡《じょうせき》」と呼ばれているものがあります。それは何かというと、お互いに最良の手を打ち合ったら、そこからしばらくあとは打つ手が決まっている、という場面があるんですね。ですから、一所懸命計算しなくて

も、こうなったらこう打つんだな、と打つべき手がわかりきっているときには、その他の可能性をいちいち計算しなくてよい。それが定跡です。

でも、それだけでは本質的な解決はできません。10の120乗を、10の12乗（つまり1テラ）くらいに縮めたりすることは、到底できるはずもない。

つまり、論理と暗記だけでは解決できそうにない。

さて、どうしましょう。コンピュータに教えられる言葉は数学だけ、ということを思い出してください。数学の言葉の中でも、関数や図形は論理の言葉だけでできあがっています。式と証明の世界ですね。

ところで、まだここまでの話で出してきていない数学の言葉が残っています。何だかわかりますか？

「正しく」ないが、意外と「当たる」

それは、確率と統計なんです。

さて、ではどうやって確率や統計の言葉をコンピュータに教えて、問題を解かせればよいでしょう。最初のほうで質問した、「どれが犬でしょう？」という問題を例にとって、解説してみたいと思います。

統計で解くには、まずは犬のデータと、猫のデータを、できるだけたくさん集めてきます。コンピュータに理解できるのは自然数だけでしたから、写真のデータもやはり0と1だけからなる、例の長い記号列で表現されています。犬には「犬」、猫には「猫」とラベルをふっておきます。さて、データは取ってきました。これをどうしたらいいでしょう。

小学校や中学校で「統計」を習ったときのことを思い出してみましょうか。たとえば、ひまわりの観察記録。ひまわりがどのように成長するかをグラフにまとめるときには、横軸に日数を、縦軸に高さをとってグラフにしますよね。身長と体重の関係を調べるには、横軸に身長を、縦軸に体重をとって、いろんな人のデータを点で打っていき、身長と体重のあいだに何か関係がありそうか、とながめてみたりしますね。いっぽう、横軸に誕生日の月と日の和、縦軸に髪の毛の長さなんてとってもしょうがない。統計で何かを調べたいと思ったら、何を横軸・縦軸に取ればよいか、という「観点」をうまく決めないといけないわけです。

そうして、ある観点から犬と猫のデータをプロットしたとき、猫のデータが、たとえば左上のほうに固まっていて、犬のデータは右下の方に固まっている、という状況になったとします。そうなれば、しめたもの。この2つのかたまりのちょうど中間に線を引いて、線より上にあるのが猫、下にあるのが犬と判断すればよいのです。これがコンピュータが導き出した「犬猫見分け関数」というわけです(図⑲)。

ただし、ひまわりの観察日記と違って、犬・猫の画像分類では、あらかじめ少数の「妥当そうな観点」というのが決まっているわけではありません。もしかすると、人間にはわからないような重要な観点が潜んでいるのかもしれない。ですから、とにかくデータをたくさん集めてきて、観点も「下手な鉄砲も数撃ちゃ当たる」式でたくさん用意して、片っぱしから試してみます（73頁・**コラム2**参照）。人間はこういう意味のない膨大な作業は嫌いですが、その点、コンピュータは絶対に文句を言いません。

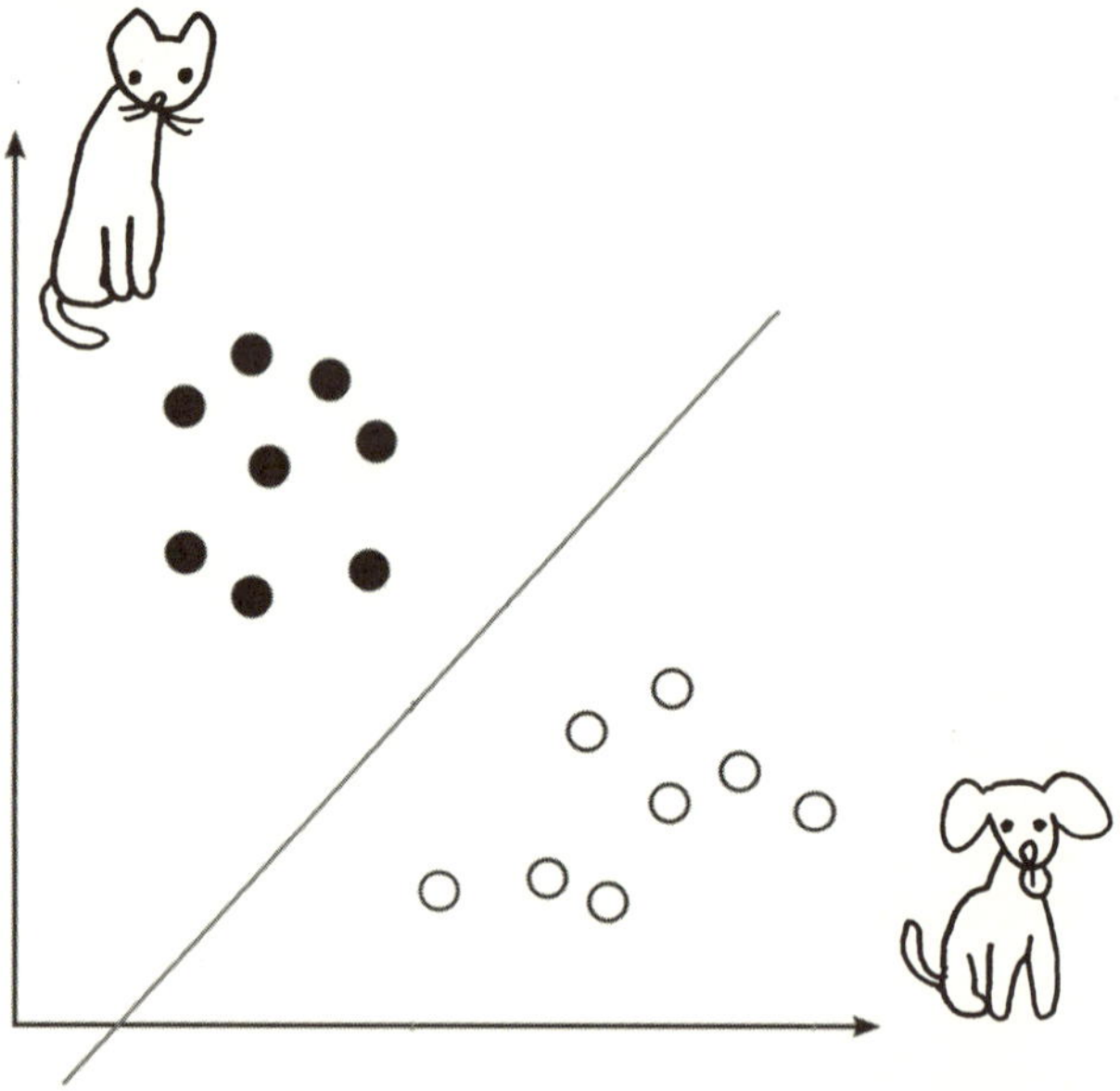

図⑲

チェスや将棋も同じことなんです。今までのプロ同士の対戦の結果から、こういう形勢になってきたら比較的勝つことが多いらしい、というのが見えてきたんですね。私たちに見えてきたんじゃないんです、コンピュータに勝手に見えたんですね（笑）。これは恐ろしいことです。人間がデータを見ていて、よし、とばかりに評価関数をつくるんじゃないんですよ。

そして、データが増えていくでしょう？　そうすると先ほどの線、それを機械が勝手に修正してくれるんですよ。これを機械学習といいます。そして、データが入ってくれば入ってくるほど、勝手に自分でこの計算式の精度を上げていきます。そしたらそれが、犬と猫を見分ける関数や、将棋の局面の「どっちが有利か」を評価する関数になるのです。

さて、こうして導き出された「犬猫見分け関数」が、たとえば、

$$y = 0.98x - 0.3$$

だったとしましょう。そのとき、この「0.98」や「−0.3」にはどのような意味があるのでしょうか。正直に言うと、そこには図形や方程式の問題で導かれたような論理性はないんです。ですから、正しさを保証することはできません。にもかかわらず、結構当たる。これが統計で問題を解くときのポイントです。

しかも、人間が「ひまわりの観察記録」をつけるときのように、意味のある観点を見出しているわけではなくて、画像のデジタルデータのどのあたりにどのような記号

列が出てきやすいか、というようなごく局所的な特徴しかコンピュータには見ることができませんから（40頁・**コラム1**参照）、「どうしてコンピュータがそのように判断をしたのか」を人間が納得することは難しい。ただ、ものすごくたくさんのデータから機械的に導き出されたのであれば、比較的よく当たる。

「そんないい加減なことでいいの？」と思うかもしれません。でも、論理的にきっちり解決できるような問題は、ごくごく限られています。統計が使えなくなったら、今の世の中は、にっちもさっちも動かないんですね。

たとえば、身近なところではスパムメール（迷惑メール）の分類もそうです。世界全体のメールのうち4分の3はスパムだと言われていますから、もしもスパムを自動的により分けることができなかったら、私たちは日々手作業で受信箱からそれを取り除かなければなりません。これは時間のムダです。そこで活躍しているのが機械学習。日々変化するスパムの特徴をいち早く学習して、スパムかそうでないかを見分ける関数を自動的に調整し、スパムだけを取り除いてくれるのです。

ほかにも、かな漢字変換や、手書き文字認識も機械学習を用いて精度を上げてきました。スマホに手書き文字を入れると、だいたい認識してくれますよね。ていねいな字もあれば雑で汚い字もある、大きい字もあれば、小さい字もある。それなのによくわかるな、と思うでしょう？　これも、犬猫の見分けと同じようにやっているのです。

小学校の国語の時間ならば、先生はきちんとトメやハネを見ていますけれども、手

column

コラム2

パーセプトロン学習

　ある映画の評判を自動的に調べたいとします。その映画のタイトルで検索して集めたブログ記事それぞれに、映画を「ほめている」記事を表すラベル「Y」か、「けなしている」記事を表す「N」のどちらかを自動的に貼りつけられれば、最後に「Y」と「N」の割合を調べて、その映画の評判がおよそ分かるでしょう。そんなラベル貼りプログラムをつくる方法をひとつ紹介します。

　たとえば、「面白い」という単語が何度も出てくれば、きっと「ほめている」記事で、「つまらない」という単語が出てくるのは「けなしている」記事でしょう。そこで、「『面白い』という単語を含む」のような文章のいろいろな特徴について、前もって得点（正でも負でもよい）を決めておき、ある記事の得点を「その記事が持つ特徴の得点の合計」と定義します。そして記事の得点がゼロ以上（正）なら「Y」、負なら「N」のラベルを貼ることにします。

　どんな特徴に、どう得点をつけるのが良いでしょう。「ほめている」記事や「けなしている」記事のよい特徴になる単語をたくさん思いつくのは大変です。ひとまず辞書にある単語はぜんぶ特徴と考えてしまいましょう。「『です』を含む」みたいな、役に立たない特徴は得点をゼロにすればよいのです。さて、そんな風にたくさんの特徴を考え始めると、すべての特徴の得点を人間がうまく決めるのは不可能です。そこでまず、映画についてのブログ記事を集め、人間が1つ1つ読んで「Y」「N」を付けた記事とラベルのペアを数多くつくります。そうやってつくったデータ（学習データ）に記録された人間の判断を再現する、うまい得点の設定を自動的に求める方法がいろいろあります。

　たとえば「パーセプトロン学習」という方法は、まずはすべての得点をゼロにしておき、次に、学習データのそれぞれの記事に試しにラベルを付けてみて、間違って「Y」を付けた記事が持つ特徴は得点を1減らし、間違って「N」を付けた記事の特徴は得点を1増やす、ラベルが合っていたら何もしない、という手続きを繰り返す簡単な方法です。しかし、学習データすべてに正しくラベルを貼れる、うまい得点の設定が存在する場合には、そのような得点設定の1つがこの方法でいつか見つかることが、数学的に証明できます。

書き文字認識の場合はそうではありません。いろいろな人が書いたいろいろな字のデータを集めてきて、分類する。ですから多くの人が字を間違っていたとしたら、その間違っているものがさらに定着していくわけです。正しさは保証できない。統計ですから、仕方ありません。でもそんな観点をしこたま搭載した機械の判断は、結構正しかったりする。

東大入試に挑戦する人工知能をつくっている私たちのチームでは、国語では統計的な手法を主として使っています。国語チームのリーダーである佐藤理史先生が次の第2章で詳しく解説をしてくれますが、国語の問題を見たときに、どの選択肢が答えに近そうかを、統計的な観点から見て判断しているんです。

「計算」と「科学度」の関係

ところで私たちには、「計算」は正確なものだという思い込みがあります。

数字を見ると、ついつい信じてしまう。そんな覚えはありませんか。

「今日は朝の空気がからっとしているから暑くても過ごしやすそうだね」と言われるより、「今朝の温度は23度、昨日の最低気温より1度高いです」と言われたほうが「科学的」な気がします。

「あそこのお店はおいしかったよ」と誰かに言われるより、「利用者1000人の意見を平均すると5点満点中3・8点でした」と言われたほうが「納得できる」気がします。

同じように、先生に「あなたは少しおっちょこちょいなところがあるから、計算問題はもう一度検算したほうがいいよ」と言われるよりも、コンピュータに「ビッグデータから分析した結果、あなたはタイプBです。3ケタの掛け算の問題を集中してやると成績アップにつながるでしょう」と言われたほうが「信頼できる」気がします。

どれも、機械やコンピュータが恣意性なしに、きちんと計算して出す数字です。計算間違いも滅多にありません。計算するというからには、数学で答えを出しているに違いありません。だから、どれも「同じように」信頼ができるような気がします。

でも、それは全然違うのです。

そもそも、温度が23度というのと、お店の評判が3・8点というのとでは「科学度」がまるで違う。ただ、困ったことに、人工知能として動いてしまったら、どこからどこまでが論理に基づいていて、どこからが統計なのかよくわからなくなる。同じ統計にしても、確率の理論に基づいてきちんと導かれたものなのか、そうじゃないのか、よくわかりません。特に、当っているときには全然わからない。ひどい間違いをしたときに、ようやく気がつく。そのときにはじめて、「あれ、本当に信用していいのかな?」と思うんですね。でもそれでは手遅れ、ということもある。

クイズ番組でコンピュータ、優勝！

さて、「ロボットは東大に入れるか」プロジェクトを私たちが始めたのは、2011年のことでした。同じ年、これは本当に偶然だったのですが、IBMがつくった「ワトソン」というコンピュータが、クイズ番組「ジェパディ！」でチャンピオンに挑戦して勝つ、という出来事がありました。

「ジェパディ！」は1964年から続くアメリカの長寿クイズ番組です。そこでワトソンは、74連続チャンピオンという記録をもつケン・ジェニングスと最高獲得賞金記録をもつブラッド・ラッターと戦い、見事優勝したのです。となると、暗記が問われるセンター入試の社会科ならばワトソンで解けるような気がしてきますよね。

本当にそうでしょうか。

ヘリコプターが空を飛んだとしても、タケコプターは飛びません。似ているからといって、同じことができるとは限りません。本当にワトソンがセンター入試を解けるかどうか、実際の「ジェパディ！」で過去に出題された問題を見てみないとわかりません。

MOZART'S LAST & PERHAPS MOST POWERFUL SYMPHONY SHARES IT'S NAME WITH THIS PLANET

（「モーツァルトの最後の、そして多分もっとも力強い交響曲は、この惑星と同じ名前をもつ」）

この問題についてはすぐあとにもまた触れますが、ほかにも、「高級な牛肉のブランド名、日本の港町の名前でもある」とか（答えは「神戸」ですよね）。

こんなふうに、「ジェパディ！」の問題には特徴があって、「This 何々」を尋ねます。「この惑星は？」「この肉のブランド名は？」「この町の名前は？」「このロックミュージシャンは？」といった具合です。ということは、出題されるのは「何」「どこ」「誰」「いつ」の4種類だけなのです。「なぜ」と「どうやって」を聞くことはありません。そして、求められる答えは、ほぼ間違いなく固有名詞なのです。

では、先ほどのモーツァルトの問題に戻りましょう。

もし、あなたがこの問題の答えを知らなかったとして、しかもコンピュータを自由に使えるとしたら、どうやって解きますか？

そう！　きっとインターネットで検索をして答えるに違いありませんね。

どんなキーワードで検索をするでしょう。さすがに「IT'S」や「PERHAPS」で検索する人はいないでしょう。「モーツァルト」「ラスト」「シンフォニー」で検索するでしょうね。

では、試しにやってみましょうか。「モーツァルト」「ラスト」「シンフォニー」と入力。

すると、まっ先にウィキペディアの項目、「交響曲第41番」が表示されました
図⑳の、「モーツァルト」「ラスト」「シンフォニー」が出てくるところに下線をひいてみました。

これらの語のすぐそばに出てきて、しかも「PLANET（惑星）」のカテゴリーに入る固有名詞はJupiter（ジュピター・木星）だけです。ということは、答えがジュピターである可能性が非常に高いですね。ワトソンもそのように判断しようとするんです。でも、それだけだと「瞳孔が縦に入っていたら猫」と判断しようとした80年代の人工知能とあまり変わらない。つまり、ちょっとしたことでつまずいてしまいます。そこを機械学習で乗り越えた点が、ワトソンのすばらしいところです。

ポイントは、検索キーワードを適切に選ぶこと、それから「この○○」の○○というカテゴ

図⑳

リーに入る言葉のリストを前もって作成しておくこと、そして、ウィキペディアなど無料で使えるウェブ上の知識源がふんだんに整備されていること、の3つです。これは、英語だからこそできたことで、日本語で同じことをしようとしても難しいでしょう。日本語のウィキペディアは英語ほど整備されていなくて、テレビ番組やマンガの情報に偏っていますから。

まるで人間みたいに

とはいえ、ワトソンは結局、問題文の意味を理解せずに、答えにたどりつこうとするわけですね。

なぜそうするのでしょう。

それは「意味を理解する」ということが、機械＝コンピュータにはとてつもなく難しいからなんですね。

「意味」とは、私たちが住んでいるこの世界で起こっていることについて、私たちがどう感じているか、ということです。でも、「この世界」についてごく断片的にしか知ることができず、しかも心も体も持たない機械にとっては、「意味」と真正面から格闘することはなるべく避けたいことなんです。

だから、機械は統計を用いて「近似」しようとするんですね。

私たちの「本当の気持ち」を理解する代わりに、たとえば目の動きや心拍数等から近似したい。猫とは何かを把握する代わりに、写真にどのようなパーツや色合いが出てくるかで近似したい。文章の意図を理解する代わりに、文字の配列具合などで近似したい。「本物じゃない！」とバレたら機械の負け、「まるで人間みたい」と思われれば機械の勝ち。基本的には、そういうことなんです。

ワトソンと同じような考え方で問題解決しているのが、スマホの質問応答サービスの〈SIRI〉や〈しゃべってコンシェル〉です。「近くの焼肉食べ放題のお店を教えて」と入力したとき、「焼肉」「食べ放題」という語を選び、持ち主の位置情報に照らし合わせて、候補を提示してくれますね。これも基本的には検索です。こちらの希望するところの意味を理解して答えているわけではないんです。

こういう仕組みはインターネット上のあらゆるところで使われています。たとえば、機械翻訳がそうです。やってみましょう。

「図書館の前で待ち合わせしませんか」

これをGoogle翻訳にかけてみます。

→Do not wait in front of the library.

「待ち合わせしません」と「待ち合わせしませんか」の区別がついてませんね。まぁ、この2つは、見た目はほとんど変わりませんものね。

いっぽう、Yahoo!翻訳にかけるともうちょっと美しい英文が出ます。

→Shall we meet in front of a library?

図書館（library）に不定冠詞の「a」がついているところがいただけませんが、「～しませんか」という慣用表現をちゃんと理解しています。もちろん宿題をするときに使ってはいけませんよ（笑）。

これだけを見ると、「Google翻訳よりYahoo!翻訳の方が後から開発されたから精度が高いんだな」と思うかもしれません。ところが開発順は逆なのです。Yahoo!翻訳は、比較的早い時期に、文法に基づいて設計されました。「～しませんか」と書いてあったら「Shall we ～」と訳しましょう、というようなことをちゃんと知っているんですね。

いっぽう、Google翻訳は文法を重要視していません。そのせいで、とてつもない間違いをおかしたりします。たとえば、こんな文。

「このカエルは悪い魔法使いによってカエルに変えられた王子様だったのです」

Yahoo!翻訳はそれなりに訳すことができます。

→This frog was a prince changed to the frog by a bad magician.

けれども、Google翻訳はこんな風になります。

→This frog is was the prince you've been turned into a frog by a bad witch.

be動詞が2つ重なっている上に、時制が合っていません。また、カエルに変えられた主語が「あなた(you)」になっています。英語の宿題として提出したら、先生に呼び出しをくらいそうですね(笑)。ちなみにこれは2013年8月時点での翻訳結果です。どちらも日々進化していますから、今も同じ翻訳結果が出るとは限りません。現時点でどれくらい精度が上がったかを、ぜひ自分の目で確かめてみてください。

ところで、なぜグーグルはこのような翻訳機を開発しようと思ったのでしょう。最大の理由は、言葉は私たち人間が思う以上に日々変化しているからです。そうでしょう?「ふなっしー」とか「もふもふする」なんていう言葉は少し前まで、存在すらしていませんでした。科学でも新しい言葉が生まれたり消えたりしていますし、役所も日々新しい言葉を作り出します。たとえば文部科学省のホームページに書いてある「トビタテ!留学JAPAN」なんていう言葉も、初めて機械が見たらびっくりして訳せないと思います。私も訳せませんが(笑)。

日々生まれてくる膨大な量の言葉の訳や使い方を、人手で整備し続けることができるのだろうか。しかも、世界には6000以上の言語があるといわれています。そういうときに出てきたアイデアが、統計を使った機械翻訳だったんですね。統計による機械翻訳は、整備のコストが格段に下がりますし、(文法的には間違っていても)人間が見れば、まぁなんとなく「こんなことを言ってるのかな」くらいはわかります。

もう1つ、文法に基づく翻訳には大きな弱点があります。

次頁のような例で比較してみましょう。

「ハンカチは持ってきましたか?」

Google翻訳では

→Did you bring the handkerchief?

となり、まずまずです。が、Yahoo!翻訳では、

→Did the handkerchief last?

となってしまいました。どうしてでしょう。まず、元の文では主語の「あなた」が省略されているのですが、それをYahoo!翻訳はうまく当てられず、ハンカチが主語だと思ってしまったからです。無理もありません。「私は女です」の主語は「私」なのに、「ハンカチは持ってきましたか」の主語が「ハンカチ」でない理由が機械には(私たちにも?)わかりませんから。さらに、ハンカチが主語だと勘違いしたのが影響して、「持つ」を「保つ」の意味だと判断しています。このように、文法に基づく翻訳では、一度失敗し始めると、雪だるま式に失敗を重ねてひどいことになることが、しばしばあるんですね。

Google翻訳は、2016年に「深層学習（ディープラーニング）」を機械翻訳に導入しました。また、学習するデータを膨大に増やすことで、翻訳の精度が飛躍的に向上しました。2014年出版の時点で挙げた例文に対しては、現在、すべて正しい訳が出ます。

では、「ホンヤクこんにゃく」が達成されたか、というと残念ながらそうではありません。統計を使って翻訳をする場合、よくみかける文（旅行会話など）は上手に訳せるのですが、論文やビジネス書類になるととたんに精度が下がってしまうのです。それ以外にも、ディープラーニング特有の不思議な誤訳をご紹介しましょう。

「左右左右左右右右右」

と入力すると

「Left and right, left and right, right,」（2017年11月10日現在）

と出力するのです。日本語に戻すと、これは「左右左右右」です。数がぜんぜん足りません。

こんな風に、Google翻訳やSiriなど最先端の人工知能技術が使われているものの「エラー」を見つけることで、「ああ、こんな風に人工知能って動いているんだな」「このあたりが課題なんだな」ということがわかるのです。

「当たり前」の入口に立つ

これでみなさんは統計的な手法の優れたところと、「いまひとつ」なところの両方を理解したことでしょう。統計的手法はものごとを分類したり傾向をみたりするとき、非常に有用です。特に、数100万という規模で正解のデータがあり、さらにデータが次々に集まる仕組みがある場合には。いっぽうで、それは「すでにあるデータ」から基本的には「当てる」だけですから、「きちんとする」のは難しい。

たとえば、数学。

図㉑の2つの文を見比べてみましょう。

検索キーワードを選んだら、「実数」「満たす」「範囲」とか「a」「x」とか、ほとんど変わらないです。でも、解き方も答えも全然違う。数学の問題は、統計的手法ではどうにもならなそうです。

1) xを実数とする。つねに$x^2+ax+4 \geqq 0$であるとき、aの範囲を求めよ。

2) x, yを実数とし、$a=x+y$とする。つねに、$x^2+y^2=1$であるとき、aの範囲を求めよ。

図㉑

では、どうするのか。Yahoo!翻訳のように、まじめに分析する以外にはなさそうです。「xを実数とする」ならば、きちんと「xは実数なのだ」と機械に理解させなければなりません。

「当たり前じゃないか」

と思うかもしれません。ええ、チューリングもきっとそう考えていたに違いありません。でも、その「当たり前」がとても難しかった。この10年くらいでしょうか。ようやく「当たり前」の入り口に立つことができるような条件が整ってきたのは。そこで私たちが最初に試してみようと思ったのが、数学の問題をきちんと理解し、それを解く機械をつくることでした。

もし、問題をきちんと理解できて、それを数式（正確には「述語論理式」と呼ばれる式です）に機械翻訳できたなら、先ほど登場した〈ウルフラム・アルファ〉のような数式処理ソフトを使えば、自動的に答えが出るかもしれません。

ただし、数学ですから、いい加減な機械翻訳は許されません。100パーセント正しく分析しなくてはならない。とはいえ、ふつうの機械翻訳より少し気が楽なのは、数学の問題では新出語がほとんどないことでしょう。ある年になって、急に「ふなっしー」が登場するような心配は、数学にはありませんから。物理も数学と似たところがあります。問題設定さえ正確に理解できれば、あとは、数式処理やシミュレーションを駆使して完璧に解くことができるようになるかもしれないのです。

消える職業、変わる学校

理系偏差値76・2と英語の落とし穴

ここまで、ずいぶんと遠回りをしてきたように思われるかもしれませんが、いままでお話してきたような試行錯誤のもと、「ロボットは東大に入れるか」プロジェクトの数学チームは、4年かけて数学の問題を理解し、自動で解くプログラムを作り上げたのですね。まだ解ける問題は限られていますし、機械翻訳も完全ではありません。

しかし、詳細については次の第2章にあるように、２０１６年のSAPIX YOZEMI GROUPの「東大入試プレ」という模試を受け、理系は6問中4問を完答し、偏差値約76・2を獲得しました。東大を目指す優秀な受験生の上位1％に入る好成績です。

いっぽう、文系科目、たとえば「英語」についてはどうかということを簡単にお話しておきたいと思います。

じつは東ロボくんは、リスニングが本来とても得意なんですね。私が勤めている国立情報学研究所には、音声認識の研究者もいますが、彼らは「センター入試のリスニングならば、東ロボくんは98パーセントくらいの精度で聞き取れると思いますよ」と言うんですね。彼らがいま一所懸命取り組んでいるのは、新宿駅の雑踏の中で携帯電話から利用者本人の声だけを聴き分けたり、オーケストラの演奏からビオラのパートだけとりだしたり、ということですから、雑音が一切ないセンター入試のリスニングなんて、朝飯前だというのです。

にもかかわらず、かつて2013年に東ロボくんの受けた代ゼミの「全国センター模試」において、リスニングの問題は満点だったか、というと、残念ながらさんざんな結果だったんです。

なぜだか、わかりますか?

解答の選択肢が、イラストだったからなんです!

思わぬところに落とし穴があったんです。

次頁の図㉒を見てください。

問題となった会話文の内容は、父親の誕生日のために手作りをすることになったバースデイ・ケーキをめぐるものでした。「どうやってブルーベリーを飾り付ければいいかな?」と息子が聞き、「クリームとクリームの間にブルーベリーをひとつずつ置いてちょうだい」と母が答える。この会話のリスニングは、東ロボくん、パーフェクトなんです。

で、問題はというと、「さて、2人が作ったバースデイ・ケーキは次の4つのうちどれでしょう」。

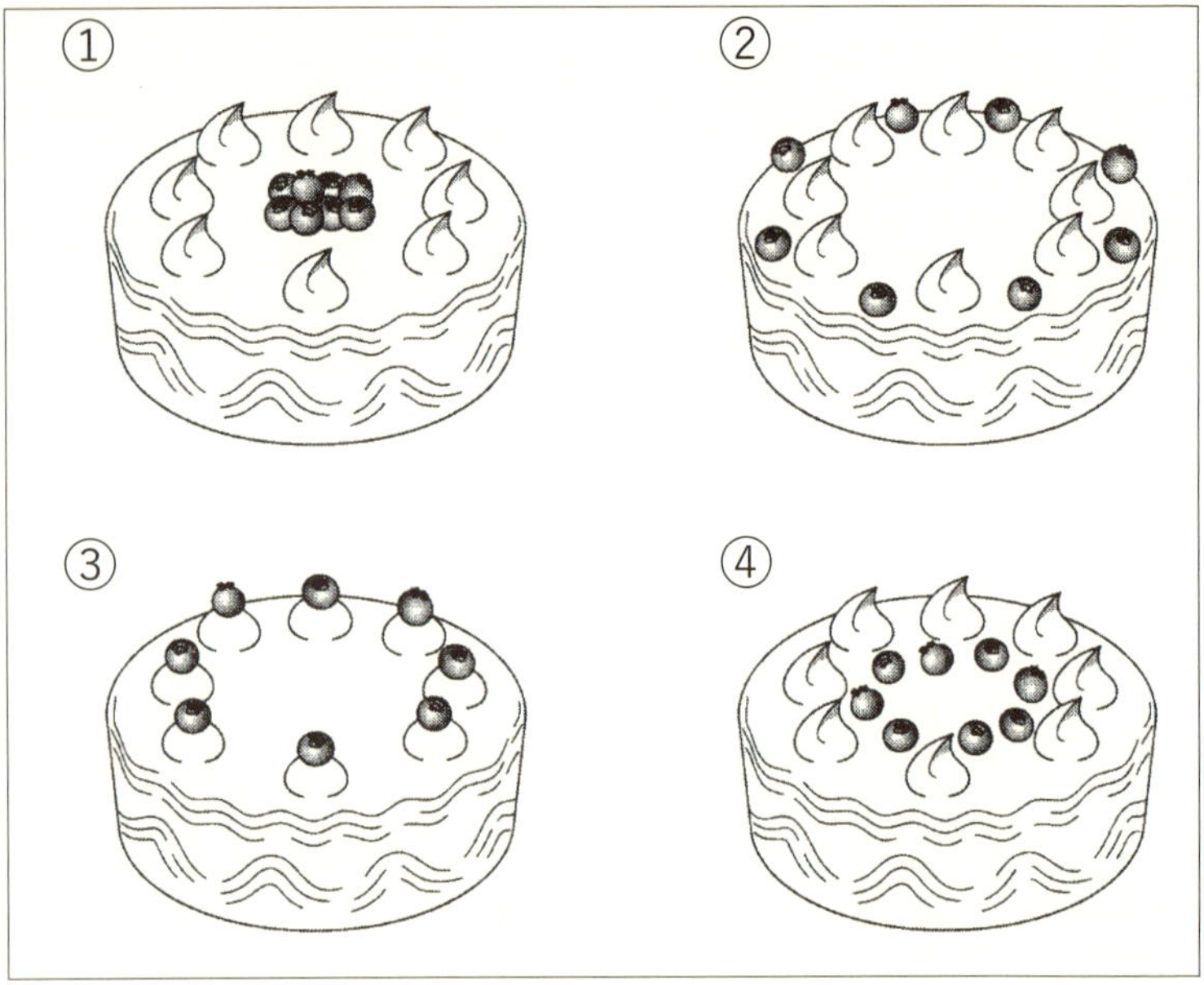

図㉒

正解は2番なわけなんですけれど、研究所の画像認識の研究者たちに聞いたら、口をそろえて「ああ、これは絶対に無理だね」と言いました（笑）。だいたい、そもそもこんなふうにブルーベリーがのったデコレーションケーキなんか人間だってほとんど見たことないでしょ、と。

そう言われてみれば、そうです。私たちがよく目にするデコレーションケーキといえば、ほぼイチゴがのっていますしね。「デコレーションケーキ」でイラスト検索すればそのことがはっきりします。見事にイチゴだらけでしょう？

ブルーベリーがのったデコレーションケーキ（のイラスト）なんて、おそらく多くの人が生まれて初めて見るものでしょうね。なのに、われわれはそれがそうだと、正しくわかる。どうしてなんでしょうか。これは認知科学という分野の難問のひとつです。だいたい、このイラスト、変なんです。ブルーベリーの直径って1センチ未満ですよ。だとすると、このケーキ、直径が12センチくらいしかないことになる。そんなの、おかしいでしょう？（笑）にもかかわらず、その年センター入試を受けた受験生たちは誰一人としてそれを変だと思わず、粛々と問題を解いたんですね。

ちなみに私の職場で、ケーキにプチトマトがのってるね、と言った人がいますね（笑）。

犬と猫の写真の区別については、データがそろえば学習しようがありますが、イラストはなかなか難しい。

なぜ写真と同じ方法で、イラストが区別できないのでしょうか。写真は、私たちが住んでいる「この世界」をカメラという機械で「観測」した出力結果だからです。カメラによって性質はややちがいますけれど、同じ条件で同じものを写せば、基本的には同じ結果になる。イラストに比べるとバラつきがものすごく小さいわけです。しかも、カメラがどのように「この世界」を写真として出力するかの仕組みがわかっている。

でも、イラストは違います。イラストは人の脳という、「なんだかわけのわからないもの」を通って、出力される。写真に比べるとバラつきがものすごく大きい。それを確かめるには、たとえば家族やともだちと一緒に、「ニワトリを思い出して描いてみる」といいかもしれません。どれくらいバラつきがあるか、瞬時にしてわかるはずです。

じつはこの「ニワトリを描く」というのは、私が高校1年生のときの生物の中間試験の問題なんです。すさまじい結果になりましたよ。ニワトリには眉毛があったか、とか、鼻の穴がついていたかどうか、とか、考えるうちにみんなどんどん自信がなくなっていって、いま思うと、すごいニワトリがたくさんできあがっていましたね。中には足を四本描いた子がいて、あとで先生に呼び出されて叱られてました(笑)。

こんな状態ですから、東ロボくんが「週刊少年ジャンプ」を読むことなんて、もうずっと無理な気がします。唐突ですか?　でも本当です。文字も少ないですしね。読めるところが少ししかない。しかも「ドオォォンン!!!!」なんて書いてあるでし

column

コラム3 ＡＩ完全

人工知能（ＡＩ）の分野で取り組まれている課題にはさまざまなものがありますが、この中でも計算機が解くことが非常に難しいとされている問題のことを「ＡＩ完全」といいます。

ＡＩ完全である問題として知られているものには、人間のように物を見る、たとえば画像や動画に何が写っているのかを認識するといったことや、言葉を理解するといったことがあります。このような問題を解くということは、人間と同じ程度の知能を計算機上で再現するということと同じであるといわれています。

計算機が何か問題を解くためには、それをどう解けばいいのかを教えてあげる必要があります。しかし、私たち人間が日常的にやっている知的活動の中には、どうやってそれができているのかを説明することが、私たち自身にとっても難しいというものがあります。たとえば、「人と会話する」というのはそのひとつでしょう。

友達と話をしているときに「この人は何を言っているのだろう？」とか「次にどういう言葉を話せば良いのだろう？」ということを深く考えることは少ないと思いますが、実際には意識していなくてもいろいろな知識を使い、いろいろな処理を行った結果として、会話が成立しているのです。

しかし、あらためてなぜちゃんと会話ができているのかということを考えてみても、おそらくうまく説明することはできないでしょう。このように、私たちが取っている行動には自分たちでも説明できないことがあり、計算機にとってこれらを行うということは、すなわちＡＩ完全な問題であるといえます。

状況を限定すればある程度は計算機で実現可能です。たとえば、道案内に限定された対話システムであるカーナビゲーションシステムのように、すでに実用化されているものもあります。しかし、汎用性のある、つまりどんな状況にも対応できるようなものを作るにはどうすれば良いのかということは、まだ明らかになっていません。

現在の技術では、ＡＩ完全である問題は計算機単独で解くことができません。しかし、逆にこの特徴を利用すれば、ＡＩ完全である問題が解けるかどうかで、人間かどうかを判定することができるとされています。実際に、インターネットではプログラムによるスパムコメントの投稿を防ぐために、計算機には難しい画像の認識問題を用いて、コメントを投稿する際に、画像に書かれた文字列を入力するという「CAPTCHA」と呼ばれているテストが用いられています。

ょ（笑）。機械が初めて見たら、びっくりしますよ。さらには連載中の人気マンガ『One Piece』を読ませて、そこから「第741話・出撃　うそつきウソランド」のあらすじをまとめさせて、そのうえそれを書かせるなんて……もはや神業ですね。現在の人工知能の先には、正直、それができる機械は見えてきません。

マンガすら読めないのに、東大の理系の数学の問題が2問も解けるなんて……。そう思うと、東ロボくんってちょっと気の毒な感じでしょ？（笑）

人との違いを見分けられるか？

さて、話題を少し変えましょうか。

近年、人工知能に関して、もうひとつ面白い話題がありました。それは、ロシアで開発された人工知能が〈チューリングテスト〉にパスした、というニュースです。チューリングというのは、前にお話しした、「計算とは何か」を定式化した、あのチューリングのことです。

機械が人と同じような知性をもっているかどうかを判定するにはどうしたらよいか、について、かのチューリングはいろいろと考えを巡らせました。計算力ではないし、暗記力でもない。それは言葉を使ってコミュニケーションをする力だ、とチューリングは考えたようです。さすがですね。

どんなテストかというと、まず、審判（審査員）となる人間（Aさん）を選びます。Aさんは隔てられたところにいる人間（Bさん）および機械と、それぞれ1対1で会話をします。ただし、声で機械だと見破られてしまっては、その知性を試すことになりませんから、会話はチャットで行うことにしましょう、と。

そして一定時間会話した後で、Aさんはどちらが人間かの判定をします。もしうまく判定できなかったとしたら、その機械は十分に人間らしいと言えるのではないか、とチューリングは考えたのです。

チューリングが考案したこの判定方法は、その後〈チューリングテスト〉と呼ばれるようになりました。審判がひとりしかいないと不公平かもしれませんから、何人かの審判、そして何人かの会話の相手（人間）を選んだほうがよい、とされました。そしてもし3割以上の人が判断を誤ったら、「うまく判定できない」と考えてよい、とチューリングは考えていたようです。

1990年から、この〈チューリングテスト〉を実施する大会がアメリカで開かれ、もっとも成績がよい機械に「ローブナー賞」という賞が与えられてきました。しかし、ローブナー賞の歴史の中でも、3割以上の審査員に人間だと思いこませることに成功した人工知能は現れませんでした。

ところが、2014年、ついにその基準をクリアする人工知能が現れたのです。その機械の名前は〈ユージーン〉。サンクト・ペテルブルグのチームが開発しました。

ユージーンはさぞや知的な会話をするに違いない、って思いますか？

いいえ、そうでもないんですね。

たとえば、もしもあなたが「円周率っていくつ？」と聞いて、小数第１００位まですらすら答える相手がいたとしたらどうです？　逆に、それは機械に違いない、って思うでしょう？「ジェパディ！」で連勝記録をもつケン・ジェニングスみたいな人とチャットしたら、あなたはきっと「こいつは人工知能に違いない」って思うでしょう？

では、どうすれば人間らしく思えるか。しかも、機械は、チャット相手の文章の意味なんて、なにひとつわからないのに！

……どうするか。

やや突拍子もないキャラクターを機械に設定するといいんです。たとえば「5年前にポーランドから移住してきた50代のバツイチ男、奥さんは浮気して出ていったうえ、最近仕事をクビになってものすごく悩んでいる」というように。こうすれば、英語を上手に話せなくても違和感がないし、自分の話ばかりしてもしょうがないし、同じボヤキを繰り返しても不自然じゃない。そう私たちは思えるわけです。で、会話が続かなくなったら、突然「俺なんかどうせダメなんだ！」と騒ぐようにしておけば、相手の人間にはバレません（笑）。

ユージーンもそうでした。彼は、ウクライナ在住の13歳の少年、という設定です。13歳くらいの男の子って、妙に物知りかと思えば、突然非常識になり、要は人の気持ちはわからないし、きちんとした会話を続けることが苦手でしょう（失礼！）。しかもウクライナ人ならば自然な英語を話せなくても、不思議ではないし、おかしくもないです。その設定を巧妙に利用して、審査員たちを欺いたんですね。

「なんだかオレオレ詐欺みたい」と思うかもしれません。

「そんなの、本末転倒じゃない？」と思うかもしれません。

ええ、もちろん本末転倒なんです。チューリングだって、そんなことのためにチューリングテストを考案したわけではないはずです。

けれども実際、相手が機械だとは知らずに延々何時間もチャットをしてしまった、というケースが、ツイッターやフェイスブックではじっさいにあるわけですよね。近未来、オレオレ詐欺は、人間ではなくて機械を使って、電話ではなくチャットで行われるようになるかもしれません。

ときに、スマートフォン上で、スタンプつきのチャットができることで大流行したＬＩＮＥ。そこに、2015年に「りんな」という女子高生に扮したチャットボットが登場しました。ＬＩＮＥ上でりんなちゃんとお友だちになると、話しかけるとすぐに返事をくれます。

「何歳？」と聞くと「「セブンティーン♡」」、「体重は？」と聞くと「女子に体重聞く気ーーーー！？！？やめなはれ（＞◇＜）」など、機転の利く返事をします。ユージーン同様に、「天然で勝手な女子高生」という設定になっています。それがかえって男心をくすぐるようで、りんなちゃんと結婚したいと宣言する男性まで登場しました。

一方で、２０１６年にマイクロソフト社がツイッター上で公開したチャットボットTayは、突然ヒトラーを礼賛するような発言をするようになり、停止されました。悪意のあるユーザがTayに不適切なツイートを調教した、とされていますが、文章の内容を理解しないことの限界が現れた一例といえるでしょう。

よくわからないものが身近にある

さて、そんな感じが、いまの人工知能のもうひとつの現状でもあるのです。いままで私の話をお聞きになってきて、「賢いのか、賢くないのかよくわからない」「頼りになるのか、ならないのかよくわからない」「何に向かっているのかよくわからない」と、きっとみなさん、思ったことでしょう。

ええ、私もそう思います。

ただ、重要なのは、そのように「頼りになるのかならないのか、よくわからない」人工知能が、私たちの生活にすでに深く深く入り込んでいる、という点です。「何に向かっているのかよくわからない」技術でも、当面の目的にとって有用な技術があれば、それは社会に必ず侵入してくるものだからです。

たとえばみなさん、アマゾンなどで買いものをしたことがある人は、けっこういらっしゃるんじゃないかと思います。

アマゾンは、ただ買う、買ったものが届いた、で終わるのではありませんよね。みなさんに次これ買いませんか、って推薦してくるでしょう？　思わず買ってしまいますか？（笑）

でも、アマゾンがこのサービスを始めた8、9年前は、推薦してくる商品がかなりトンチンカンで、えっ、なんで私にこれを推薦するの？　というような商品ばかりを推薦してきました。でも最近は的確な営業をしてきて、大変困ります（笑）。なぜそのように変わってきたのでしょうか？

それは、先ほどの犬猫のデータが増えると、犬猫の分類関数の精度が上がる、というのと同じなんですね。みなさんが買う、あるいは、こんなもん買わないよ、と思ってスルーする、そのひとつひとつが全部データになって集積され、機械学習が行われた結果、大変良く当たるようになった、と。

しかも最近アマゾンは、お客が注文する前に、その人が注文しそうな商品をあらかじめ発送するという手法を編み出し、特許を取っています。びっくりするでしょう？あなたが買いそうなものを、あなた自身よりも先に予想できるというわけです。

ところで、「営業」の仕事というのは、ホワイトカラーの中で大変大きな割合を占めています。みなさんのご家族の中にも、営業職の方がいらっしゃるかもしれません。しかし、アマゾンの考えていることが正しいとするならば、近未来には、営業職のかなりの部分が機械に置き換わることでしょう。

株取引の7割は、人工知能によっている

もうひとつ、別の話もしましょう。

少し前は、株の売り買いをするトレーダーは、お金持ちでかっこいい職業としてもてはやされました。テレビドラマにも、自宅に何台ものパソコンを開いて、世界を股にかけて株の取引をするデイトレーダーが主人公として登場したりしましたね。けれども現在、株の取引、つまりこのタイミングでこれだけのものをこの銘柄で売ろう、買おう、という判断の多くは、じつは人間ではなく、人工知能が下しています。これを「アルゴリズム取引」と呼びますが、アメリカでは株の取引のうち、アルゴリズム取引が占める割合は、ここ5年で急速に伸び、いまや7割を占めるほどになっています。日本の場合は2割くらいだと聞いていますが、おそらく2、3年のうちに、アメリカと同じくらいになるでしょう（注：アルゴリズム取引が全体の取引に占める正確な統計は公開されていませんが、2017年時点で、日本でも6~7割に達していると業界では認識されているそうです）。これまで、対面営業で顧客に株の銘柄を推薦して成り立っ

てきた小さな証券会社にとっては、とても厳しい時代です。保険の営業も同じような影響を受けています。あなたの年齢、住所、職業、年収、家族構成、結婚や離婚経験の有無、乗っている車種などのデータから、あなたに最適な生命保険や自動車保険を自動的に計算してくれます。しかも、営業マンを雇用するコストがゼロですから、その分、価格は安いのです。

他にもこんな例があります。みなさんの家庭では新しい家電を買うとき、どうしていますか？　私がまだ小さい頃は、町の電器屋さんに行って相談をしてから買うものでした。高校生になると、大量仕入れでメーカーから安く家電を仕入れて売る「家電量販店」ができて、町の電器屋さんの数が一気に減りました。町の電器屋さんは親身になっていろいろな相談に乗ってはくれましたが、家電量販店のほうが品ぞろえも豊富で、価格も安かったのです。

でも、最近は、家電量販店に行ってどの品物を買うかを決め、インターネットで最低価格を確認してネット専門店に注文する人が増えました。お店に行けば、商品を目で見て確かめることができますし、商品に関していろいろとアドバイスをもらえるメリットがある。けれども、販売員の人件費や在庫管理のコストは当然かかります。そのコストがかからない分だけ、ネット専門店のほうが価格を安くできますね。ならば、家電量販店で商品を実際に確認して販売員にアドバイスしてもらったうえで、最安値を提示してくるネット専門店で買うのが合理的でしょう。このような消費者の行動を

「ショールーミング」といいます。
でも、考えてみてください。商品の展示をしたり、アドバイスをしたりするのに、ちっとも商品を買ってもらえない家電量販店は、いったいどうやって利益を上げればよいのでしょう。2013年、イギリスではジェソップスというカメラ小売店のグループが、このショールーミングのせいで倒産に追い込まれたといわれています。

この本の「まえがき」で私は、「人工知能」に関する技術の進歩は、電話や新幹線がつくられたときとまったく質が異なるのです、という話をしました。すでに私たちは、日々の生活の中で、さまざまなかたちでそれに頼っているけれども、でも、その技術で「何が」できているのか、その技術はこの先どこに向かっているのか、本当はよくわかっていないのです。
「人工知能」は、いままでの技術や技術の開発とは、まったく違うストーリーで進んでいるんです。それは、私たち人間の「仕事」そのものの根底を揺るがすことに深く関係しているのです。

かつて、1980年代から1990年代にかけて、おもに機械に置き換えられたのは、女性たちの仕事でした。タイピストとか、キーパンチャーとか、電話交換士とかですね。それから、経理事務とか。

男性は、女性の仕事が奪われるときは、「社会問題」にしてきませんでした。「それは気の毒だけど、しょうがないよね。だって機械に置き換わられるような仕事しかしてこなかったんだから」という程度でスルーしてきた。でも、21世紀に入ってからの人工知能の発達は、男性の仕事をも奪い始めているわけです。そうなって初めて、「これは大変だ！　社会問題だ！」って騒ぎ始めているわけです。女性はもう、20年も30年もそんな目に遭ってますけど……、って感じですが(笑)。

ですから、それはある意味で滑稽なことなんですけれども、いずれにしてもこれからどうなっていくのか、それを私たちは知る必要があります。そのことを考えるためにこそ、みなさんに長時間、お話ししてきたのです。

プロジェクトを立ち上げた理由

なぜそれを知らなければいけないのでしょうか。

それを知らないと、未来への備えができないからです。そしてそれは空想では知ることができない。理論と技術でしか知ることはできないのです。

東大に入ることが目的ではなく、そのこと、つまり、人工知能の技術の進歩によって、「人間」の未来がどうなっていくのか。つまり、人間の人間たるところとはいったいなんなのか。そのことを私はどうしても知りたくて、「ロボットは東大に入れるか」

というプロジェクトを立ち上げたというわけなのです。

このプロジェクトを始めたときには、いろいろな人から、「夢のあるプロジェクトですね」とか「酔狂だね、大人がそんなことやって」とか、「東大に合格するロボットをつくって役に立つの？」などと聞かれました。もちろん私は数理論理学者ですから、どんな知的作業が機械で代替可能なのか、実現可能なのかということについて、若いころから強い関心がありました。

でも、それだけならば、別に「東大に入る」ことを目標にしなくてもよかった。「東大に入る」、を目標に立てた理由は、つまり10年後とか20年後に、いったいどの仕事が人間に残るのか、ということをどうしても知りたかったからです。そのことを人工知能の研究をしている人たちだけでなく、それ以外のみなさんと一緒に目撃して、共有して、一緒に考えたかったんです。

機械が労働市場に参入してくるなら、このどこかは機械に置き換えられます。まったく置き換わらない、ということはないんです。トラクターやコンバインは、その能力において、ほぼすべての人を上回りました。将棋や囲碁では、99・9パーセント以上の人たちを機械が上回っているでしょう。逆に少年ジャンプを読解する能力では、99・9パーセントの人間のほうが機械より上でしょう。そういうことです。

別に、東大に入らなくてもいいんです、それは大きなテーマではありません。東大のような最難関校の定員は大学定員全体の1パーセントに過ぎないですから。本当に重要なのは、ふつうに学校に入って、仕事につく人たちの平均的な能力を、人工知能が上回ってしまうときがくるのか、ということです。そこで仕事をしている人たちは、機械には代替できないような能力で勝負しなければなりません。その能力が、高度に人間らしい能力で、しかも誰もが身に着けられるわけではないものならば、今まで以上に高収入を得られることでしょう。いっぽう、それが「イラストを判別する」というような、人間ならば誰もができるものならば、それはとても単価の安い仕事にならざるを得ません。機械が労働市場に参入してくる、とはそのようなことです。

人工知能と無償の労働

アマゾンには〈メカニカルタルク〉というサービスがあります。「機械仕掛けのトルコ人」という変わった名前のこのサービス。いったい何をするものか、わかりますか？少し前に、犬と猫の判断の精度は最近飛躍的に上がっている、というお話をしましたが、いっぽうで、「かわいい猫はどれですか」というのはまだコンピュータには判断できません。「かわいい」というのは価値観の問題ですからね。あるいは写真がピンボケしているかどうかは、もう人工知能にはわかる。でも、どれが「ベストショット」なのかは、まだ判断できません。メカニカルタルクというのは、まだ機械には不可能な判断を、人間に対して安く外注するための仕組みなんです。

メカニカルタルクのうたい文句は「ＨＩＴ（人間の知能が必要な仕事：Human Intelligent Task)」。人間でないとできない「知的な」仕事で、あなたも内職してみませんか？というのです。サイトを開いてみると、いっぷう変わった、さまざまな仕事が掲載されています。「洋服を見て、適切なキーワード（タグ）を2つ付ける」とか、「場所検索の質問に対して、適切な場所が結果として表示されているかを評価する」とか。要するに、機械の下請けの仕事というのを、安く、パートとして外注するという仕組みのことなのです。

メカニカルタルクのような仕組みによって、どんなことが起きるかというと、その作業の価値は、日本の最低賃金法には関係なく、世界の最低賃金にまで、あっという間に下がっていくのです。人間だったらどこに住んでいても、ほぼ誰にでもできる仕事ですからね。実際、途上国にはメカニカルタルクとして働くことで家族を養っている人々がいるそうです。いっぽう、賃金の高い日本では、メカニカルタルクとして働いても、それで食べていくことは難しい。

図㉓（次頁）はアマゾンの配送センターです。アマゾンでは、知的な仕事の多くを人工知能が担っています。たとえば、先ほどもお話ししたような、営業の仕事であるとか、在庫をどのように持つべきか、などの判断だとか。この本がこのように売れている、このような新商品が出た、1週間目はこのような売り上げを記録した。そのことから、このあとどのように売れていくか、というのを予測して、どのように在庫を

図㉓

持つべきか、ということを自動的に計算しているんですね。そしてそれにしたがって、最適な仕入れが行われるわけです。

人のほうが「安い」から

人工知能ではできない仕事は、もちろん他にもいろいろあります。たとえば、本のあらすじを書いたり、本の評価をしたりすることは人工知能にはまだできない。すでにおわかりのように、それができるくらいなら、東ロボくんはもう東大に入っていますものね。だからアマゾンはやはり考えた。なるべくそれらの仕事を人間にタダでさせるような方法を考えたわけです。

「えっ？　タダで働く人なんていないでしょう」と思うかもしれません。いいえ、そうでもないんですよ。カスタマーレビューという仕組みがそれです。本を読んだ読者が自発的に感想を投稿し、星をつける。プロだったら相当の賃金を要求するような知的な作業ですけれども、アマチュアは好奇心と自己承認欲求から無償で働いてくれる。そこをうまく利用した仕組みですね。

でも、人工知能と無償の知的労働、それでもカバーできないこともある。その1つが倉庫の棚から商品を降ろして荷車に積む、という作業です。「え、そんなこと？　なぜ、ロボットにさせないんですか？」と聞かれます。もちろん、やろうと思えば機械化できるんですけれども、まだ機械化していない。なぜだと思います？ 商品が年中入れ替わるので、そのつどデータを入れ替えてロボットの動きを変化させるためのコストより、人を使ったほうが今のところ安いから。単にコストの判断から、機械より人が選ばれているんです。

2014年12月に、アマゾンはお掃除ロボットの「ルンバ」の上に棚がついているようなKivaというロボットを倉庫に導入しました。それによって、作業員が動かなくても、商品を載せたロボットのほうが最適な経路で動いてくるのです。また、どの商品を詰めればよいかを、伝票を読まなくても合成した音声で命令するロボットも登場しました。最後の課題は、一般道を通って注文した客のところまで配送して届けるというもの。自動運転車にできないか、ドローンで配送できないか、様々な実験を繰り返し、百円でも十円でも合理化しようとし続けているのです。

非の打ちどころがないほど合理的ですよね！

近代の「役に立つ」とか、「頭がいい」ということの究極形の1つかもしれません。でも、こんな話を聞かされる人間のほうはため息のひとつもつきたくなる。暗澹たる気持ちになりませんか。みなさんにとって身近なアマゾンという企業を例にとってお話しましたが、21世紀に高い収益を上げている企業のひとつの象徴であり、こうした企業は続々と生まれています。

だから、どうしてもいま考えないといけない、と私は思うんです。

「勉強」は、どこまで人工知能に代わられるか

科学や技術はいつも「人の役に立つように」と、がんばってきました。科学は、宇宙の真理の探究のようなことも目指しますけれども、技術は一貫して人の役に立つことだけを目指してきたんですね。でも、「人の役に立つ」とか「便利になる」ってどういうことかな、ってよくよく突き詰めると、基本的には労働を置き換えるっていうことなのです。

「馬力」っていう言葉を知っていますか？　自動車のパワーを表したりするときに使ったりする言葉です。ある決められた時間内に、どれだけ重い荷物を、どれだけ遠くまで運べるかを、馬何頭分に当たるかで表示したのが馬力なんですね。つまり、「馬何頭分の労働を代替するか」で表現するわけです。水道やガスのインフラも、洗濯機や掃除機も、人間の家事労働をどれだけ代替できるか、ということなわけです。それらはたしかに、労働力が足りないときには役に立っていたと思います。近代科学技術が成立した17世紀から今日までの300年以上の間、基本的には労働力は常に足りなかった。ですから、労働を代替することこそが、まさに社会の役に立つことだったんですね。

もちろん、その間にもいろいろな科学技術の革新があって、その影響で消えた職業はありました。ガス灯の点灯夫とか煙突掃除夫とか。でも、新しい分野も同時に生ま

れ、失業した以上の労働力を吸収したのです。そして、学校という仕組みは、まさに、余った労働を別の産業に移すために、より高度な教育を身に着ける場所として、いままままで機能してきたんですね。

しかし、人工知能が高度に発達しつつある現在も、果たしていままでと同じように考えていていいのだろうか。

人工知能という技術革新によって、いままで想像もできなかったような新しい、人間でなければやれないような仕事が次々に生み出されるのか。そして、人間は、そこで必要とされる「生きる力」を身に着けることができるのかどうか。技術の革新に、人間の変化が追いつけるのか。

それは、人工知能がどこまで発達するかということに加え、21世紀に学校という場所がどう変わるのかによる、と私は思っています。だからこそ、学校で身に着ける力のどの部分が、人工知能によって置き換えられるのか、やはり私はこの目でたしかめたい、と思ったんです。

ロボットの労働対価はどこへ行く?

最後に、もう一度思い出してほしいことがあります。

コンピュータにできるのは、基本的に3つのことだけでした。有限の知識と、特定の条件の下における特定の手続き、そして、同様に繰り返す、です。しかも、本質的には「意味」はわからなくて、記号列の処理しかできないということ。

学校で学ぶことのうち、この3つでプログラムできてしまうことはいずれ機械に代替されてしまうはずです。だからといって、筆算の仕方を覚えても意味がない、と言っているわけではありませんよ。でも、筆算を覚えるだけで終わってしまったら、意味がない。

「ロボットは東大に入れるか」というプロジェクトを始めたとき、ある新聞に、「国立情報学研究所『ドラえもん』計画」という見出しの記事が掲載されました。残念ながら、東ロボくんはどこまでいってもドラえもんにはならないでしょうけれども、みなさんにはぜひ考えてほしいことがあるんです。

それは、ドラえもんがいる世の中になったら、のび太くんは何をして働いていくんだろう、ということなんです。ドラえもんがいたら、たしかに宿題もしてくれるし、困ったことはみんな解決してくれる。そのとき、のび太くんは何をして暮らしていくのだろう。「ロボットに働かせて遊んでいればいい」と思うかもしれないけれども、ロボットが働いて得たお金は、ロボットをつくった会社やその会社がある国だけじゃなくて、のび太くんのところにもちゃんと回ってくるのかしら。ドラえもんと一緒に、のび太くんもジャイアンも幸せになるには、どんな社会の仕組みをつくっていけばいいんだろう。

私は、そのためには、近代以降、私たちがつちかってきた、「役に立つ」「便利になる」というのとはまったく違うタイプの知恵や仕組みが必要になるような気がしてなりません。このプロジェクトを通して、みなさんも一緒にそのことについて考えてもらえるなら、とても嬉しく思います。

第2章

「東大」への大いなる一歩

東ロボくん＋東ロボ手くん

「マーク模試」＆「東大入試プレ」に挑戦!!

「ロボットは東大に入れるか」プロジェクトでは、2009年から「大学入試センター試験」と東京大学の「一般入試（前期）」を念頭において、いわゆるセンター模試や東大模試にAIをトライさせてきました。ベネッセコーポレーションが提供する「進研模試 総合学力マーク模試」（以下、「マーク模試」）やSAPIX YOZEMI GROUPが提供する「東大入試プレ」などです。

このプロジェクトで構築されたAIは「東ロボくん」の愛称で親しまれています。ですから、多くの方が、ひとつのAIがすべての科目の問題を解いていると考えているかもしれません。

残念ながら、そうではありません。

プロジェクトには百人以上の研究者が参加しています。それぞれの研究者が、各科目の中で、特定の問題タイプを解く、特化型のAIを作っています。たとえば、国語ならば漢字の問題はそれ専用、数学の数列もそれ専用のソフトを作っています。それらを組み合わせて、ようやく東ロボくんは動いているのです。

「えー、そんなのちっともAIらしくない！」

人間のように、どの科目でも同じひとつの「脳」で解けたらすごいだろうな、と私も思います。そのようなＡＩを東ロボくんのようなＡＩと区別して、汎用ＡＩとか強いＡＩと呼びます。汎用ＡＩは世界のどこにも存在していません。それをどうやって作ればいいか、世界中の科学者や哲学者が考えてきましたが、さっぱり答えがわかりません。「人間の赤ちゃんみたいに育てたらどうかな」「もっと高速のスパコンが出てくれば違うんじゃないかな」などのアイデアを語る研究者はたくさんいます。でも、それは「意見」に過ぎません。まだ誰も立証できていないどころか、科学的に立証するスタート地点にも立てていないのです。

「それじゃ、２０２１年に入試改革されたら、東ロボくんは使い物にならないじゃない！」

はい、その通りです。東ロボくんは、過去の問題や教科書やウィキペディアを統計的に分析して、あるいは、数学の多くの問題を特定の分野に落とし込むことで、意味がわからないまま処理をしているに過ぎません。ですから、入試改革が実行されたら、東ロボくんはお手上げなのです。

「そんな役に立たないＡＩなんて作って意味あるの？」

ところがどっこい、そんなＡＩを作る意味や意義は多いにあるのです。まず、世の中には、「そんなＡＩ」しか存在していません。アルファ碁（コンピュータ用囲碁プログラム）は将棋を打てません。Siriのような音声案内もできません。一方、Siriは碁を打てません。

でも、「そんなＡＩ」が社会や職場に少しずつ進出することで、みなさんが大人になるころには、社会ががらりと変わっていることでしょう。あなたのお父さんやお母さんがしてきたような仕事の一部がＡＩに置き換わっているかもしれません。

私たちは、東大入試を突破するＡＩを使ってお金儲けをしようとしているわけでは、ありません。そんなソフトを試験会場に持って行ったら、それだけで即刻退場になってしまいますものね。私たちは、「卒業したら大きな会社で、正社員で働くぞ」と思っているみなさんが目指す「大学入試」を実験場として、特化型のＡＩがどれだけの性能を発揮するかを知りたいのです。そして、みなさんが「そんな役に立たないＡＩ」よりどれだけ良くできるのかも、同時に知りたいのです。


というわけで、２０１６年の「東ロボくん」の挑戦の幕開けです。後半（１８０頁〜）には、プロジェクトチームによる東ロボくんの現状と展望についての教科別のまとめもあります。

みなさんで東ロボくんを応援してあげてくださいね。


（新井紀子）

ベネッセコーポレーションによる

マーク模試
結果報告と概評

はじめに

みなさん、こんにちは。ベネッセコーポレーションの小林一木と申します。

2011年、東ロボくんが東京大学合格を目指されてから4年目の2015年より、私たちは「ロボットは東大に入れるか」プロジェクトに参加しました。高校生であれば、高校3年間を高い目標をもって勉強してきたが、現役では合格を勝ち取ることができなかった。卒業後、目標をあきらめることなく、翌年の合格を目指し、一生懸命、勉強に集中している最中、という東ロボくんの姿が私たちにはイメージされました。

そして、東ロボくんの生みの親である新井紀子先生も、なんとか東ロボくんに喜びを味わって欲しい、と愛情をもってサポートされていました。先生に伺ったところ、「絶対に東大に合格！　ではなく、まずは難関大に合格して、これまでの努力が報われたことを実感して欲しい」とのことでした。東ロボくんはそんな期待に応えられたのでしょうか？

その後、2015年に続きまして、2016年も全国の高3生・高卒生約45万人が受験した進研模試「総合学力マーク模試・6月」（以下、「6月マーク模試」）を東ロボくんに受験してもらいました。早速、そのときの東ロボくんの成績をみてみましょう。

まずは、123頁の**資料①**をご覧ください。東ロボくんの偏差値は、57・1。国公立大文系を志望する受験生の中で、上位25％以内の成績ですので、十分、国公立大を狙えるレベルです。

次に、教科・科目別の成績をみてみましょう。ほとんどの科目で全国平均を上回っており、5教科の学力バランスがとれています。数学Ⅰ・数学A、数学Ⅱ・数学B、物理は偏差値55を超えており、世界史Bにおいては66・3と高い偏差値がでています。東ロボくんは、数学、物理、世界史が得意科目と胸を張っていえるのではないでしょうか。東大はじめ国公立大は高校時代に幅広い教科を勉強し、各教科の学力バランスがとれた学生を求めています。その中で、得意科目を複数もっていることは強みになりますし、文系で数学や物理などの理系科目が得意ということは、大学選択の幅を広げる上でも有利になります。

一方、国語、英語（筆記）は全国平均レベル、英語（リスニング）は全国平均を大きく下回っています。文系学部・学科を狙っている東ロボくんは、今回受験した6月マーク模試から1月の大学入試センター試験までの約半年、得意科目はこのままの成績を維持していくことはもちろんですが、まだまだ伸ばす必要がある国語、英語については、苦手分野の確認と、その分野の定着に向け、まずは教科書の理解と基礎的な問題演習を夏休み中に集中的に行うとよいでしょう。苦手教科をあきらめることなく試験当日まで学習を続けることが、難関大への合格の可能性をひろげることになります。

それでは、東ロボくんの第一志望校である東大の合格可能性をみてみましょう。124頁の**資料**②をご覧ください。

東ロボくんの6月マーク模試の成績から大学入試センター試験の予想得点を算出すると、585点。東大は、入学志願者が各科類の募集人員に対する倍率に達した場合、大学入試センター試験の成績により第1段階選抜を行います。第1段階選抜合格者に対して第2次学力試験を行います。2017年度入試での東大の第1段階選抜ラインは、文科一類571点、文科二類623点、文科三類732点になります。

2017年度入試においては、文科一類のみ、なんとか第2次学力試験を受験することはできます。ただ、実際の東大合格者の6月マーク模試の得点率をみると、おおよそ85%以上になりますので、翌年の入試に備え、雰囲気を知る、いわゆる「記念受験」。残念ながらまだまだ合格できるだけのレベルには到達していません。

このように現時点では東大合格は難しい状況です。保護者である新井先生の想いに報いるべく、東ロボくんがこれまで4年間積み上げてきた努力。では、他の大学についてはどうでしょうか？

6月マーク模試の成績から、国公立大、私立大すべての大学・学部・学科・入試日程／方式について判定しました。では、合格可能性80%以上の学校はどれくらいあるのか、125頁の**資料**③をご覧ください。

国公立大は23大学30学部53学科。5教科の学力バランスがとれていることが大切です。東ロボくんは文系ですが、文系の受験生が苦手とすることが多い数学を得意としていますので、これは特に東ロボくんの強みになり、出願校の選択の幅もひろがっています。

また、大学の教育方針によって、入試科目が少なく、特定の教科・科目の配点が高いことが多い私立大においては、数学、物理、世界史Bが得意な東ロボくんは、国公立大以上に得意科目を有効に使うことができます。結果、512大学1343学部2993学科で合格可能性80%以上の判定になります。これは、私立大の8割以上になりますので、私立大まで出願の視野を広げると、選択の幅はかなりひろい、といえます。

それでは、難関大はどうでしょうか？　新井先生、おめでとうございます！　東ロボくんの努力は報われました！

難関大について、私立大では、MARCHクラス、関関同立クラスの、全国から受験生を集める有名大でも合格可能性80%以上の学科がでています。このクラスの大学は、多くの受験生が出願し、多くの不合格者がでる受験生憧れの大学になります。そんな大学群に合格する学力を東ロボくんは4年間でつみあげてきたのです。

これをみなさんは、どう捉えるでしょうか？「AIってすごい！」と感心するのか、「AIよりも得点できなかいヒトがいるのはなぜか？」と疑問をもち、調べたり、考えてみようとするのか。このあたりにヒトとAIの違いのヒントがあるのかもしれません。

東大合格を目指した東ロボくんのこの4年間。東大にチャレンジしながら、1年目は「箱根駅伝にでている大学の合格」、2年目は「国立大の合格」、3年目は「難関大の合格」を目指されてきたと聞いています。この4年目でとうとう「難関大の合格」を達成！

4年間確実にステップアップした東ロボくん。東大への道のりはまだまだ遠いですが、「きみの努力は成果にむすびついているよ」と高い目標に向かって「真面目」に努力しつづける姿勢を褒めてあげたいと思います。

それでは126頁より、ベネッセコーポレーション進研模試編集担当から、各教科・科目ごとの東ロボくんの成績分析と、今後の成績アップのためのアドバイスをお届けします。

資料①

東ロボくん　進研模試「総合学力マーク模試・6月」成績概況

得点	525点	偏差値※1	57.1	順位※1	28,430位

※1 「2016年度進研模試 総合学力マーク模試・6月」の全受験者のうち、東ロボくんの受験教科・科目から５教科８科目文系型（国、数２科目、英筆及びリスニング、地歴２科目、理１科目）での受験者数で集計した偏差値、順位

	得　点（単位：点 ※偏差値は除く）								
	国語	数学ⅠA	数学ⅡB	英語筆記	英語リスニング	物理	日本史B	世界史B	5教科合計
満点	200 現150 古50	100	100	200	50	100	100	100	950
全国平均点	96.8	54.4	46.5	92.9	26.3	45.8	47.3	44.8	437.8
東ロボ得点	96.0 現80 古16	70.0	59.0	95.0	14.0	62.0	52.0	77.0	525.0
東ロボ偏差値	49.7 現49.2 古45.1	57.8	55.5	50.5	36.2	59.0	52.9	66.3	57.1

東ロボくん　偏差値

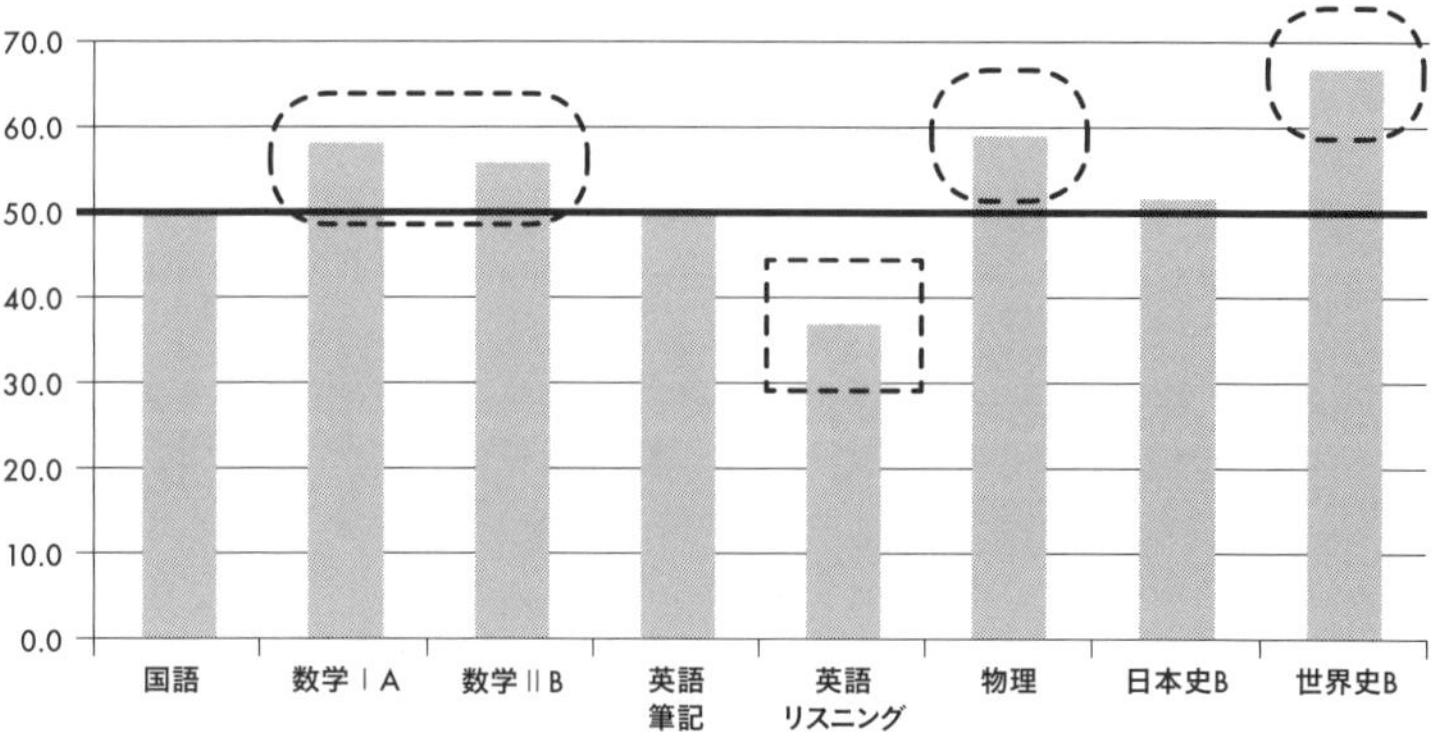

資料②

東ロボくん東大合格の可能性は？

東ロボくんの「2016年度進研模試 総合学力マーク模試・6月成績」による
センター試験予想得点※1

	得　点（単位：点）								
	国語	数学ⅠA	数学ⅡB	英語筆記	英語リスニング	物理	日本史B	世界史B	5教科合計
満点	200	100	100	200	50	100	100	100	950
東ロボ得点	96.0	70.0	59.0	95.0	14.0	62.0	52.0	77.0	525.0
東ロボセンター試験予想得点※1	128.0	68.0	52.0	112.0	16.0	83.0	70.0	91.0	620.0
	620点／950点満点を東京大の第一次選抜の配点にあわせ900点満点にすると **585.0点**								

※1 「2016年度進研模試 総合学力マーク模試・6月」の得点から、昨年度センター試験をベースに予想得点を算出

2017年度入試において、東京大の第一次選抜の通過には、

	得　点（単位：点 ※得点率は除く）		
	文科一類	文科二類	文科三類
満点	900	900	900
通過点数	571	623	732
東ロボ得点率	63%	69%	81%

東京大・分科類の合格においては85%以上の得点を目安にしたいことから、
東ロボくんの現在の学力からは、合格は難しいものと考えられる。

資料③

東ロボくんが合格できる大学は？

東ロボくんの「2016年進研模試 総合力マーク模試・6月」成績による合格可能性判定結果

	「大学・学部・学科」数 ※1			合格可能性 80%以上の「大学・学部・学科」数 ※2 ※3		
	大学	学部	学科	大学	学部	学科
国公立大	172	576	2,096	23	30	53
私立大	584	1,753	4,309	512	1,343	2,993
合計	756	2,329	6,405	535	1,373	3,046

※1　「大学・学部・学科」数は、「進研模試　総合学力マーク模試・6月」時点での大学コード発番数（大学院大学，通信制大学はのぞく）。

※2　国公立大、センター試験利用私立大はセンター試験の入試科目・配点で集計した偏差値による判定、私立大は各大学・学部・学科の入試日程・方式の入試科目・配点で集計した偏差値による判定。

※3　「合格可能性80%以上の大学・学部・学科」数は、各大学・学部・学科の募集単位（入試日程／方式）から一つでも合格可能性80%以上に判定された募集単位（入試日程／方式）があれば対象としています。

世界史B

概評

今回の東ロボくんの世界史Bの点数は、100点中77点で全国平均点を30点程度上回るという、大変よい成績でした。1年前もほぼ同様の結果ですから、世界史の学力はとても安定しています。地域や時代ごとに膨大な情報がよく整理されているといえます。

大問別に解答状況をみてみると、古代世界の戦いをテーマにした第1問は、1設問しか間違えていませんでした。全国平均の低い、古代文明の判別を伴う問題も正解できており、東ロボくんは文化史などの弱点分野がなく、バランスよく学習できています。

得意・不得意について

得意な問題

第1問は、古代のオリエント、ギリシア、ローマを扱っており、東ロボくんがほぼ正解した大問です。**問4**（127頁）では「シュリーマンが発掘した遺跡」や「ミケーネ文明で使用された文字」などが扱われ、全国の受験生には特徴や差異が判別しにくい内容でしたが、東ロボくんは学習事項が整理できており、よくできていました。

世界史B

得意な問題

問4　下線部③に関連して，エーゲ文明とギリシア世界について述べた文として誤っているものを，次の①～④のうちから一つ選べ。 4

① クレタ島でクノッソス宮殿跡がシュリーマンによって発掘された。
② ミケーネ文明で使用された線文字Bは解読された。
③ 古代ギリシアではデルフォイの神託が信奉された。
④ 古代ギリシアでは異民族はバルバロイとよばれた。

歴史事項の名称の違いを判断する問題です。

正解は①。この問題では、エーゲ文明とギリシア世界についての歴史事項を整理できているかを問いました。クノッソス宮殿を発掘したのはシュリーマンではなく、エヴァンズであることをおさえておく必要がありました。

苦手な問題

問4　下線部④に関連して，ローマ時代の著作について述べた文として正しいものを，次の①～④のうちから一つ選べ。 13

① ウェルギリウスは『アエネイス』でローマ建国の伝説をうたった。
② プルタルコスは『ゲルマニア』でゲルマン人の社会を描いた。
③ キケロは『ローマ史』を著して建国以来の歴史を叙述した。
④ トマス＝アクィナスは『神の国』(『神国論』) を著した。

正解は①。この問題では、著者と著作名およびその内容を整理できているかを問いました。内容については「建国の伝説」「ゲルマン人の社会」「建国以来の歴史」といった部分まで判断することが求められました。

苦手な問題

一方で、歴史用語の意味や内容を判別する問題はあまり得意ではないようです。**第2問の問4**（127頁）は、ローマ時代の著作について、著作名と著作概要を判断する文章選択形式の設問でした。著者名と著作名だけであれば正解していたと思われますが、「ゲルマン人の社会を描いた」「建国以来の歴史を叙述した」などの判断に苦労した様子がうかがえます。

学習アドバイス

歴史事項の名称だけでなく内容を把握したい

東ロボくんは歴史事項の名称判別は正確にできています。

一方で、その用語の説明についての判断や、文章を読んで主旨を把握することは苦手なようです。世界史では、単に用語を知っているだけではなく、その用語の意味を理解できているかが求められたり、文献史料や統計資料から情報を取り出し、それらをもとに考えたりすることも求められます。得点をのばすためには、読解力や知識をつなげて判断する力をつけることが今後の課題といえそうです。

（世界史担当：阿部寛）

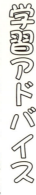

国語

国語

概評

東ロボくんの得点は、200点満点中96・0点で、全国平均点の96・8点を下回っています。

第1問の現代文（評論　中西寛『国際政治とは何か』による）は、全国平均点（26・3点）を超える34点と、とても良好な結果でした。漢字5題は全問正解。語彙力はばっちりです。また、読解問題でも6問中3問正解と、まずまずの結果です。

第2問の現代文（小説　吉野せい『鉛の旅』による）は21点（全国平均29・0点）、第3問の古文では16点（全国平均21・4点）と、いずれも全国平均点に及びませんでした。語彙や文法の知識を問う設問では多く正解できていた一方で、心情を問う設問では苦戦しています。東ロボくんは、知識や論理的な文章の読解を求める設問に比べて、文章の展開や表現から登場人物の気持ちを読み取ったり、表現効果を答えたりする設問については、苦手のようです。

得意・不得意について

得意な問題

第1問（評論）問1の漢字の設問（喚起・渦・融合・増幅・変革）、および第2問（小説）問1の語句の意味把握の設問（「ほうふつさせる」「相好は一入《ひとしお》くずれた」「脱兎のように」）は、どちらも全問正解でした。全国の平均正答率が5割を切っているものもある中で全問正解は立派です。漢字や語句などの基本知識はしっかり身についていると言えるでしょう。

第1問（評論）問2は、傍線部の内容を正しく説明したものを答える設問でした。傍線部に含まれる指示語を手掛かりに、直前で述べられている内容に着目できたかどうかがポイントでしたが、見事正解でした。傍線部の前後に解答根拠を探し、選択肢と照らして正誤を判断する設問は得意のようです。

苦手な問題

第1問（評論）**問3**（131頁）では、「（グローバルな消費社会における文化的な差異の）合理化がもたらす（固有の地域的・文化的な）価値喪失」について問われています。正解は「地域の固有性や帰属意識を感じにくくなってしまった」と説明している③ですが、東ロボくんは「精神的価値そのものが無意味化されてしまった」という④を選んでいます。どちらの選択肢も概ね方向性は同じですが、④は、筆者の主張を超えて極端に偏った内容（＝極論）になっています。東ロボくんは、「価値喪失」という言葉に囚われるあまり、思い込みで選択肢を選んでしまったようです。

第1問の問6（i）・（ii）（133頁〜134頁）は、本文の表現や構成・展開についての設問ですが、東ロボくんは、どちらも正解することができませんでした。傍線部前後の部分的な精読は得意な東ロボくんですが、本文を俯瞰し、表現や構成・展開を本文の主旨に照らして評価したり、筆者の叙述の意図をとらえたりする設問は苦手のようです。

同じように、**第2問**（小説）（135〜136頁）でも、傍線部の表現が本文において果たしている役割が問われた問3で不正解となりました。情景描写に投影・象徴され

苦手な問題①

問3　傍線部B「合理化がもたらす価値喪失」とあるが、それはどういうことか。その説明として最も適当なものを、次の①～⑤のうちから一つ選べ。解答番号は 7 。

① 近代以前の伝統的な社会では消費の対象とならなかった各地に存在する文化は、資本主義社会に移行したことでその文化的差異に注目が集まり、消費されるべき資源として見直されるようになったということ。

② 集団に対する帰属意識は他の集団がもつ文化的な価値との差異によって育まれるが、資本主義社会において文化的差異が同質化されていくにつれ、どの集団も文化的な価値が低下してきているということ。

③ 地球規模に拡大する資本主義が地域間に存在した文化的差異を吸収し、これを消費の対象として同質化したため、人々はそうした文化に地域の固有性や帰属意識を感じにくくなってしまったということ。

④ 伝統的な社会に存在した地域文化は生きる目的や帰属意識といった精神的価値を人々に与えたが、資本主義社会がもたらした論理によって、そうした精神的価値そのものが無意味化されてしまったということ。

⑤ 資本主義社会における文化的な差異はこれを合理化できる人々にとっては経済的資源となるが、資本主義の論理を認識できない人々にとっては、そこにどういう意味も見出すことができないということ。

た登場人物の心情について正しく理解することができなかったようです。

第3問（古文）の**問1**（136～137頁）は、東ロボくんが得意とする語彙の問題でしたので期待していましたが、全問不正解という残念な結果となりました。現代語の語彙や漢字はこつこつ身に付けていたようですが、かえって現代語のニュアンスに引っ張られたのかもしれません。古文単語の定着には、まだまだ課題があるようです。

学習アドバイス

本文全体を俯瞰した読み取りができるようにしたい

語彙や漢字など、基礎的な知識はしっかり身についていますし、傍線部についての部分読解の設問ではよく正解できています。これら基本知識や精読の力をベースに、本文全体の構成や展開、筆者の叙述の意図など、本文の主旨を俯瞰的に読み取る力を伸ばしていくことが大切です。特に、小説や古文（物語文）の心情読解の設問では、本文全体を通して展開してゆく心情の変化を追うことが求められますので、微視的な精読だけでなく、「部分」と「全体」の関係を意識して読み進めることが必要です。

古文でも同様で、古文単語の定着はもちろん大切ですが、合わせて文脈を追う力を伸ばすことが大切でしょう。文脈理解においては、選択肢の内容が手掛かりになることもあります。途中で少々わからない単語が出てきても、大筋を掴みながら読み進めることも必要でしょう。

（国語担当：郡宏暢）

苦手な問題②

問6　この文章の表現と構成・展開について、次の(i)・(ii)の問いに答えよ。

(i)　この文章の第1〜6段落の表現に関する説明として適当でないものを、次の①〜④のうちから一つ選べ。解答番号は 10 。

①　第1段落の第4文の「マクルーハンの説くように〜を生み出すわけではないのである。」という表現は、マクルーハンの説を否定するもので、彼に対する反証を通して主張を展開するための契機としている。

②　第2段落の第1文の「〜傾向をもつようである」という表現は、「〜傾向をもつ」と表現する場合とは異なって、さまざまな状況を勘案しつつ断定を控えた論述が行われていることを示している。

③　第4段落の第4文の「極端な場合には〜感覚すら生まれてくる。」という表現は、まず大げさな状況を提示することによって、エスニック集団の基本的な紐帯は情感の共有によるという持論の妥当性を高めている。

④　第6段落の第4文の「現代では浅い理解にとどまっていても」という表現は、異文化理解が「浅い理解」にとどまっていることに譲歩しつつも、今後これを推し進めるべきだという見解を示している。

(ii) この文章の第7段落以降の構成・展開に関する説明として適当でないものを、次の①〜④のうちから一つ選べ。解答番号は 11 。

① 第7段落では、坂口安吾の文章を引用することで、文化を固定的にとらえようとする考えを批判し、文化やアイデンティティに対して発想の転換をはかることを促している。

② 第10段落では、アレントの意見を援用しながら近代人の認識を批判し、第11段落では、身近な例を取り上げながらアイデンティティに対する自らの考え方を提示している。

③ 第12段落では、文化とアイデンティティの関係を具体的な事例によって明らかにし、それまでとはやや異なる問題を提示することで、論述の方向性を一時的に変更している。

④ 第13段落では、伝統的社会と近代以降における言語機能の変容を「しかし」という表現を介して整理し、第14段落では、今日の社会状況をふまえたうえで筆者の主張を提示している。

苦手な問題③

問3　傍線部B「陽《ひ》は西に傾きかけている。」、傍線部C「日は益々《ますます》西に傾いてくる。」の表現は、本文においてそれぞれどのような役割を果たしているか。その説明として最も適当なものを、次の①～⑤のうちから一つ選べ。
解答番号は 16 。

①　Bは、息子との面会が許されないと聞かされて、老夫婦のいたわりさえも煩わしく感じるほど荒れた「私」の心情を示唆している。Cは、諦めきれずに歩哨兵に面会を申し入れたが断られ、見事な軍隊の行進に見とれながらもその非人間性を恨む「私」の心情を表し、事態が悪化の一途をたどることを暗示する役割を果たしている。

②　Bは、息子に会えるという期待が裏切られたうえに、親切な老夫婦とも同行できないことで悲嘆にくれている「私」の心情を示唆している。Cは、意を決して歩哨兵に面会を申し入れたが相手にされず、門から離れざるをえない「私」のつらさを表しており、次に登場する若い兵士の存在感を際立たせる役割を果たしている。

③　Bは、息子にやっと会えるという期待が裏切られて大きな衝撃を受け絶望に陥りつつある「私」の心情を示唆している。Cは、歩哨兵に面会を懇願したが冷たく拒絶され、ますます切羽詰まってきた「私」の様子を表し、そのなかでもなお諦めない母の思いの強さや、次に登場する若い兵士の存在を印象づける役割を果たしている。

④　Bは、期待していた息子との面会が難しいと知らされたが、それでも何とか会いたいと希望をつないでいる「私」の心情を示唆している。Cは、何度歩哨兵に頼んでも冷たく拒絶されたため、無力感にさいなまれて捨てばちになってしまった「私」の心中を表しており、次の「私」の行動の布石とする役割を果たしている。

⑤　Bは、息子との面会が突然禁止されたと聞いて憤りを禁じえず、混乱している「私」の心情を示唆している。Cは、思い切って歩哨兵に面会を頼んではみたが相手にされず、事態の好転を願いながらも悲嘆にくれる年老いた「私」の様子を表し、しだいに厳しさを増す戦況や、兵士たちの悲惨な運命を予告する役割を果たしている。

苦手な問題④

問1　傍線部(ア)〜(ウ)の解釈として最も適当なものを、次の各群の①〜⑤のうちから、それぞれ一つずつ選べ。
解答番号は 21 〜 23 。

(ア) しばし立ちやすらひて 21

① 何度も立ち止まって
② しばらくたたずんで
③ 少しの間気を静めて
④ ずっと悩み続けて
⑤ ぼんやり立ちつくして

(イ) 必ず忘れ給ひそ 22

① ぜひともお忘れいただきますよう
② きっとお忘れになるでしょう
③ どうぞお忘れくださいますよう
④ 決してお忘れにならないよう
⑤ 必ずしもお忘れにはならないでしょう

(ウ) いかにすべなからん 23

① どうしてしなかったのだろうか
② やはりあきらめなかっただろう
③ さぞかし途方に暮れるだろう
④ どれほどうれしいことだろうか
⑤ なんとか助けてくれるだろう

英語（筆記）

概評

東ロボくんの得点は、200点満点中95点で、全国平均点の92・9点を、少しですが超える結果でした。特に第2問の文法・語彙語法・語句整序・応答文完成は、とてもよい結果でした。単語の発音や、文法・語彙といった知識はしっかりと覚えられていることがうかがえます。また、応答文完成のような、直前の一文の内容を理解して次に続く応答文を考えるといった、限られた範囲での意味理解も比較的得意なようです。一方で、長い英文を読んで内容を理解することが必要な第3問、第5問、第6問は、残念ながら全国平均点よりも低い結果でした。会話や物語など、全体の流れを踏まえて考えたり、内容を簡潔にまとめたりすることは、苦手なようです。

得意・不得意について

得意な問題

第2問Bの語句整序の問題（139頁）は、よくできていました。前の文の内容を理解して、適切な応答となるように文を作る問題です。東ロボくんは、文法や語彙の知識を組み合わせて考え、正しい英文を作る力が身についているようです。

英語(筆記)

得意な問題

B　次の問い（問1～3）において，それぞれ下の①～⑥の語句を並べかえて空所を補い，最も適当な文を完成させよ。解答は 18 ～ 23 に入れるものの番号のみを答えよ。

問1　Greg: Did you get home in time to have dinner with your cousins last night?

Mary: Yes. Jane was so ＿＿ 18 ＿＿ ＿＿ 19 ＿＿ after work.

① as　② drive　③ home

④ kind　⑤ me　⑥ to

問2　Cathy: Robert says he has caught a cold.

Charles: Yes. He ＿＿ 20 ＿＿ ＿＿ 21 ＿＿ he was reading a book.

① asleep　② fell　③ open

④ the windows　⑤ while　⑥ with

第2問　B　語句整序

問1の正解は、18 ①、19 ⑤。グレッグの問いかけに対して、<so ～ as to…>「…するほど～な」といった表現を使って、「ジェーンが親切にも家まで送ってくれた」という応答を組み立てます。

問2の正解は、20 ①、21 ③。空所の前後から内容を推測し、<付帯状況>を表す with ＋ O ＋ C を使って、「窓を開けたままで寝てしまった」といった意味になるよう英文を組み立てます。

苦手な問題

第3問A（141頁）の会話の問題は、あまり得意ではないようです。前後の会話の流れから、空欄に入れるのに最も適切な発言を選ぶ問題でした。東ロボくんは、前後の流れを踏まえて判断する問題や、長い英文の広範囲の内容をざっくりと把握して答えるような問題に答えられるようになるには、まだ課題があるようです。

学習アドバイス

目的に応じた英文の読み方ができるようにしたい

まずは、基礎的な知識を身につけることはもちろんのこと、それらをつなぎ合わせて、実際に活用できるようにしましょう。

また、知識を活用して一文一文の意味を理解する（＝精読）だけではなく、英文全体の概要をつかんだり、文と文の論理的なつながりを考えながら読んだりするなど、目的に応じて読み方をかえて、精読以外の読解スキルも身につけていきたいところです。

（英語担当：廣瀬鮎実）

英語（筆記）

苦手な問題

A　次の問い（問１・問２）の会話の［27］・［28］に入れるのに最も適当なものを，それぞれ下の①～④のうちから一つずつ選べ。

問２

Bella: Excuse me. Are you Ken Davis ?

Ken : Yes, I am.

Bella: I'm your neighbor, Bella Daniels. ［28］

Ken : The postman must have made a mistake. Our apartment numbers are similar.

Bella: Right. Your apartment number is #306 and mine is #309.

Ken : Thank you for bringing it to me.

① Can you give me my letter ?
② Did you mail a letter ?
③ I received a letter for you.
④ I sent you a letter.

第３問　A　会話

正解は③。空所以降の２人のやりとりから、ケンへの手紙が誤ってベラに届けられたことを読み取ったうえで、その会話の状況にそぐう応答を補充する問題でした。東ロボくんは、会話から状況が読み取れなかったようです。

概評

今回の東ロボくんの全体の点数は、100点中62点で全国平均点を16点程度上回るという、大変よい成績でした。1年前は平均点に達していなかったので、この1年でグンと成績が伸びたことになります。もちろん油断は禁物ですが、苦手科目であった物理を得意科目とよべるまでに克服したようです。

大問別に問題をみてみると、ばねを用いた問題である**第4問**（143頁）は、5設問すべて正解という素晴らしい結果でした。全国平均が低く、難易度が高い問題も正解できており、東ロボくんは、特にこの分野を得意としているようです。

得意な設問について

物理現象をイメージする力が必要な問題

第4問（143頁）は、東ロボくんが全問正解した大問です。この大問では、ばねをくっつけた物体を斜面に置き、ばねを壁に固定した状態で物体を動かすことで、ばねが伸びたり縮んだりする運動が題材で

第４問　ばねを使った運動（左頁）

問３の正解は③。この問題では、ばねが伸びていない状態から、AとBを静かにはなしたとき、ばねがどれくらい伸びるかを問いました。複雑な設定の問題ですが、ばねが伸びる力のエネルギーと、AとBにはたらく重力のエネルギーを考えれば、解答を導けます。

問４の正解は④。この問題では、ばねが最も伸びたときにBがAからはなれて、Aだけがくっついた状態になった後、ばねがどれくらい縮むかを問いました。ばねにくっついた小物体の重さはBの分だけ軽くなるので、ばねにはたらく力は問３のときより小さくなることに気づければ、解答を導けます。

物理

得意な問題

次に，質量mの小物体Bを軽い両面テープでAに貼り付けた。

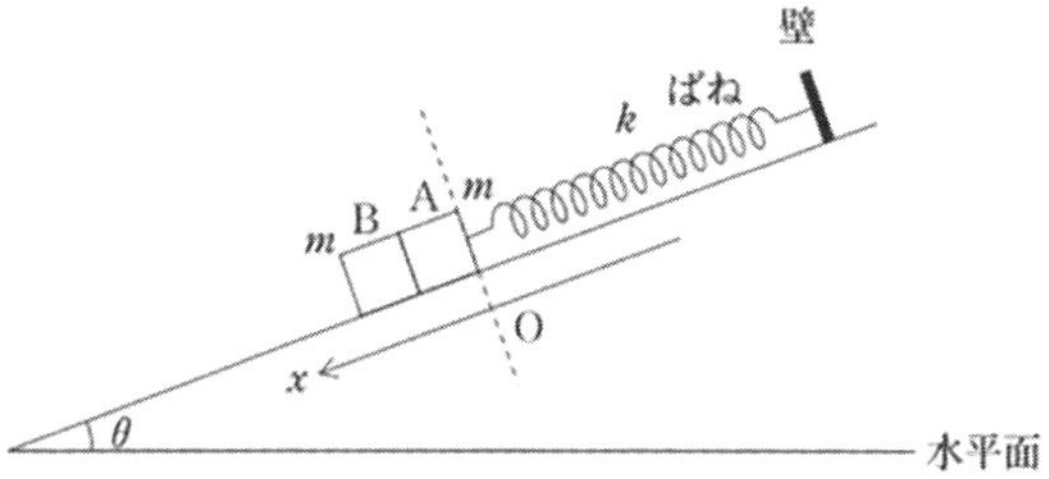

図　3

図３のように，ばねが自然の長さになる位置までA，Bを移動させて静かに手をはなしたところ，A，Bは一体となってx軸上で単振動をはじめ，ばねが最も伸びてA，Bがいったん静止したときに，両面テープがはがれてBはAから静かにはなれた。

問３　ばねが最も伸びてA，Bがいったん静止したときのAの位置のx座標を表す式として正しいものを，次の①～④のうちから一つ選べ。$x=$ **4**

① $\frac{2mg\sin\theta}{k}$　② $\frac{3mg\sin\theta}{k}$　③ $\frac{4mg\sin\theta}{k}$　④ $\frac{5mg\sin\theta}{k}$

BがAからはなれた後，Aは再び動きはじめた。

問４　この後，はじめてAの速さが0になるときのAの位置のx座標を表す式として正しいものを，次の①～⑥のうちから一つ選べ。$x=$ **5**

① $\frac{mg\sin\theta}{k}$　② 0　③ $-\frac{mg\sin\theta}{k}$

④ $-\frac{2mg\sin\theta}{k}$　⑤ $-\frac{3mg\sin\theta}{k}$　⑥ $-\frac{4mg\sin\theta}{k}$

した。大問の後半では、ばねをくっつけた物体にもう一つ別の物体をくっつける設定になり、さらに複雑な運動を考える必要がありました。

全国の受験生には難しい問題もありましたが、東ロボくんは見事全問正解しました。この複雑な状況をしっかりと理解し、物体がどのような動きをするのかを正しくイメージできたと考えられます。

学習アドバイス

図を読み取り、図を用いて考える力をつけたい

東ロボくんは、複雑な設定の問題でも、物体の運動などの物理現象について正しく把握し、深く考えることができています。

一方で、問題で与えられた図から必要な情報を取り出したり、導き出した結論と図を関連付けて考えたりすることは苦手なようです。物理では、図から情報を取り出して考えていく問題が多いので、東ロボくんは、図をもとに考察する問題を練習することが必要なようです。図を用いて考えることができるかどうかが今後の課題となりそうです。

（物理担当：岩崎修人）

数学Ⅰ・数学A

マーク模試

数学Ⅰ・数学A

概評

今回の東ロボくんの点数は、100点中70点、全国平均を大きく上回る高得点でした。この一年で見事に数学を得点源とできる得意科目にできたといえるでしょう。

一方で東ロボくんは得意分野と不得意分野の差が大きいようです。第2問〔1〕、第5問で出題された図形に関する問題は、なんと全問正解で、全国の受験生が苦手とするような問題でもミスなく解ききれています。しかし、データの分析では全国平均が75パーセントを超えるような簡単な問題でも不正解であったり、第5問の、「整数の性質」に関しては、非常に典型的な問題でしたが、不定方程式を解く問題では手も足も出ていなかったようです。東ロボくん、苦手意識がつかなければよいのですが。

得意・不得意について

得意な問題

東ロボくんは第2問「図形と計量」や第5問の「図形の性質」で出題された、図形の辺の長さや角度、面積を問う問題が非常に得意なようです。いずれも図形が複雑で正確な図をイメージしにくい問題でしたが、正確に面積や辺の長さを求めることができていました。

苦手な問題

第2問〔2〕(2)（147頁）のような、グラフからデータを分析する問題において得点率が低い傾向がありました。グラフから読み取れる内容として適切でない内容を5つの選択肢から2つを選ぶ問題では、でしたが、一つも正解を選ぶことができていませんでした。グラフから読み取れるデータと文章で書かれている条件を比較して検討するような力が不足していたと思われます。

学習アドバイス

図やグラフから、情報を読み取って比較する力をつけたい

東ロボくんは「〇〇を求めなさい」といった求めるものがハッキリしている問いかけについては複雑な条件設定があっても、正確に解くことができています。その一方で、図やグラフから情報を読み取って、他の条件と比較することが苦手なようです。現在進んでいる教育改革において、数学ではグラフから情報を読み取ったり、複数のグラフや条件を比較して考察する力がより一層、大切になります。まずは、グラフの特徴を把握するところから始めてみましょう。

（数学担当：三宅悠介）

数学Ⅰ・数学A

苦手な問題

(2) 次の図は五つのクラスの試験Aの得点を箱ひげ図にまとめたものである。

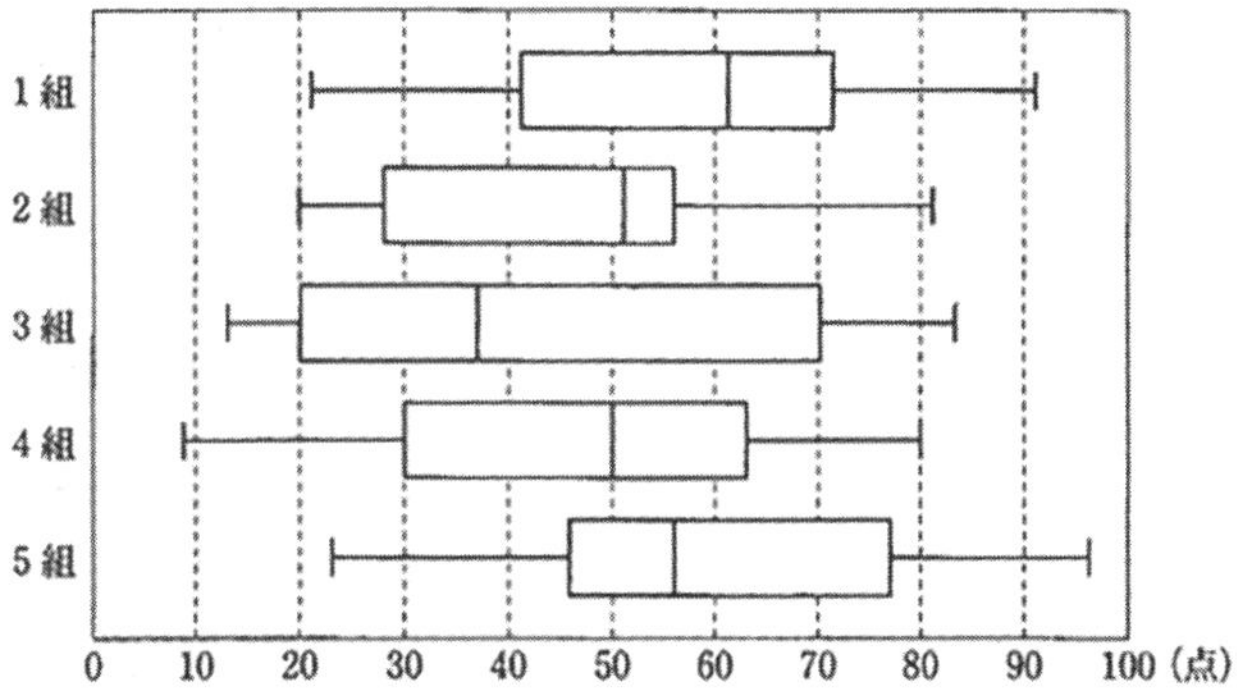

次の [ト], [ナ] に当てはまるものを，下の⓪～④のうちから一つずつ選べ。ただし，解答の順序は問わない。

上の箱ひげ図から読み取れる内容として適当でないものは，

[ト] と [ナ] である。

⓪ 平均点の最も高いクラスは1組である。

① 90点以上得点した生徒のいるクラスはいないクラスよりも少ない。

② クラスの過半数が30点以下の得点であったクラスがある。

③ 全体で50人以上の生徒の得点が60点以上である。

④ 得点の四分位偏差が30点以上のクラスはない。

第2問 [2]（2） データの分析

正解は⓪と②。この問題では，「箱ひげ図」というグラフがデータのどのような特徴を表すものかを知っていなければいけません。過半数と「箱ひげ図」の真ん中の線である中央値を比較することに気づけば、選択肢②が誤っている（適当でない）ことを判断できます。

数学Ⅱ・数学B

概評

数学Ⅱ・Bは100点満点中59点と全国平均を上回ってはいましたが、数学Ⅰ・Aと比較するとそれほど高得点ではありませんでした。1年前の結果と同様に三角関数を苦手としているようです。第2問は高度な計算力が必要となる微分・積分の問題が出題されましたが、後半で失速してしまいました。曲線と直線で囲まれた図形がどのような形になっているのかが把握できていなかったようです。

得意・不得意について

得意な問題

数学Ⅰ・Aと同様に、第4問の「ベクトル」で出題された図形問題に関しては、なんと満点でした。やはり、四角形や三関係の面積や辺の長さを求める問題は得意なようです。また、第2問で出題された微分・積分でも直線の方程式を求めたり、グラフの交点を求める問題はよくできていました。

苦手な問題

第1問の「三角関数」については、東ロボくんは大の苦手で、全国平均正解率が80

数学II・数学B

苦手な問題

一般項が $a_n=3n+2$ で定められる数列 $\{a_n\}$ がある。

すべての自然数 n で $a_{n+1}-a_n=$ [ア] となるので，数列 $\{a_n\}$ は初項 a_1 が [イ] で公差が [ア] の等差数列である。

(1) $a_{40}=$ [ウエオ] であり

$$a_1+a_2+a_3+a_4+a_5+a_6+\cdots\cdots+a_{39}+a_{40}=\text{[カキクケ]}$$

である。

(2) $$-a_1+a_2-a_3+a_4-a_5+a_6-\cdots\cdots-a_{39}+a_{40}=\text{[コサ]}$$

である。

また，$-a_n{}^2+a_{n+1}{}^2=$ [シ] (a_n+a_{n+1}) であるから

$$-a_1{}^2+a_2{}^2-a_3{}^2+a_4{}^2-a_5{}^2+a_6{}^2-\cdots\cdots-a_{39}{}^2+a_{40}{}^2=\text{[スセソタ]}$$

である。

第 3 問　数列

(2)【コサ】の正解は 60。この問題で扱う数列では，二つ連続した数を引くと、必ず 3 となること(例えば、$a_2-a_1=3$、$a_4-a_3=3$)がわかっているので、「3」が 20 個あることから【コサ】の答えは 60 であることが予測できます。数が並ぶ規則性などから答えを推測するような問題については、東ロボくんは苦手なようです。

パーセントを超えるような問題でも不正解でした。三角関数の苦手を克服することができれば今後は大幅な得点アップが期待できるでしょう。また、比較的よくできていた**第3問**の数列（149頁）ですが、途中の数字が交互に規則性をもって並んでいる問題だけ不正解になっていました。規則から答えを類推するような問題が苦手なのかもしれません。

学習アドバイス

苦手分野を克服したい

まずは、微分・積分を確実に解き切りましょう。問題文の条件を整理して図をかいてみて、ミスなく正確に解くことが大切です。また、苦手分野を克服することが重要になります。三角関数については苦手意識があるのか、非常に基本的な問題についてもあてずっぽうで数値を書いているようにみえます。あきらめずに苦手に向き合うことができれば十分高得点を狙えるでしょう。

（数学担当：三宅悠介）

SAPIX YOZEMI GROUPによる
東ロボくんの歩みと
東大入試プレ

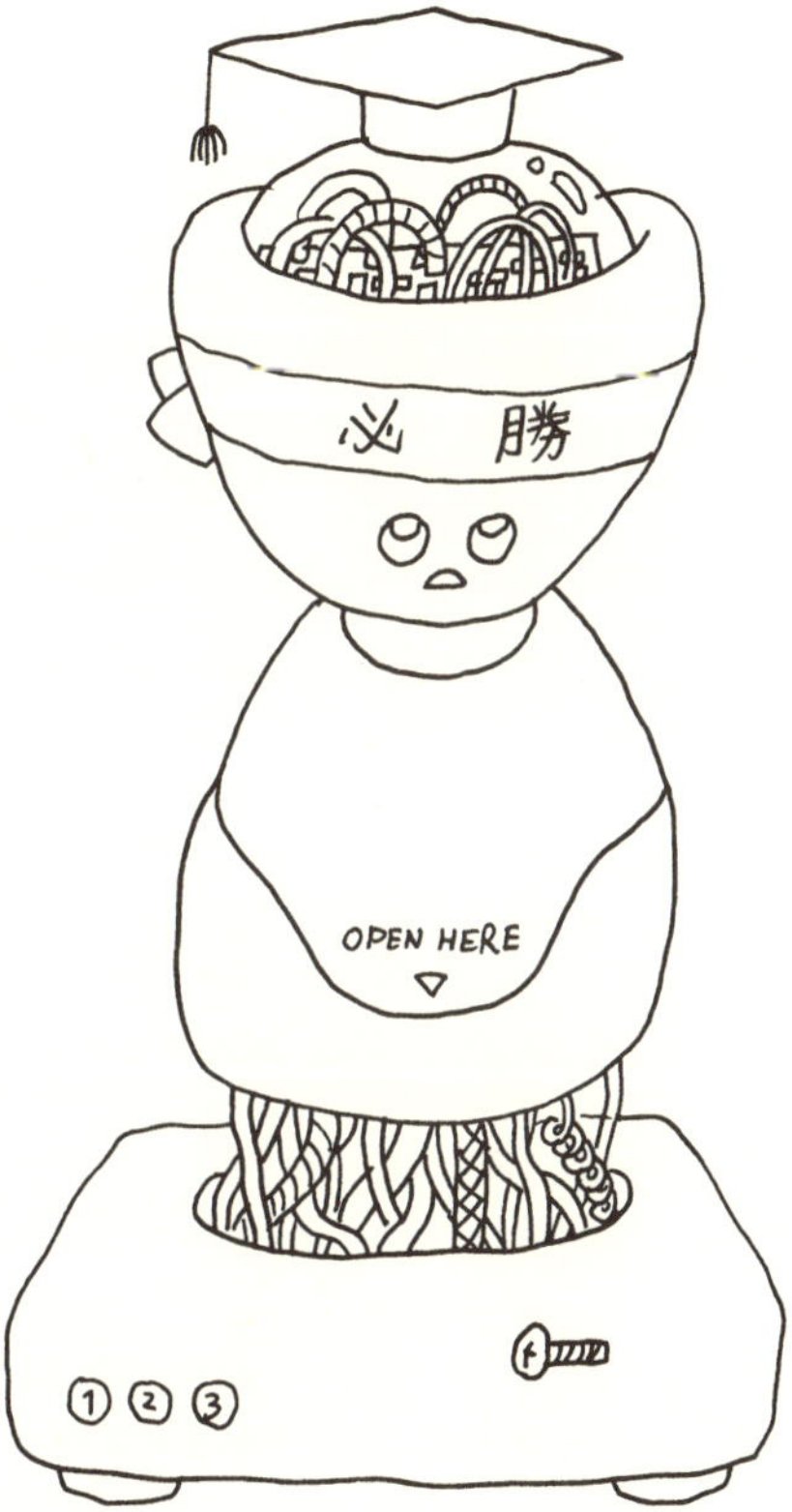

はじめに

SAPIX YOZEMI GROUPの高宮敏郎と申します。

2016年の模試「東大入試プレ」の結果を発表する前に、「東ロボくん」の歩みを振り返ってみましょう。この人工知能プロジェクトに私どもがご縁を頂いたのは、新井紀子先生の著作がきっかけでした。『コンピュータが仕事を奪う』（日本経済新聞出版社、2010年12月）という刺激的なタイトルで、ホワイトカラーの仕事の半分を人工知能が代替すると警鐘を鳴らした先駆け的な1冊です。

そしてその後、ある書評のインタビューで、東ロボくんのプロジェクトの趣旨について、大学入試でAIが人間を負かせば、これまでの暗記中心の入試制度や偏差値偏重の選抜基準が変わるのではないかと期待する、とお答えになっていた新井先生に、私たちはぜひ一度、お話をお聞きしたいと思った次第です。

初めてお会いした新井先生は、「暗記が得意で計算も早いのに、文脈を読み取るのが苦手」と、「東ロボくん」を我が子のように語り、そして「代ゼミの模試を受けたいの！」とおっしゃいました。その後は思いもよらない展開となり、このプロジェクトにご一緒させていただくことになったのです。

大学受験において模擬試験を受ける意味は、現状の学力を把握し、課題を確認することによって本番に向けての指針を立てることにあります。新井先生のお話からは、東ロボくん、模範的な受験生といえそうです。

かくして2011年に産声を上げた東ロボくんは、2年後の2013年、センター模試に初めて挑戦し、「どこかの大学に合格する」という目標を達成しました。犬にとっての1年間が人間の7年間に相当することから、技術革新が速いIT業界には「ドッグイヤー」という言葉がありますが、まさにドッグイヤー、いやそれ以上のスピードです。

翌年以降、箱根駅伝に出るような大学、学部学科を問わず国公立大学のどこか、MARCH・関関同立などの有名私大と徐々にハードルを上げ、見事にそれらを乗り越えて迎えた2016年。記述式の「東大入試プレ」の数学と世界史の受験結果はどうだったか……

世界史は平均点を少し上回り、偏差値は51・8でした。一方、数学は平均点を大きく上回り、文科は合格レベルをクリアして偏差値68・1、理科は最難関の理科3類レベルの偏差値76・2でした。凄い進歩です！

しかし、不得意科目では苦戦が続き、有名私大合格レベルには達したものの、現在の技術をもってする東ロボくんの学力において、読解力の向上に限界があることがはっきりし、東大合格へのチャレンジはいったんお休みすることになりました。

「東ロボくん」に与えられたテーマのひとつは、少ない情報から因果関係を理解する「人間のような読み方」をすることです。これは、データの蓄積でGoogleやAmazonのような米国企業に太刀打ちできない日本にとっても大きな課題なのです。このプロジェクトを通じて、東ロボくんの欠点が浮き彫りになる一方で、文の意味を理解できない（読めない）AIにすら多くの受験生が勝てないことも分かりました。その結果、研究の軸足を、人間が「読む」とはどういうことか？ それを伸ばすためにはどうすればよいか？ というテーマに課題を移すことになりました。

さて、ここで受験生の皆様に朗報です。「人工知能」は、入試の頻出トピックです！ 2013年には、『コンピュータが仕事を奪う』がある国立大学の工学部（小論文）の入試で取り上げられましたし、翌年以降、東京大学、慶應義塾大学、医学部などの難関大学で英語や小論文において、AIに関する出題が続きました。本書を読んで、「東ロボくん」の挑戦を追体験して頂き、AI時代に求められる力を実感して入試対策の一助とするとともに、これからの学びに思いを巡らせてください。

では、次のページから東ロボくんの2016年「東大入試プレ」でのようすを見ていきましょう。章末にはこの本のカバーにも登場した「東ロボ手くん」の現状についても紹介します。

ぜひ読んでみてください。

数学（文科）

第1問（155頁・上）

本問は座標平面を題材とした問題です。受験生の平均点が4・6点という中、東ロボくんは満点である20点を取っていました。

問題文で与えられている状況を把握し、その内容を数式で表現をする、という機械では難しそうな部分をクリアできれば、後は計算問題です。すでに関数電卓という物が世間にありますので、計算部分については機械に取って容易であることは想像できるかと思います。そのため、問題の状況を的確に把握できたという点が大きく評価できそうです。

第2問（155頁・下）

確率は東ロボくんの弱点分野のようで、無解答でした。まだまだ、確率に対する処理方法が確立されていないようです。さらには、さいころを投げるという操作を繰り返し行う設定なのですが、n回行うという抽象的な部分が難しさを上げていたのかもしれません。

数学(文科)

東大入試プレ

第1問

座標平面上に原点Oを端点とする2本の半直線

$$l_1: y=-3x\ (x \leqq 0),\quad l_2: y=4x\ (x \geqq 0)$$

がある。l_1 上に点P，l_2 上に点Qをとり，直線PQが定点A(0, 4)を通るようにする。

このとき，△OPQの面積の最小値を求めよ。

第2問

2個の箱P，Qがあり，最初Pには赤玉と白玉が1個ずつ入っており，Qには玉は入っていない。この2個の玉に対し，以下の操作を繰り返し行う。ただし，さいころはどの目が出る確率も等しいものとする。

操作：さいころを投げて，1，2，3の目が出れば，赤玉，白玉ともそのままにしておく。4の目が出たときは，赤玉，白玉の両方とも現在入っている箱からもう1つの箱へ移動する。5の目が出たときは赤玉のみをもう1つの箱へ移動し，6の目が出たときは白玉のみをもう1つの箱へ移動する。

(1) n 回さいころを投げたとき，赤玉が箱Pに入っている確率を求めよ。

(2) n 回さいころを投げたとき，赤玉と白玉が両方とも箱Pに入っている確率を求めよ。

第3問（157頁・上）

座標平面、定積分に関する問題です。一般受験者の平均点は5・4点、東ロボくんの得点は6点で、大きな差は見られませんでした。6点というのは、(1)のみを正答した点数です。第1問と同様に、座標平面での状況を把握し立式することは得意であるようですが、(1)とは異なり、(2)では自ら変数を設定するという課題があり、その点が難しかったようです。

第4問（157頁・下）

文科の最後は、整数に関する問題です。東京大学の入学試験では頻出分野の一つですが、多くの受験生が苦手とする分野です。受験者平均点はそれを証明するかのように、1・1点と大変に低い一方で、東ロボくんの得点は満点の20点、偏差値は99・7でした。その差が生まれた要因は、東ロボくんにとっては単なる計算問題に過ぎなかったからです。本問は、人間が愚直に計算するのは困難な900桁以上の数を題材にしています。数学的な知識・道具を用いて論理的に解決を図る問題のはずですが、機械は僅かな時間で計算処理ができる強みを持っており、東ロボくんは躊躇なく900桁以上の計算をしておりました。もちろん模擬試験は東ロボくん用に用意した問題で構成しているわけではなく、受験者（人間）が整数に関する思考力があるかを測るために出題した問題だったため、想定外の解答でした。

第3問

aを実数の定数として，関数

$$y=x^2-4|x|+a$$

のグラフをCとする。Cとx軸は4つの交点をもち，それらをx座標の小さい方から順にP_1，P_2，P_3，P_4とする。さらに，
線分P_1P_2，P_2P_3，P_3P_4とCで囲まれた部分の面積を順にS_1，S_2，S_3とする。

(1) aのとりうる値の範囲を求めよ。

(2) $S_1+S_3 \leqq S_2$となるaの値の範囲を求めよ。

第4問

正の整数Aを

$$A=\sum_{k=2}^{2017} {}_{2017}C_k \cdot 2^{k-2}$$

と定める。Aを9で割った余りを求めよ。

数学（理科）

第1問（159頁・上）

本問も文科第4問と同様に、整数問題でした。こちらも、具体的に21^{21}を処理することで解決をしていました。実際の受験者の中にも数名ほど、21を21回掛けて解答した者がおりましたが、人間が計算ミスなく、試験時間中にこの処理を正確に行うのは計算力だけではなく集中力や根気などが必要です。

第2問（159頁・下）

文科第2問と同様の問題であり、無解答でした。

第3問・第4問（161頁）

第3問は座標平面、第4問は座標空間を題材としており、ともに満点の20点でした。文科第1問に通ずる部分があり、座標が与えられていれば、図形問題も計

数学(理科)

第1問

21^{21} を 400 で割ったときの商を q，余りを r とする。

(1) r を求めよ。

(2) q を 9 で割ったときの余りを求めよ。

第2問

2個の箱 P，Q があり，最初Pには赤玉と白玉が1個ずつ入っており，Qには玉は入っていない。この2個の玉に対し，以下の操作を繰り返し行う。ただし，さいころはどの目が出る確率も等しいものとする。

操作：さいころを投げて，1，2，3の目が出れば，赤玉，白玉ともそのままにしておく。4の目が出たときは，赤玉，白玉の両方とも現在入っている箱からもう1つの箱へ移動する。5の目が出たときは赤玉のみをもう1つの箱へ移動し，6の目が出たときは白玉のみをもう1つの箱へ移動する。

(1) n 回さいころを投げたとき，赤玉が箱Pに入っている確率を求めよ。

(2) n 回さいころを投げたとき，赤玉と白玉が両方とも箱Pに入っている確率を求めよ。

算問題として解決をできるようで、東ロボくんの強みが活かせる問題だったようです。

第5問（162頁・上）

極限に関する問題で、具体的に計算することが難しく、工夫を要するため、さすがの東ロボくんも無解答でした。論理的な処理は難しいのかもしれません。

第6問（162頁・下）

複素数平面が題材の問題です。受験者平均点は3・3点。その一方で東ロボくんの得点は満点の20点でした。複素数平面は多くの受験者が苦手意識を持つ分野ですが、座標平面と同等に扱える分野であるため、東ロボくんにとっては容易なのかもしれません。

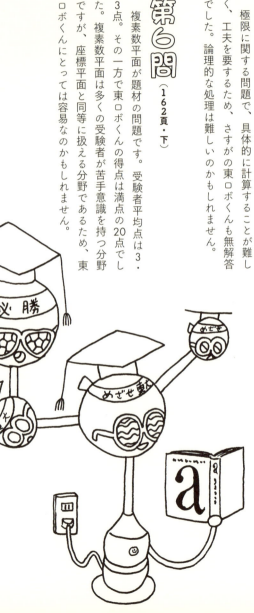

第3問

xy 平面の放物線 $y=x^2$ 上の 3 点 $\mathrm{P}(p,\ p^2)$，$\mathrm{Q}(q,\ q^2)$，$\mathrm{R}(r,\ r^2)$ が次の条件(ア)，(イ)をみたしている。

(ア)　$p>q>r$

(イ)　$\triangle\mathrm{PQR}$ の重心は $\mathrm{G}\left(\dfrac{1}{3},\ 1\right)$ である。

このとき，実数 X と Y を

$$X=p-q,\quad Y=p+q$$

と定める。

(1)　X^2 を Y を用いて表せ。

(2)　X がとりうる値の範囲を求めよ。

(3)　$\triangle\mathrm{PQR}$ の面積の最大値を求めよ。

第4問

実数 t は $0<t\leqq 1$ の範囲を動くものとする。このとき，座標空間の 3 点

$$\mathrm{O}(0,\ 0,\ 0),\ \mathrm{A}(t,\ t^2,\ 0),\ \mathrm{B}(t,\ t^2,\ t^2)$$

を頂点とする $\triangle\mathrm{OAB}$ の周および内部が通過してできる立体の体積を求めよ。

第5問

nを正の整数とするとき，極限

$$\lim_{n\to\infty}\int_0^{\frac{\pi}{2}}|\sin nx\sin x|\,dx$$

を求めよ。

第6問

$0<\theta<\pi$として，複素数平面上で

$$z=\cos\theta+i\sin\theta$$

を表す点をPとし，

$$w=\frac{1}{1-z}$$

を表す点をQとする。

ただし，iは虚数単位である。

(1) θを$0<\theta<\pi$の範囲で動かすとき，点Qの軌跡を求め，図示せよ。

(2) wの偏角をφとする。$\cos(\varphi-\theta)\geqq\frac{1}{\sqrt{2}}$のとき，$|w|$のとりうる値の範囲を求めよ。

世界史

世界史

第1問（165頁）

第1問は540字が指定字数の長い論述問題、通称大論述です。東ロボくんの結果は3点でした。人間の受験生の平均点が4・6点ですので、これを下回っています。大論述が苦手と言えそうです。

東大の第1問の大論述は、問題文で提示されているのが「時代」や「地域」だけではなく、論じるべき「テーマ」や「論題」も長々と提示されています。そして、この「テーマ」に応じて解答を作ることが求められますので、時代や地域が問題の要求に適合していても「論題」に沿った記述でなければ加点されません。そして東ロボくんの解答を見ると、地域や時代は問題の条件に適合していても、問題のテーマを捉えられていない記述が多く、文章全体の論理構造にも難があります。東ロボくんは時代と地域は読み取れたが、本質的な意味での問題文の読解はできなかったのだと思います。もっとも、こうした本質的なテーマの読解は人間の受験生でも苦手であり、テーマを外した解答文がよく見られます。これは人間の受験生に突きつけられた課題でもあるのです。

一方で、人間には見られない、人工知能らしいミスも見られました。たとえば、全く文脈を無視した辞書的な記述や、主語の無い不自然な文、同じことを繰り返す、などです。4世紀の地中海世界の話を書いていたかと思うと、同時代の中国を、そしてまた地中海世界について言及したりします。東ロボくんはきっとせっかちなのでしょう、中国のことを書いている間に、すでに地中海世界について言及済みであるというのを忘れてしまって、あせってもう一回書いてしまったようです。

第2問（166～167頁）

第2問は60字から120字くらいの論述問題、通称「小論述問題」が数問並んでいるゾーンです。東ロボくんは4点でした。人間の受験生の平均点が3・5点ですので、これを少しだけ上回ります。

第2問は他の大問と比べると、人間には似ていないミスをしていたという違いが見られたのが興味深いです。特に第1問との違いとして、第2問での東ロボくんは、そもそも論述すべき時代や地域を絞り込むことがあまりできていませんでした。これは、第1問は問題文が長く、指定語句も付されているのに対し、第2問は問題文が比較的素直で短い分、東ロボくんにとっては手がかりが足りなかったのではないかと思います。

たとえば問(2)(a)は、11世紀の中国周辺に存在した契丹と西夏を扱った問題で、この2国と中国の関係が問われました。しかし、東ロボくんの解答は拓跋国家、すなわち4～7世紀頃の中国について答えてしまっています。地域はともかく、根本的に時代を外してしまっているので0点でした。

世界史

第1問

7世紀初頭に成立したイスラーム教は，東西交易路に乗ってまたたく間に勢力を拡大し，地中海や西アジアを主とするユーラシアの政治・文化の情勢を一変させた。一方，618年に成立した唐も，強大な勢力を誇って独自の文化圏を現出し，一時アッバース朝とオアシスの道を二分した。しかし，このような状況は突如として現れたものではなく，4世紀以後の諸地域の変動を背景として到来したものであった。

そこで，4世紀から7世紀初頭までの西欧から中国に至る東西交易路(オアシスの道)上の政治・宗教の展開について論じなさい。解答は，解答欄(イ)に18行以内で記述し，必ず次の8つの語句を一度は用いて，その語句に下線を付しなさい。

ミラノ勅令	ゾロアスター教	エフタル	ヒジャーズ地方
法顕	楊堅	八王の乱	ビザンツ帝国

第2問

前近代の世界では，近現代のように国民国家が広がっていたわけではなかったが，それでも国家の統一は重要な課題であった。前近代の世界における国家統一に関する，以下の3つの設問に答えなさい。解答は，解答欄（ロ）を用い，設問ごとに行を改め，冒頭に(1)～(3)の番号を付して記しなさい。

問(1)　古代ギリシア人の国家に対する思想は，前4～前3世紀に大きく変質した。この思想の変化はどのようなものだったか，背景となった政治や社会の変化を含めて4行以内で説明しなさい。

問(2)　東アジアの諸民族は，中国からの影響と自民族の独自性の狭間で国家を成り立たせていった。これに関する以下の(a)・(b)の問いに，冒頭に(a)・(b)を付して答えなさい。

(a)　契丹と西夏の政治的・文化的特徴の共通点を2行以内で説明しなさい。

(b)　清の成立と中国支配が朝鮮王朝に与えた影響について2行以内で説明しなさい。

問(3)　中世の西欧は封建的主従関係の広がりから国家統一が困難であったが，中世末期に様々な社会情勢の変化が君主にとって有利に働き(a)，王権の下での中央集権化が進んだ。近世には宗教戦争も挟みつつ絶対王政が成立し(b)，主権国家体制の成立に向かっていった。下線部(a)・(b)に関する以下の問いに，冒頭に(a)・(b)を付して答えなさい。

(a)　中世末期のヨーロッパで生じた戦争形態の変化と，それによって生じた社会の変化を2行以内で説明しなさい。

(b) フランスは16世紀末に内戦を収めて国家統一を進めたが，国家統一の方向性はむしろその後のルイ13世に仕えた宰相によって定まったところが大きい。この宰相の名前を示しつつ，彼の国内統制・文化政策を2行以内で説明しなさい。

第3問（169〜171頁）

東ロボくんは9点でした。人間の受験生の平均点が6・4点であるため、これを大きく上回っています。しかし、第3問は全て短答記述問題で、一見するとただの知識問題です。であれば、東ロボくんは20点満点が取れていてもおかしくなさそうですが、実際には9点でした。これはやはり問題文がポイントです。ここでもやはり問題文にひとひねり入っていて、解答自体はメジャーな用語でも、問題文をよく読んでヒントを拾わないと、解答できないようになっているのです。

この第3問では、東ロボくんが人間の受験生に近いミスをしています。人間の正答率が低いものを落としているし、人間の誤答で多かった解答をしています。たとえば、問(1)(b)は「ホラティウス」が正解ですが、東ロボくんも多くの受験生も「オウィディウス（オヴィディウス）」と誤答していました。その他、問(2)では正解の三国志の「曹操」に対し、息子の「曹丕」と誤答。問(10)では正解の「ヴァン゠ダイク」に対し「ルーベンス」と誤答していました。

（越田大二郎）

世界史

第3問

政治上の動きは文化に影響を与えることがあるが，それは様々な形態をとった。一方，文化史上の動きが，政治に影響を与えることもあった。政治と文化のかかわりに関する以下の設問(1)〜(10)に答えなさい。解答は，解答欄(ハ)を用い，設問ごとに行を改め，冒頭に(1)〜(10)を付して記しなさい。

問(1)　現代の企業が資金を供与して文化や芸術活動を支援することをメセナというが，これはオクタウィアヌスの部下であった富豪のマエケナスが芸術家を保護したことに由来する言葉である。マエケナスの保護した芸術家には，『アエネイス』を書いた詩人(a)や，『叙情詩集』を著した詩人(b)も含まれていた。この二人の詩人の名前を，(a)・(b)を付して記しなさい。

問(2)　後漢末には建安文学と呼ばれる文学運動が起き，漢詩が盛んに制作された。建安文学は魏の宮廷が中心となったが，魏の初代皇帝やその父自身も優れた文人であった。この魏の初代皇帝の父の名前を記しなさい。

問(3)　4〜5世紀の東南アジアでは，インドから宗教や王権の概念が伝わり，国家形成に影響を与えた。国王はヒンドゥー教や仏教を用いて自らを神聖化し，王権を確立しようとした。シャイレンドラ朝がジャワ島中部に建てた大乗仏教の建造物の名前を記しなさい。

問(4)　ガズナ朝に始まるイスラーム教徒による北インド進出は，アイバクが奴隷王朝を創始して定着するに至った。アイバクがデリーに建てたモスクは特徴的な塔によって有名である。この塔の名称を記しなさい。

問(5)　イル＝ハン国はガザン＝ハンの時にイスラーム教を国教化し，現地民との融和を図った。一方で，この時期にはモンゴル帝国の歴史をまとめた『集史』が編纂されるという対照的な出来事も起きている。『集史』の編纂を主導したイル＝ハン国の宰相の名前を記しなさい。

問(6)　マラッカ王国は15世紀半ばにイスラーム教に改宗したが，これはムスリム商人との結びつきを強めることで交易を有利にし，またイスラーム教を掲げてタイの上座部仏教国に対抗しようとしたという意図があったとされる。この時のタイの王朝の名前を記しなさい。

問(7)　時禱書とは，時禱(時を定めて行われる日々の祈り)のために作られた書物で，祈禱文や暦，季節ごとの催事を挿絵付きで記したものである。14～15世紀には多くの時禱書が制作され，三圃制農法や当時の農民の生活の様子が挿絵で示されているため，中世ヨーロッパ史の貴重な史料となっている。15世紀のフランスで，主にランブール兄弟によって制作された暦の挿絵で有名な時禱書の名前を記しなさい。

問(8)　イエズス会は対抗宗教改革に則って大規模な海外布教を展開し，明末清初には多くのイエズス会士が中国を訪れた。イエズス会士は中国に西欧の文化や科学をもたらしたが，あるイエズス会士が著した『康熙帝伝』は西欧に中国の政治体制を紹介することになり，啓蒙思想に多大な影響をもたらした。『康熙帝伝』を著したイエズス会士の名前を記しなさい。

問(9)　イタリア戦争は戦場となったローマやフィレンツェ，ミラノなどに甚大な被害をもたらし，イタリア＝ルネサンスを衰退させた。しかし，ある港市国家は，プレヴェザの海戦でオスマン帝国に敗れつつも東方貿易を継続し，イタリア戦争にほとんどかかわらなかったために，ルネサンスが継続し，華やかな文化を形成した。この港市の名前を記しなさい。

問(10)　イギリスは17世紀前半まであまり絵画制作が盛んではなかったが，チャールズ1世が盛んにフランドル絵画を収集するようになると，バロック美術が開花した。チャールズ1世の肖像画で知られ，イギリス美術に多大な影響を与えたフランドル出身の画家の名前を記しなさい。

世界史（東ロボ手くん）

さて、ここからは「東ロボ手くん」（下写真）の活躍を見ていきましょう。

「東ロボ手くん」とは、AIが解いた論述式問題の答案を解答用紙に筆記する解答代筆ロボット・アームのことです。本書のカバーにも登場していますね。

今回、東ロボ手くんには2015年度の**第1回東大入試プレの解答**を書いてもらいました（173頁・175頁）。採点講評に移る前に、先に言っておかなければいけないことがあります。東ロボ手くんは今のところボールペンでしか記述できないので、解答の記入はすべてボールペンです。しかし、実は東大の本試験においてボールペンは使用不可です。東大の試験問題冊子の表紙に注意事項が列記されているのですが、その中に「必ず黒色鉛筆（または黒色シャープペンシル）を使用しなさい」とあります。SAPIX YOZEMI GROUPの模試にも、全く同じ注意事項があります。また、本来は解答用紙の上部に、科目別にミシン目がついていて、自分が解答した科目の部分を切り離さなくてはいけな

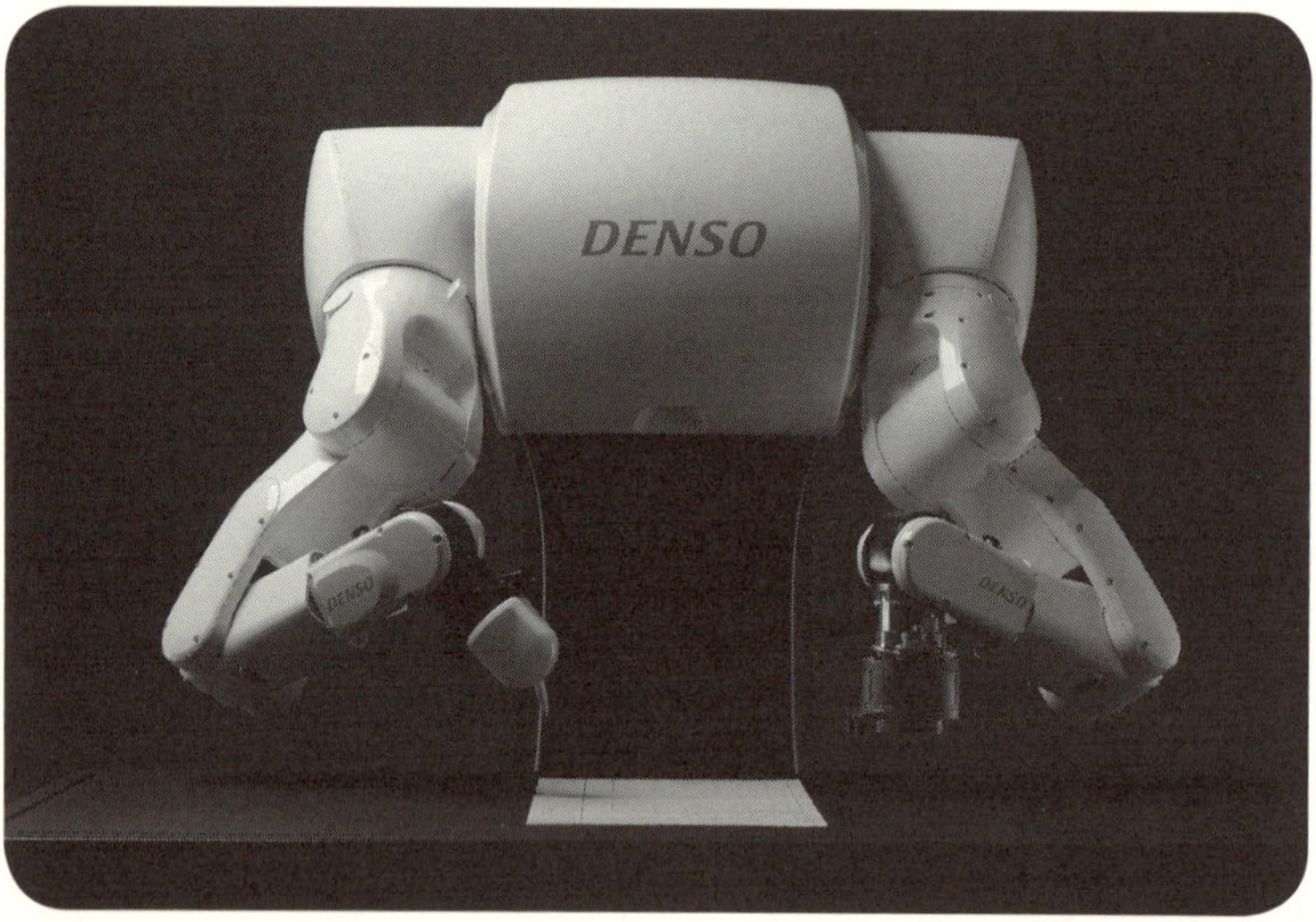

東ロボ手くん

世界史（東ロボ手くん）

東ロボ手くん解答用紙①

（176頁・第1問の解答は（イ）／177頁・第2問の解答は（ロ））

日本史　世界史　地理

表面

前　科類、氏名、受験番号を明確に記入しなさい。

注意：この解答用紙で解答する科目の分のみ正しく切り取りなさい。

科類：文科　類　氏名：東ロボ手　受験番号

代々木ゼミナール

第1回　東大入試プレ　地理歴史　（　　）　平成26年7月

（イ）横書きで使用しなさい。

西欧諸国のアジア進出の背後には、キリスト教の布教も含めて、植民地化をはかる野心が感じられたこともあって、17世紀前半に、江戸幕府は一転して対外貿易を制限し、海外渡航を禁ずる鎖国政策を行った。17世紀前半には、ヴェトナムのホイアン、フィリピンのマニラ、カンボジアのプノンペン、タイのアユタヤなどの港市に日本町が生まれた。アチェー王国は、ポルトガルのマラッカ占領後、ムスリム商人を受けいれ、香辛料交易で繁栄し、17世紀前半に最盛期を迎えた。世界経済の一体化は16～17世紀に、メキシコや日本の銀山から、大量の銀が世界市場に供給されたことにはじまる。アユタヤ朝は、南シナ海からインド洋にかけての海洋交易や、後背地で産出される米や木材の輸出を独占的に管理する典型的な港市国家となり、17世紀にはタイ国史上最大の領土を支配した。オランダは、17世紀にジャワ島のバタヴィアを拠点に、インドネシア地域に進出した。交易を王室の独占下に置いたスペインとポルトガルに対して、オランダ、イギリス、フランスは、はじめ海賊行為を行って対抗したが、17世紀に入ると、それぞれ東インド会社を設立してアジア進出を本格化した。鄭氏台湾は、1661年に鄭成功がオランダ人を駆逐して対清反攻の基地としたことに始まる。

イ点数　10

（ロ）横書きで使用しなさい。

(1)
イクター制はセルジューク朝のニザーム＝アルムルクによってさらに整備され、以後の多くの王朝でも採用された。

(2)(a)
科挙は楊堅が598年中正官を廃止し選挙を始めた。高級官職独占を防止し道を能力に応じて平等に開き君主権の強化をめざした。

(2)(b)
科挙は3段階制が確立し殿試の上位合格者が高級官僚に任命され君主独裁体制を強化した。隋・唐に始まり完成した官吏任用制度。

(3)
会議で参加各国が立場を貫き諸邦も主権が認められ国際関係が定められたことから主権国家体制の確立が実現されたと見なされる。

ロ点数　2

東大プレ

地理歴史　○印で囲め。

科目コード	
世界史	40	0
日本史	41	0
地理	42	0

いのですが、東ロボ手くんはミシン目を切り離す作業にもまだ対応していないとのことで、これもできていません。よって、注意事項に従うと今回の東ロボくんの解答は0点になってしまうのですが、ここではこうした課題には目をつぶって採点を行いました。

ではさっそく、東ロボ手くんの解答について見ていきましょう。東ロボ手くんは、マス目に合わせてとても丁寧に解答を書いていますが（173、175頁）、これを可能にするためには、開発者の方々のたいへん高度な技術と労力が要されたと聞いています。

採点の結果、大問別の点数は各20点満点で、**第1問**（176頁）は10点（受験生平均点は9・2点）、**第2問**（177頁）は2点（受験生平均点は7・1点）、**第3問**（178～179頁）は17点（受験生平均点は11・5点）でした。総合得点は60点満点で29点、受験生平均点は27・7点ですから、偏差値51・3でわずかに上回ることができました。これは2016年度の第1回東大入試プレを東ロボくんに解いてもらった時とほぼ同じ偏差値です。

今回の東ロボ手くんの解答を見ますと、翌2016年度の第1回東大入試プレ（176頁～179頁）を東ロボくんに解いてもらった時と同じ特徴が見られます。**第1問**の540字の論述問題では、正しい情報を解答に盛り込むことはできているのですが、問題の要求する事項とずれていて、余分な情報もかなり多く書いてしまっています。全体の文章構成も時系列になっておらず、論理的に整った文章になっていません。しかし、東ロボ手くんと東ロボくんの出来が良かった部分、悪かった部分は不思議と人間の受験生と似ています。長大な字数での解答を要求する論述問題においては、やはり人間側の思考が人工知能的になってしまっていることの方に問題があると感じられます。**第2問**は人間の受験生に比べて、かなり出来が悪い結果となりました。解答も人間の受験生とは大きく異なり、全く的外れな解答が多く見受けられました。これも2016年度の第1回東大入試プレの時と同様に、東ロボ手くんは少ない手がかりから問題を解くのは苦手ということが言えそうです。**第3問**の短答記述問題は、非常に良い出来でした。単純な知識問題が多いので、教科書等の内容が全てインストールされている東

東ロボ手くん解答用紙②

（178 ～ 179頁・第3問の解答は（ハ））

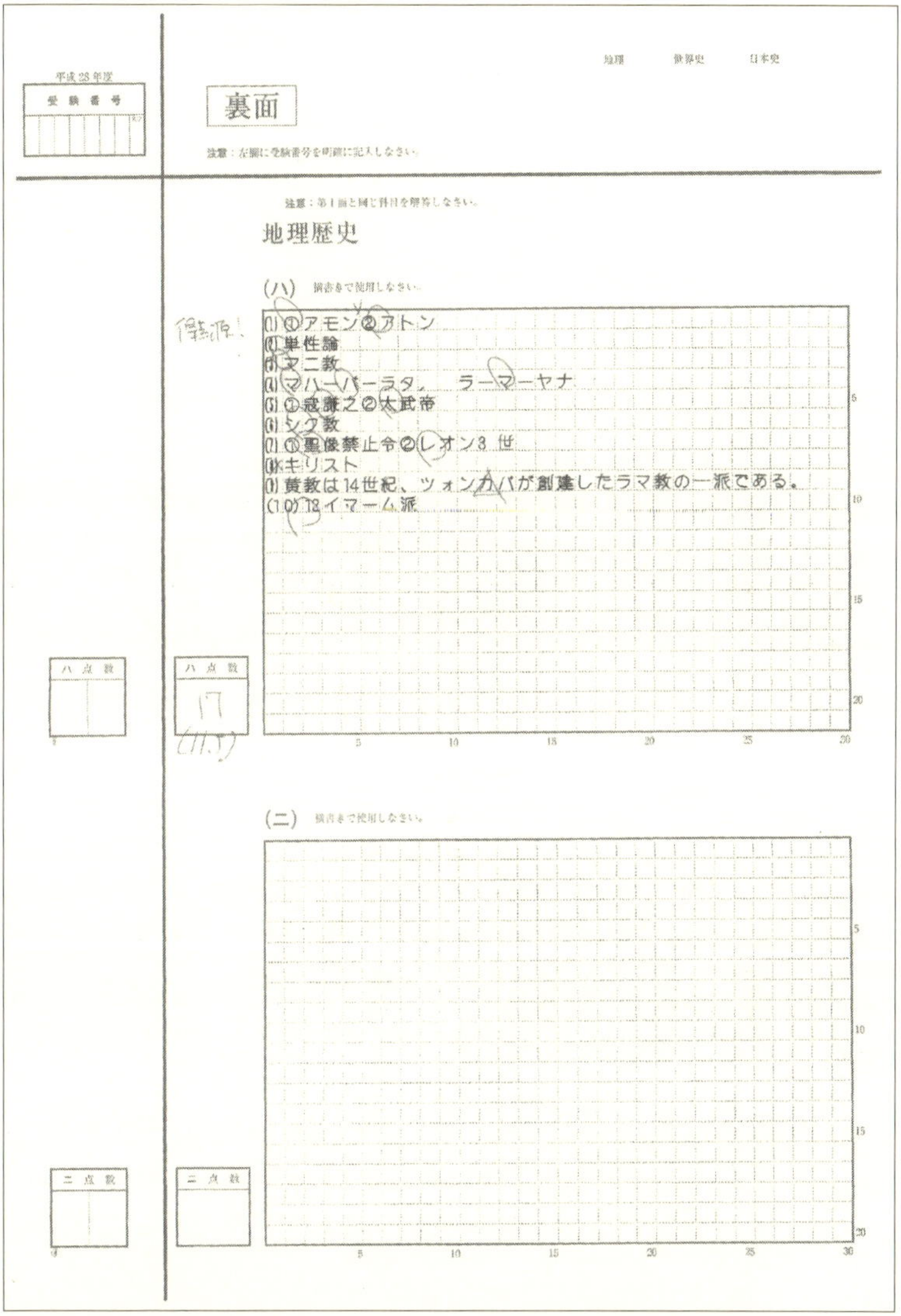
平成28年度
受験番号
裏面
注意：左欄に受験番号を明確に記入しなさい。
地理　世界史　日本史
注意：第1面と同じ科目を解答しなさい。
地理歴史
(ハ)　横書きで使用しなさい。
(1) ①アモン②アトン
(2) 単性論
(3) マニ教
(4) マハーバーラタ、　ラーマーヤナ
(5) ①寇謙之②太武帝
(6) シク教
(7) ①聖像禁止令②レオン3 世
(8) キリスト
(9) 黄教は14世紀、ツォンカパが創建したラマ教の一派である。
(10) 12イマーム派
ハ点数
ハ点数　17
(ニ)　横書きで使用しなさい。
ニ点数
ニ点数

ロボ（手）くんにとっては得意分野と言えるでしょう。

学習アドバイスとして、東ロボ（手）くんは文章の意味を読解するのが極めて苦手ですが、もう一点、日本語として自然な文章を作るのも苦手で、これによりかなり減点されています。よって、意味の理解の克服が困難としても、文章が洗練されれば得点は伸びると思います。東ロボ（手）くんの今後に期待します。

第1問（東ロボ手くんの解答は173頁）

15世紀以降ヨーロッパ人は世界各地への航路を開き，それぞれの土地に拠点を置いて現地の商人と競合し，あるいは彼らと取引した。16世紀には地球規模の交易網が形成され，大陸間交易は恒常化し，扱う商品も増大・多様化した。東・東南アジアでは16世紀後半から17世紀前半にかけて海上交易が大いに繁栄した。しかし17世紀半ばには，この地域の海上交易は停滞することになる。

以上のことを踏まえて，17世紀の東・東南アジア地域での海上交易の繁栄と停滞の変遷とその要因について，東・東南アジア諸国の交易方針とヨーロッパ諸勢力のこの地域をめぐる動向に留意しながら論じなさい。解答は，解答欄（イ）に18行以内で記述し，必ず次の8つの語句を一度は用いて，その語句に下線を付しなさい。

香辛料	マニラ	東インド会社	バタヴィア
鎖国	鄭成功	アユタヤ朝	銀山

第2問（東ロボ手くんの解答は173頁）

世界史上，様々な国家において，何らかの目的に沿った独特な制度が実施された。それは各地域における伝統を継承しながらも，その時々の政治・経済的諸状況に応じた改善の試みであった。これらのことに関する以下の3つの設問に答えなさい。解答は，解答欄(ロ)を用い，設問ごとに行を改め，冒頭に(1)～(3)の番号を付して記しなさい。

問(1)　7世紀以降，ビザンツ帝国で採用された軍事・行政制度は，農民に対してとられた制度と一体となって効果を発揮した。この2つの制度の名称を記しながら，その内容を3行以内で説明しなさい。

問(2)　中国でおこなわれた官吏任用制度である科挙は，非常に長い期間にわたって実施されたこと，また官吏になる資格が身分に関わらず原則として開放されているという点で，世界史上，特異な制度であった。これに関する以下の(a)・(b)の問いに，冒頭に(a)・(b)を付して答えなさい。

(a)　科挙が創始されたのは隋の創始者である文帝(楊堅)のときであるが，それまでの官吏任用制度の弊害を除去することが目的であった。その弊害とはどのようなことであったか。それまでの官吏任用制度の名称も記しながら，2行以内で説明しなさい。

(b)　科挙は，宋代に3段階制が整って確立し，皇帝独裁体制の整備に貢献した。その内容について2行以内で説明しなさい。

問(3)　ムガル帝国ではアクバルが中央集権体制を確立したが，その中には独特な官僚制度も含まれていた。この官僚制度について，その名称と内容も含めて2行以内で説明しなさい。

第3問（東ロボ手くんの解答は175頁）

人が生きるところには，様々な宗教が存在する。そういった宗教の内部では様々な宗派が生まれたり，主流派に対して反抗する動きが起きたり，新しい宗教が派生したりする場合があり，それらが時の政治権力によって弾圧され，また抗争が繰り返されることもしばしば見られた。信仰をめぐって展開された様々な動向に関する以下の設問(1)〜(10)に答えなさい。解答は，解答欄(ハ)を用い，設問ごとに行を改め，冒頭に(1)〜(10)の番号を付して記しなさい。

問(1)　古代エジプト新王国の王アメンホテプ4世は，首都の神官団と対立したため，テル＝エル＝アマルナへ遷都し，宗教改革を断行した。首都テーベの神官団が奉じていた神の名①と，アメンホテプ4世が新たに信仰対象として強制した神の名②を，冒頭に①・②を付して，いずれもカタカナ3字で記しなさい。

問(2)　ローマ帝国ではキリスト教が公認されて以来，正統教義の確立を目指してしばしば公会議が開催され，三位一体説が正統とされるにいたったが，それと対立する宗派は異端として次々に排除されていった。そのうち451年のカルケドン公会議で異端とされた，イエスに神性のみを認める説を何というか。記しなさい。

問(3)　ササン朝ではゾロアスター教が国教とされ，経典も編纂されたが，ササン朝の地理的位置を反映して，ササン朝初期にゾロアスター教とキリスト教および仏教を融合した新しい宗教も出現した。その新しい宗教の名を記しなさい。

問(4)　インドでアーリヤ人が育んだバラモン教は，やがて各地の民間信仰を吸収し，仏教の影響も受けながらヒンドゥー教へと発展した。
ヒンドゥー教では，インドで長年にわたって形成されていった二大叙事詩が信徒の信仰生活に密接に関わっている。グプタ朝時代に確立されたこの二大叙事詩の名を両方記しなさい。

問(5)　中国では，後漢末期に出現した太平道・五斗米道を源流とし，それに神仙思想や老荘思想などが融合する形で道教が成立した。それは北魏時代にある人物によって大成されたもので，その人物は当時の北魏の皇帝にその教えを受容させ，仏教弾圧をおこなわせた。道教を大成した人物の名①，仏教弾圧をおこなった皇帝の名②を，冒頭に①・②を付して，記しなさい。

問(6)　デリー＝スルタン朝期のインドでは，イスラーム教の影響を受けてヒンドゥー教の改革が試みられた。16 世紀初頭にナーナクによって創始された宗教の名を記しなさい。

問(7)　キリスト教世界は 11 世紀半ばに西方のローマ＝カトリック教会と東方のギリシア正教会に正式に分裂したが，両教会の分裂の兆しは，726 年にビザンツ(東ローマ)皇帝が発した法令にさかのぼれる。この法令の名①と，それを発した皇帝の名②を，冒頭に①・②を付して，記しなさい。

問(8)　アッバース朝以降のイスラーム世界では，ジズヤ(人頭税)とハラージュ（地税)を支払えば非イスラーム教徒の信仰・生命・財産が保障されるのが通例であった。このような非イスラーム教徒(庇護民)を何というか。記しなさい。

問(9)　チベットでは，16 世紀後半にタタールのアルタン＝ハンによってチベット仏教の教主にダライ＝ラマの称号が与えられた。このダライ＝ラマは 14 世紀にはじまる一派の指導者だが，この一派が創設された経緯について，その名称も含めて 1 行以内で説明しなさい。

問(10)　イスラーム教は早くからスンナ派とシーア派に分裂したが，シーア派内部にもいくつかの分派が生まれた。そのうち，サファヴィー朝以降現在までイランの国教となっている，シーア派最大の宗派の名を記しなさい。

自然言語処理で、データを「知識」に変える

宮尾祐介（国立情報学研究所）

スマート・フォンのシステム

新井紀子先生と同じ国立情報学研究所所属の、宮尾祐介と申します。よろしくお願いいたします。

私たちは「自然言語処理」という、みなさんが普段使っている言葉をコンピュータに理解させるための研究を行っております。本日は主に、社会科の問題をどうやって解くか、というところから、この自然言語処理の難しさ、そしていままで東ロボくんができたところ・できなかったところなどをご紹介していきたいと思います。

まず、自然言語処理というのをご存じない方もいらっしゃると思いますので、簡単にご説明します。自然言語というのは、つまり人間の言葉ですね。私がいま喋っている日本語とか、他に英語とか中国語とかわれわれ人間が使っている言葉で、自然言語処理というのは、それをコンピュータが理解できるようにする、という学問です。

こういったことが可能になると、たとえばショッピングの帰りに、「近くにおいしいたい焼き屋ない？」と東ロボくんに聞くと、東ロボくんが、「もちろん知ってますよ！」とか、「イタリアン系が食べたいな」と言うと「ピザとパスタどっちがいいですか？」なんて聞いてくれるわけです。もしこういうロボットが本当にできたとしたら、われわれの普段の情報交換とかコミュニケーションをより円滑にすることができると考えています。

こういうふうに、自然言語の質問に応答するシステムのことを、「質問応答」と言うんですけれども、ひと昔前まではこれは夢物語でありました。ただ、最近になって、みなさんスマートフォンを

お持ちかと思いますけれども、スマートフォンには音声で質問をすると、何か答えをかえしてくれるシステムが載っていますよね。じつはこれは質問応答にとても近いシステムなのです。

他にも、機械翻訳の精度が最近すごく向上しまして、もしかしたらみなさんの中にも使ったことがある方もいらっしゃるかもしれません。こういう成果を見ますと、自然言語処理というものがだんだん実用化されてきた、つまり、コンピュータが本当に言葉を理解するようになってきているんじゃないかというふうに、多くの方が感じられているかも知れません。ただ、ここでいう「言葉を理解する」というのが一体どういうことなのか、これについてはもう一度、改めて整理して考える必要があります。

人間の気持ちのままでは、コンピュータがわからない

以上を踏まえて、社会科の問題を解く、ということについてご説明させていただきたいと思います。

いままでにいろいろな方々から、「社会科の問題って、結局は暗記問題じゃない？」と言われてきました。この話をもう1度、検証したいと思います。

図①は、過去の代ゼミ模試（「センター模試」）の問題です。

「アケメネス朝について述べた文として、誤っているものを次の文から選べ」

という問題ですが、センター試験の世界史はだいたい四択問題になっていて、たとえば、「アケメネス朝では、善悪二元論にもとづくゾロアスター教が信仰された」とか、「ダレイオス1世は、「王の道」を建設し、駅伝制を整備した」などの選択肢が並んでいるわけです。じつは私も今回、「ダレイオス」という言葉を初めて聞きました。だからセンター試験は意外と難しくて、解けなくてもそれほど恥ずかしいことではないかな、と思いつつ、でも教科書にはちゃんと載っているんじゃないかと思って、教科書を見てみたわけです。

山川出版社の『詳説世界史』の中にありました。「前6世紀のなかばころから、アケメネス朝が起こり、第3代のダレイオス1世は大帝国を建設した、全国の要地を結ぶ「王の道」と呼ばれる国道をつくり……」と。

なので、この2番目の選択肢はだいたいこのあたりが対応しているとわかりますし、その次の文、「服属した異民族には寛容な政治をおこなったが、」というのはこの3番目に大体対応しているというのがわかります。

ここまでお話ししてきてもまだ答えがわからない、という方は、もしかするともう受験はあきらめたほうがいいと思うんですけれども（笑）、さらによく読むと、この問題では「誤っているものを選べ」となっています。そうすると、もちろん3番目が正解になるわけです。これをやればいいわけなんですが、もちろんコンピュータっていうのはいまはいくらでもメモリがあるわけで、それなら教科書まるごとメモリに入れておけばこの問題は解けるんじゃないか、というのがみなさんの

アケメネス朝について述べた文として誤っているものを，次のうちから選べ。
① アケメネス朝では，善悪二元論に基づくゾロアスター教が信仰された。
② ダレイオス(ダリウス)1世は，「王の道」を建設し，駅伝制を整備した。
③ アケメネス朝は，強制移住や重税によって異民族を苛酷に支配した。
④ アケメネス朝の艦隊は，サラミスの海戦でアテネ艦隊に敗れた。

代ゼミセンター模試2013 世界史B（第1問 問5 p. 82）

しかし前6世紀のなかばころ，イラン人(ペルシア人)のアケメネス朝がおこり，第3代のダレイオス1世は，西はエーゲ海北岸から東はインダス川にいたる大帝国を建設した。・・・全国の要地を結ぶ「王の道」とよばれる国道をつくり，駅伝制を整備した。服属した異民族には寛容な政治をおこなったが，前5世紀前半にギリシアとたたかって敗れ(ペルシア戦争)，ついに前330年アレクサンドロス大王によって征服された。

山川出版社『詳説世界史』より抜粋

図①

期待するところかと思います。それがまさに暗記問題と呼ばれていることなんですけれども、本当にこの暗記問題というものは、言うほど簡単なのか、ということを、コンピュータの立場になってみなさんに体感して頂こうと思いまして、**図②**のようなデータをつくってみました。どうでしょうか。

この暗号のようなものは、じつはさきほどとまったく同じ文章なのです。まったく同じ文章なんですけれども、1文字1文字を別の文字に置き換えています。コンピュータはもちろん日本語も英語も知りませんから、コンピュータにとっては先ほどの日本語の文章もこの暗号のような文章も、まったく同じデータに見えています。みなさんはこれを見せられて、この問題が解けると自信をもって言えるでしょうか。

ここが大事なところです。

つまり、人間の気持ちのまま、コンピュータについて考えたらダメなんですね。コンピュータの気持ちになってみないと(笑)。しかしもちろん、

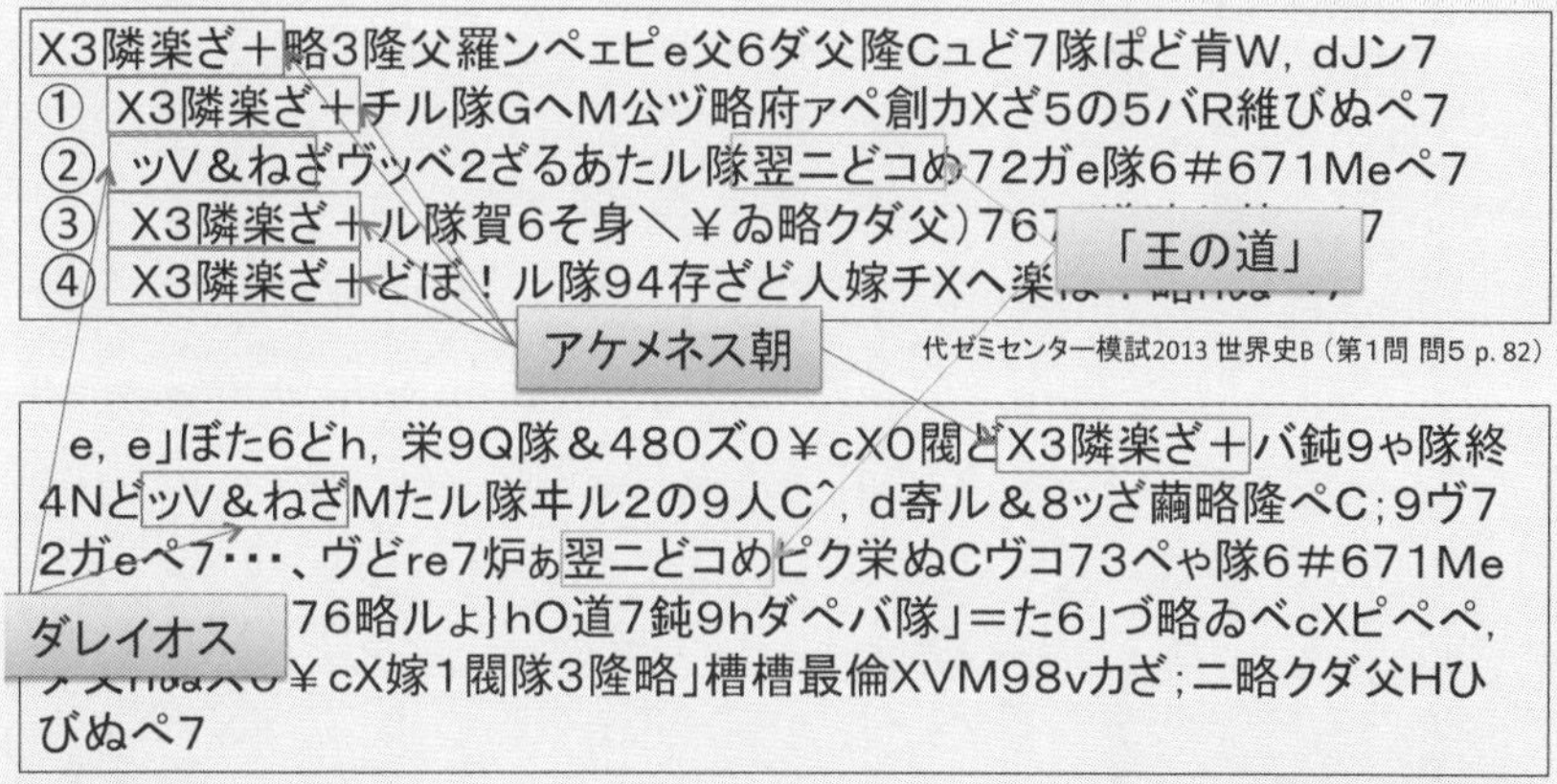

山川出版社『詳説世界史』より抜粋

図②

それはなかなか実感できません。実質的には同じデータですが、ちょっと文字を入れ替えるだけでとたんに読めなくなる。この文章を見ると、人間が文章を読む、言葉を理解する、ということがいかにすごいことなのか、おわかりいただけるのではないかと思います。

ところで、この一見めちゃくちゃに見える文字列、よーく見ているとだんだん読めるようになってきます。

たとえば、似たような文字があることに気がつきます。よく見ると同じ文字です。じつはアケメネス朝、って書いてあるんですね。ダレイオス、に相当するところ、王の道、に相当するところもあります。なので、よーく頑張って読めば、なんか解けなくもなさそう……ということにならなくもありません。われわれ研究者は、これをコンピュータにさせよう、としているわけです。

暗記問題がなぜコンピュータにとってむずかしいかといえば、教科書に書いてあることをそっくりそのままメモリに記憶させてもだめなんだ、ということです。大事なのは、教科書に書いてあることを日本語として意味内容を理解し、その結果得た知識を記憶する。それができてはじめて、暗記問題が解けるということになるからです。ですから、こういうふうにめちゃくちゃに見える文字列というものを、いま申し上げたように、人間にとっての意味理解と同じようなかたちでコンピュータにも理解させる、ということ。これがわれわれがいま挑戦していることなのです。

2つのアプローチ

では現状の自然言語処理という技術を使って、現時点で実際にどれくらい社会科の問題が解けるようになっているのか、ということを報告させていただきます。

まず最初に言っておかなければならないのは、今回は、教科書を唯一の知識源として使う、ということを基本方針としていることです。

じつは最近の自然言語処理の事情でいうと、たとえばインターネットにある似たような複数の文章を利用し、検索システムを駆使して質問に答える、あるいは必要な情報を取ってくるという、そういうタイプの研究が、現在非常に盛んに行われています。それはそれで、とても興味深い研究ですし、ある程度成功はしているんですけれども、われわれがやはりここでチャレンジしたいというのは、データをいかに「知識」に変えるか、ということなので、あえて知識を教科書だけに絞ろうとするわけです。実際、自然言語処理としては、教科書だけを使った場合は、さきほど言ったような大規模データを使った場合よりもはるかに難しくなります。なぜかといいますと、教科書においては、1つの事柄、たとえば事件や人物とかについて、ほぼ1度しか説明されません。つまり、たった1度しかない説明文の意味をちゃんと理解しなければ問題が解けないということになります。逆に、検索エンジンを使うとすると、同じことについて、いろいろな人がいろいろな書き方をしているので、たまたま必要としていた質問にほどよく合致した説明があれば、それを取ってくればよいということになります。問題がもっと簡単になるわけですね。

ですので、教科書だけをデータとして使うという問題設定にすると、たいへんに正確な意味理解が必要となってくるわけです。われわれのチャレンジすべきところは、ここなのです。

東ロボくんがチャレンジした模試に対して、われわれは主に2つのアプローチを開発しました。1つは、ご説明してきたとおり質問応答と呼ばれているもの、もう1つは「含意関係認識」と呼ばれているものです。

1つ目の質問応答なんですけれども、これはですね、先ほどお話したスマートフォンとかに最近載っている技術でして、自然言語の質問に自動的に答える技術です。たとえば、「自然言語処理分野で最近活躍している人は誰ですか」と聞くと答えてくれる、そういうシステムです。そのはずなんですが、先ほどのスマートフォンにこの質問を実際に投げかけてみたんですけれども、答えてくれませんでした。知らないのか、活躍している人がいないのかよくわかりませんけれども、いまの技術をもってしても自然言語の質問に答えるのはそんなに簡単ではない、ということです。

ここで使われている技術というのは、「共起」を手掛かりにしています。共起というのは、ある文章の中にある単語や文字列があるとき、同じ文章の中にそれとは別の単語あるいは文字列が頻繁に、一緒に出てくることをいいます。

図③をご覧ください。たとえばさきほどから出している例ですと、たとえば1つ目の文に関しては、「ダレイオス」とか「1世」とか「王の道」とか、そういう単語が下の文章にも出てきます。いっぽう、「ダリウス」という単語は出てきません。下の文ですと、「アケメネス朝」とか「異民族」とかいう単語は出てくるんですけれど、「強制移住」とか「重税」とか「過酷」「支配」とかいったような単語はでてこない。こういうふうな処理をしまして、そうすると、正しいか間違っているか判断したい文の中に、ある重要な単語が頻繁に出てくれ

ダレイオス(ダリウス)1世は,「王の道」を建設し,駅伝制を整備した。
アケメネス朝は,強制移住や重税によって異民族を苛酷に支配した。

しかし前6世紀のなかばころ,イラン人(ペルシア人)のアケメネス朝がおこり,第3代のダレイオス1世は,西はエーゲ海北岸から東はインダス川にいたる大帝国を建設した。・・・全国の要地を結ぶ「王の道」とよばれる国道をつくり,駅伝制を整備した。服属した異民族には寛容な政治をおこなったが,前5世紀前半にギリシアとたたかって敗れ(ペルシア戦争),ついに前330年アレクサンドロス大王によって征服された。

図③

ば、その文は正しい、あまり出てこないんだったら間違っている。そういうふうな判断ができるというわけですね。

ただ、ひとくちにそうはいっても、じつはそんなに簡単な話ではない。たとえば重要な単語ってそもそもなんなんだ、と、それを判断するだけでもそんなに簡単ではありません。

たとえばこの例だと、「ダリウス」は出てこないわけですが、出てこないのに正しいと判断してよいのか。また、同じ意味の単語が常に同じ文字列で出てくるならいいのですが、実際には全く異なる文字列で出てくることが頻繁にあります。たとえば、「政治を行う」というのと「支配する」というのがこの場合は似た意味になっているわけですが、なぜそういえるのか。これはフレーズを別のフレーズで置き換えることができるパラフレーズという現象なのですが、自然言語処理にとって、パラフレーズというのは非常に難しい問題なのです。

もう1つの、含意関係認識と呼ばれているほうの技術ですけれど、こちらはより正確な意味を捉えようとするアプローチです。2つの文があったときに、その2つの文が同じ意味内容を表しているかどうかというのを自動認識する技術です。この場合には、単にある単語が出ているかどうかだけではなくて、単語同士がどういう意味関係にあるのかということまでしっかりわからないといけない、ということになります。

たとえば、図③の例ですと、1つ目の文の1行目は、その下にある3行目「王の道」から、4行目「整備した」までの文にほぼ相当しているわけですけれども、よくよくその下の教科書の記述を見てみると、ここには「誰が」こういうことをしたのか、ということは書かれていません。もちろん人間であればその前の文脈から、ダレイオス1世がこういうことをした、っていうのはわかるんですけれども、それをどうやって東ロボくんに理解させればいいのか……。あとはもう少し細かく見てみると、上のほうでは「王の道を建設した」と書いてありますが、下のほうでは、「王の道と呼ばれる国道をつくった」と書いてあります。「王の道」と「王の道と呼ばれる国道」が同じものなのか、「建設した」と「つくった」は同じなのかどうか、を判断しないといけません。あまりにも当たり前のことだと思うかもしれませんけれども、もう1回、最初に出しためちゃくちゃな文字列に変換したデータ（図②）を思い出してみてください。

ああいう感じで微妙に違う文字列が2つあったときに、その2つが同じ意味であると自信をもって答えられる人はたぶんいないと思います。文字列としては微妙にちがっていても、日本語として読んだとき、人間はそれが同じものを指している、同じ意味であるということがぱっとわかる。それをどうしたら東ロボくんにもできるようにさせられるのか。このあたりをちゃんとやらないと、われわれが目指す意味理解というのがなかなか実現できない、ということになるわけです。

以上のようなアプローチに関して、私たちは2年間、その技術を開発してきたのです。質問応答の技術を使ったシステムは2つ、そして含意関係認識を使ったシステムも1つ開発しています。

そして、それぞれのシステムで別々に過去の結果を出させていただきました（図④）。

ここに数字がたくさん並んでいますけれども、これをどうやって見るかを簡単にご説明したいと思います。それぞれの右側の数字というのは、各システムが対象とした、今回解こうと頑張った問題の総数です。1番目のシステム「質問応答1」の100（全問題数）に対して、2番目のシステム（質問応答2）とか、3番目のシステム（含意関係認識）というのは、今回、すべての問題を解こうとしたわけではなくて、これらのシステムが対象にできるような問題だけを対象にした、ということです。

そして、左側の数字が、実際に得た得点です。テストに使ったデータは、2013年の「代ゼミ模試」ですが、システム開発の際には、2012年の代ゼミ模試とセンター試験の問題のうちのいくつかを使っています。全体を眺めてみますと、

世界史

	質問応答1	質問応答2	含意関係認識
代ゼミ模試2013	58/100*	31/84	22/54
代ゼミ模試2012	58/100*	48/89	21/68
センター試験2009	48/100	37/88	50/85
センター試験2005	49/100	40/98	25/70

日本史

	質問応答1	質問応答2	含意関係認識
代ゼミ模試2013	56/100*	33/80	21/63
代ゼミ模試2012	42/100*	29/88	22/52
センター試験2009	50/100	23/88	20/60
センター試験2005	31/100	32/82	21/51

* 代ゼミ模試2012・2013では、図・画像に人手で説明を与えた文章を利用した

図④

だいたい4割ぐらいから、一番良いときの結果で大体6割ちかくの問題が解けたということになります。

あと、世界史と日本史だと、全体的に日本史のほうがやや点数が低めとなっています。日本史のほうが全体的に選択肢の文が長いために、正しさの認識がやや難しい、というのが理由かと思います。

うまく解ける例は、教科書の中身に問題文とかなり近い説明がある場合です。

いっぽうで、じゃあどんな場合に解けないのか、ということなのですが、依然としてシステムそのものにいろいろ改良すべきところがありますから、たくさん原因はあるのですが、典型的な例を1つ挙げてみます。

東ロボくんの苦手なもの

「インダス文明について述べた文として正しいものを、次のうちから選べ」という問題があります（図⑤）。答として、われわれのシステムは4番

を選んでいます。「モエンジョ＝ダーロの遺跡は、現在のインド共和国の領内にある」という答えですね。

教科書を見てみますと、「インド亜大陸でもっとも古い文明は……インダス文明である。インダス川流域のモエンジョ＝ダーロやハラッパーを代表とするそれらの遺跡には……」と書いてあるので、一見あっていそうな感じがするんですけれども、よくよく調べてみると、インド亜大陸というのは、現在のインド共和国の領内ではどうやららしい、インド亜大陸っていうのはもう少し広いみたいで、実際にモエンジョ＝ダーロという遺跡がある場所はパキスタンのあたりだったそうです。

まあ、そんなこといわれてもなあ、と思うんですけれども、こんな風に非常に細かい意味の違いというのをしっかり分けないことには、間違いをたくさん犯してしまうわけですから、やはりまだまだ改良の余地というか、向上の余地があるということになります。

インダス文明について述べた文として正しいものを，次のうちから選べ。
① 都市では住宅・浴場などが整然と配置され，排水溝も整備されていた。
② 文字は全く使用されず，縄の結び方で意味・数量を示した。
③ アゴラとよばれる公共広場が，政治・経済活動の中心であった。
④ モエンジョ＝ダーロの遺跡は，現在のインド共和国の領内にある。

代ゼミセンター模試2013 世界史B（第2問 問1 p. 86）

インド亜大陸でもっとも古い文明は，前2300年ころにおこったインダス文明である。インダス川流域のモエンジョ＝ダーロやハラッパーを代表とするそれらの遺跡には，沐浴場や穀物倉をそなえた煉瓦づくりの都市がひろがっている。そこでは，現在でも解読されていないインダス文字が使われていた。また，多くの印章や，ろくろでつくられた彩文土器が発見されている。

山川出版社『詳説世界史』より抜粋

図⑤

また、分析した過程で知ったこととして、、今回教科書にあるデータしか使っていませんが、重要な人名や固有名詞が、意外と教科書に載っていないこともあるということ。このあたりもどうにかしないといけないと思っています。

最後に、今後の展望についてお話ししたいと思います。

ようやく、いままでわれわれが研究してきた自然言語処理技術を駆使して動き始めたところですので、まだ個々の技術でも、いろいろと改良の余地があるのは事実です。

たとえば、さまざまな解析技術を駆使しているうちに、どこかで間違ってしまって最終的におかしなものを選んでしまうとか、もしくは先ほど申し上げましたとおり、教科書に書かれていないことを聞かれたり、ということがありますね。こういうときは当然、お手上げなわけです。改良の方針としては、個々の言語処理技術を改良していくことはもちろん、あとは教科書に載ってないデータを拾うべく、もう少し大きめのデータを使う、ということはできるはずです。その結果、60点から80点くらいは取れるようになるんじゃないか。いまのところそんなふうに期待しています。

また、今日どうしてもはっきりと申し上げたかったのは、コンピュータにとっては、データを丸暗記することはできても、知識を暗記するということは非常に難しいことである、ということです。しかしそれを可能にするのが自然言語処理という技術なのですから、これによって、ようやくわれわれはコンピュータが言葉を理解し始めることができるはずだ、と考えています。しかしこれから先、まだまだやるべきことはたくさんあります。これからの研究開発に努めていきたいと思っています。

あらゆる知的能力の基盤をどう磨くか？

佐藤理史（名古屋大学）

外国語の能力は、母国語の能力を超えられない

名古屋大学の佐藤理史です。私は国立情報学研究所のメンバーではないのですが、２０１３年の５月から、センター試験の国語に関わっています。

今日は、まず、なぜ国語が重要か、というお話をしたいと思います。次に、東ロボくんは２０１３年のの模試をどのように解いたかを、そして最後に、この経験をどのように総括し、今後につなげていくかを、順を追ってお話したいと考えています。

国語力、つまり、母国語力ですが、この能力はあらゆる知的能力の基盤だと私は考えています。どんなことをやるにしても、そのために必要な知識を得るには、それを母国語で受け入れるのが一番容易です。なにかしらの知的能力を発揮したその結果を伝えるのも、母国語でするのが簡単です。今、私は、みなさんにこのように話をしていますが、それが可能なのは、国語力、日本語力のおかげということになります。

世の中では英語がとても重要だと言われますが、外国語の能力は、母国語の能力を超えることはありません。ですから、英語の能力を高めたいのであれば、同時に日本語の能力を高めないといけないわけです。その意味を含めて、母国語の能力はたいへん重要です。大学に入学した後、国語力が高い人は伸びますし、そうではない人は伸びません。大学で何を学ぶにしても、ぜひ、母国語の能力を高めるように心がけていただければと思います。

「国語力」とは、いったいなんだろう？

さて、コンピュータに入学試験の国語の問題を解かせるというのは、どういうことなのでしょうか。ひとことで言えば、それは、コンピュータは言葉をどれだけ理解できるのか、そのことに対するひとつの明確な指標を与えることなのではないかと思います。

さきほど社会科についてお話がありましたけれども、社会科の問題を解く際にも、もちろん言葉は重要です。しかし、その先に、社会の知識、歴史であれば歴史的事実があるわけで、これらを知っているかどうかが、問題を解けるかどうかに決定的に寄与します。それに対して、国語にはそのような教科書的知識はありません。頼りになるのは言葉の知識だけ。ですから、国語の試験の結果は、国語力の到達点を明白に示してしまうことになります。そしてもう1つ。入学試験を使うので、当たり前と言えば当たり前ですが、コンピュータの国語力を、人間の能力と比較することができるようになります。

ただ、改めて「国語力ってなんでしょう？」と問われたとき、きちんと説明できる人は、どのくらいいるでしょうか。予備校では、国語力や読解力を具体的にどのように説明しているのでしょうか。私自身、いまのところ、国語力や読解力が具体的にどのようなものか、よくわかりません。30数年前に私が大学入試を受けたときも、国語力とは何かということがよくわからないまま、問題を解いていました。このプロジェクトを進めていくうちに、そのことについて何かしらのことがわかってくるといいな、と思いながら、研究に取り組んでいるところです。

コンピュータは言葉が「わからない」

さて、SFの世界に目を向けますと、人工知能はだいたい言葉を喋るのですね。一番有名なのは『2001年宇宙の旅』のHAL9000ですが、その他の人工知能も、ほぼみんな不自由なく喋ります。じつは私が一番好きなのは『スターウォーズ』のR2－D2なのですが、彼は喋らない。でも言葉がわかるので、「R2－D2、そこで待ってろ」と言うと、「ピピュピ！」とちゃんと答えてくれます。

これに対して、現状はどうでしょうか。私の目から見たときに、現在、言葉というものをコンピュータがどれだけわかるかというと、「わからない」というのが答えになります。さきほど、やはり社会科の宮尾佑介さんが、コンピュータにとっての日本語は、単なる記号の羅列、暗号と同じだと説明しましたが、まったくそのとおりです。コンピュータは、いまのところ、そのような記号の羅列を読み解くことはできません。たとえば、われわれは「東大」という語を聞くと、それに関連するいろいろな知識を無意識のうちに思い浮かべます。それは大学で、東京にあって、入るのが難しくて、などなど。しかしながら、コンピュータにとっての「東大」は、単なる記号にすぎません。漢字2文字で、名詞。おしまい。「東大」と「東西」と「東北」。コンピュータは、それらが記号として違うことは認識していますが、何がどう違うのかはまったくわかっていません。

でもみなさんは、「iPhoneに質問すると答えてくれるじゃないか」とか、「グーグルに質問すると適当なウェブページを見つけてくれるじゃないか」と反論するかもしれません。じつは、それらのシステムの裏には、いかにして、あたかもわかっているように見せかけるかという、エンジニアたちの努力があるのです。こういう言葉が入ってきたらこう返す、というのを、1万通り、あるいは数万通りくらい用意しておくと、あたかもわかっているように見せかけることができます。ですから、さきほど宮尾さんも指摘したように、「自然言語処理で最近活躍している人は誰ですか」というような、エンジニアが想定していないパターンの質問がくると、うまく反応できない。そういう意味で、「いまのコンピュータは言葉がわからない」と考えていただいてよいのではないかと私は思います。

ということで、国語は難しい。それでもなぜやるか。

じつは、私は、今年の正月明けに、今年の研究室の標語を決めました。「成功の反対は失敗ではない。やらないことだ」。佐々木則夫監督の言葉です。この標語を印刷した紙を、研究室のドアに貼りました。いい言葉ですねえ。学生に、日々反芻してほしい言葉です。そして、学生にこの言葉を示した以上、できそうもないからやらないという選択肢はないわけです。

２つのアプローチ

一般に、問題を解くときには、大きく2つのアプローチがあります（図①）。１つは、サイエンティフィックなアプローチで、もう１つはエンジニアリング・アプローチです。

サイエンティフィックなアプローチというのは、本質の追求です。つまりここでいえば、そもそも国語力とはどういうものか、そしてそれを実現できる、可能な限り一般的な方法をさがすということです。

それに対して、エンジニアリング・アプローチでは、まず目標を決めます。たとえば、「60点取るためにはどうすればよいのか」というように。別の例を言いましょう。いま、下請企業は大変なようで、今までは１０００円でつくっていた部

科学（Science）	工学（Engineering）
・国語力とはどのような能力か？	・60点とるためにはどうすればよいか？
・国語力を実現するできるだけ一般的な方法を探す	・目標を達成するできるだけ簡単な方法を探す
・本質を追求する	・ローコストを追求する

図①

品を、突然親会社から100円でつくれ、と言われます。ここで「つくれません」と言えば、もう取引が切られちゃうわけですから、頑張って100円でつくるためにはどうすればいいかを考えるわけです。その目標を達成するために、できるだけ簡単な方法を探す。そして、それがローコストであればあるほどいい、というのがエンジニアリングのアプローチです。今回、私は徹頭徹尾、エンジニアリング的にアプローチしようと考えました。なぜならば、まともにやっても勝算がまったくないと思ったからです。言語処理の常識では、現在の技術水準じゃ、こんな問題は解けっこない。これが、ほとんどの研究者の第一感だと思います。

エンジニアリング的なアプローチでは、まず、敵を知る、つまり、対象を分析します。センター試験の国語では、どんな問題が出題されるのか調べるということです。

センター試験の国語は、**図②**のとおり、現代文の第1問と第2問、それに古文と漢文があります。古文は、あとでちょっとだけ触れますけれども、国立情報学研究所の横野光さんが担当しました。われわれが担当したのは、現代文の第1問の

センター試験『国語』

第1問	評論	問1	漢字の書き取り問題(計5問)	10
		問2-5	傍線部問題	32
		問6	本文全体に関わる問題 (論の進め方、構成上の特徴)	8
第2問	小説	問1	語句の意味を問う問題(計3問)	9
		問2-5	傍線部問題	31
		問6	本文全体の趣旨、作者の意図、 表現上の特徴等に関する問題	10
第3問	古文	横野@NIIが担当		50
第4問	漢文	(本年は実施せず)		50

図②

評論と第2問の小説です。
図②を見ますと、第1問評論の32点分が傍線部問題、第2問小説の31点分が同じく傍線部問題であることがわかります。これらで全体の約3分の2ですから、とにかくこれらを、なんとかしないとまずい。主戦場は、ここだということがわかります。

国語現代文の問題は、まず、本文がA4サイズで4〜5頁くらい与えられます。分量は、3000字から3500字といったところでしょうか。その本文の何か所かに傍線が引いてある部分があり、その部分を参照して出題されるのが、傍線部問題です。典型的には、「傍線部『なんとかかんとか』とあるが、それはどういうことか」という問題です。おそらく、多くの皆さんにはおなじみの問題だと思います。

センター試験をどう解くか

今回、30数年ぶりに受験参考書を買って読んだのですが、最近の受験業界は、とっても進んでいるんですね。一番最初に読んだのは、代ゼミ講師の船口明さんの『きめる！　センター国語現代文』（学研、2006年）。これを読んで、俄然やる気になりました。センター国語をどうやって解けばいいか、ほとんど書いてある。ここに書かれていることをインプリメントできれば、できたも同然。さらに、板野博行さんの『ゴロゴ板野のセンター現代文解法パターン集』（星雲社、2010年）という参考書を見ると、傍線部問題には「本文のどこかに解答の根拠がある」と書いてある。そして、その根拠が傍線部の前後何行目に何パーセントあるかという分析まである（笑）。われわれは、その数字を今回使ったわけではないですが。

じつは、私が大学を受験した年は、共通1次テストの1年目で、なにせ新しい制度の初めての年ですから、過去の試験を分析し、その傾向と対策を事細かく書いてあるような参考書はありませんでした。ですから、さっき申し上げたとおり、参考書の内容にびっくりしました。近頃の受験生は恵まれているなあ。そのおこぼれを、われわれもいただこう。つまり、問題の傾向分析は、受験業界にお任せし、その成果をそっくりいただいてしまおうと考えました。

「本文のどこかに解答の根拠がある」。これを今年は出発点にしました。それに基づき、図③に示すような構成で解答器を作ることにしました。まず、本文中から解答の根拠になりそうな部分を選びます。これが①の根拠領域抽出です。次に、選択肢のほうも、ちょっとだけ工夫する。選択肢のうち、一番可能性の低そうなものをあらかじめ落としてしまう。これが②の選択肢の事前選抜です。最後に、残った4つの選択肢と、抽出した根拠領域を比較して、一番よく一致したものを答として選ぶ。これが③の照合です。今回は、このようなやり方を採用することにしました。

もちろん、①②③の3つの処理が本当にうまく実現できれば、傍線部問題はほとんど解けると思います。でも、いまの技術では、かなりいい加減にやらざるを得ない。まず、①の根拠領域抽出では、根拠領域として、「本文の先頭から傍線部を含む段落まで」を取り出す。とてもいい加減ですね。根拠部分をピンポイントに絞り込むのは難しいので、広く網を張る。常識的に考えて、文章中

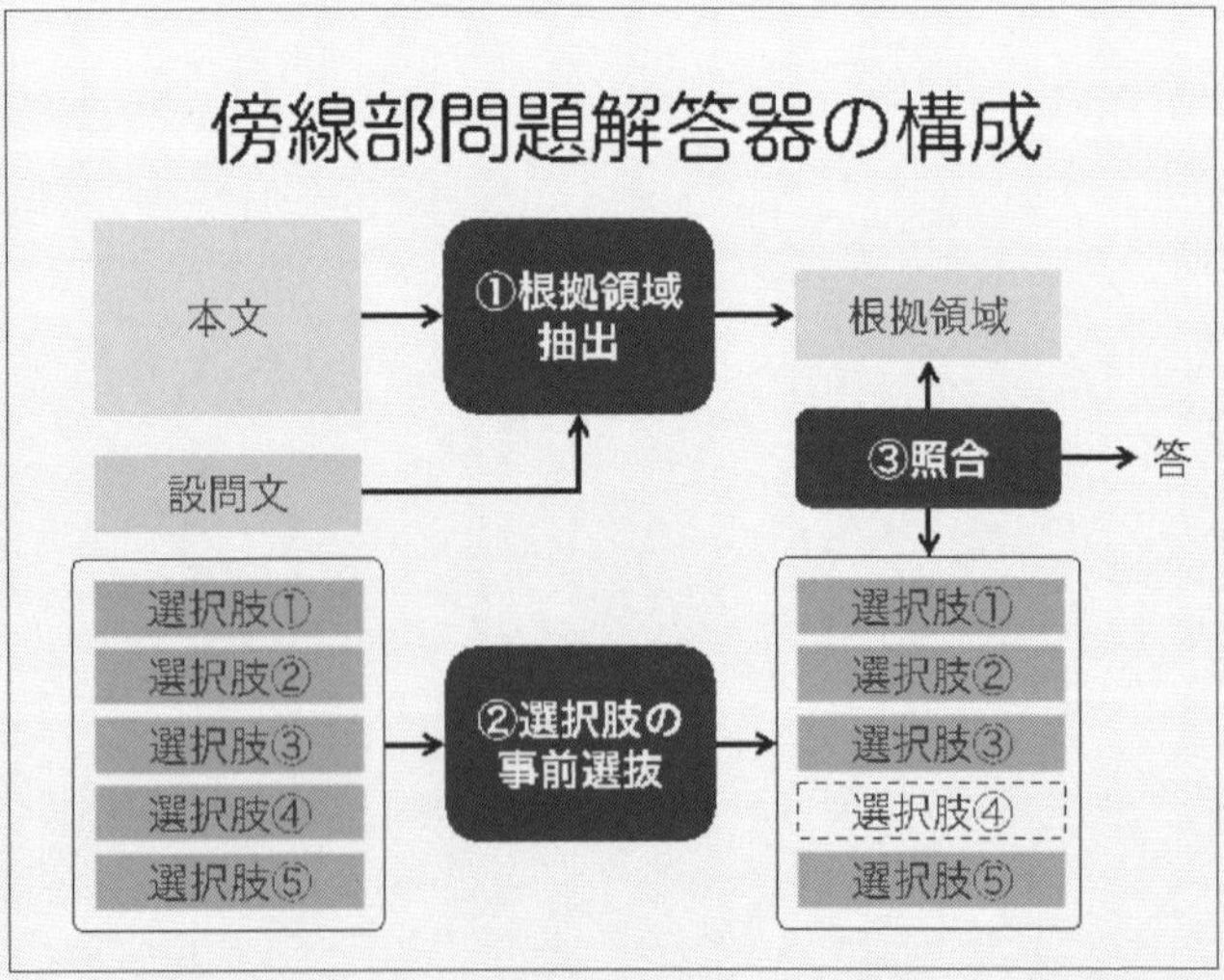

図③

の各文は、そこまでの文章に基づいて解釈できるはずですから、傍線部より後ろは無視してもかまわないはずです。じつは、試験問題ですので、後ろを参照しないと正解を導けない設問もあるのですが、数的には少ない。ですので、「本文の先頭から傍線部を含む段落まで」をファーストチョイスにしました。

次に②の選択肢の事前選択です。これは、知り合いのある若い研究者が「本文を読まなくても、5つの選択肢さえ見れば、答えがわかる」と豪語していたので追加した機能です。それはちょっと言い過ぎだと思いますが、おそらく、ダメな選択肢のいくつかがわかることはある。今回は、一番仲間はずれの選択肢を1つ排除する、という方法を採用しました。仲間はずれを決めるためには、選択肢同士がどれぐらい似ているかを計算する必要があります。それを、何パーセントの文字が共通しているかによって計る。この類似度計算を、すべての選択肢間で計算する。そして、他の選択肢との平均類似度が最も低い選択肢を、最も異質な選択肢、つまり、仲間はずれとして排除します。

最後に、③の照合です。ここでも、根拠領域と選択肢の間で共通する文字数を数える。たとえば、**図④**をご覧ください。この選択肢は44文字で、そのうち42文字が根拠領域に含まれる、別の選択肢は45文字で全部含まれる。だから後者の方が正しいだろうと判断をするわけです。こんなやり方、あり得ないと思われるかもしれませんが、じつは、これでセンター試験過去問の評論の傍線部問題の半分ができてしまう。びっくりしましたか？　私もびっくりしました。この事実を発見したことが、今年の一番の成果です。

え、一致する文字を数えるの？　一致する単語を数えた方がいいのでは？　そう思うかもしれません。もちろん、調べました。根拠領域もいろいろ変えて、2000通りぐらいの異なる設定で、成績を調べました。その結果をひとことで要約するのは難しいのですが、結論的には、先ほど説明した方法を採用しようということになりました。

さらに、私の研究室の学生が頑張ってくれて、

傍線部問題 [2007本試験]

ヨーロッパ流の芸術観では、芸術とは自然を素材にして、それに人工を加えることで完成に達せしめられた永遠的存在なのだから、A造型し構成し変容せしめようという意志がきわめて強い。

問2　傍線部A「一」とあるが、それはどういうことか。

① 変化し続ける自然を作品として凍 0.955 [42/44]
瞬の生命の示現を可能にさせようとすること。

② 時間とともに変化する自然に手を加え、永遠不変の完結した形をそなえた作品を作り出そ 1.000 [45/45]

(実際は、5択)

図④

もう少しいろいろな微調整をやる方法を考えてくれました。まず、設問を、説明を求めているのか、理由を求めているのか、筆者の意見を求めているのか、で分類します。次に、根拠領域も少し調整する。段落の最初にどういう接続詞がくるかを見て、この段落は重要だとか、あまり重要じゃないとか。そして、先ほどの分類別に、最適な根拠領域を決定する。そういう微調整をやると、センター過去問の大体3分の2くらいの問題はできるようになりました。

ただし、小説はできません。小説というのは、本文に書かれていない心情が問われるので、表面上に出てくる言葉を見ていても解けません。が、その心情の部分に網を張ってみる。感情を表す言葉にフォーカスして、登場人物の感情のカテゴリ、楽しいのか、怒っているのか、悲しいのかで分類しておく。そのような心情語の辞書を用意する。そして、本文と選択肢に現れる心情語を見つけ、それらの感情カテゴリが一致したなら、その選択肢に少しボーナス点を与える。こういうやりかたをすると、半分くらい解けることもある。

で、しめしめと思って、次に代ゼミ模試をやったのですが、代ゼミ模試はセンター過去問ほどできません。駿台模試もやりました。もっとできません（笑）。おそらく、模試というものは、本番より少し難しめに作ってあるのでしょう。
そして最後に、２０１３年のセンター過去問をやってみると、これまたできない。みなさんご存知だと思いますけれども、２０１３年は小林秀雄の文章が出て、平均点が10点下がりました。まだ、はっきりとはわかりませんが、われわれの結果から見ると、最近、国語の問題が難しくなってきているように見えます。これについては、代ゼミの先生に是非お聞きしたいと思っております。

現代文解答器の性能

図⑤は、今回の模試を受けるために、われわれが用意した解答器の成績表です。センター試験には、漢字問題や語句問題もありますので、今日はまったくお話しませんでしたが、これらを解く解答器をつくりました。漢字問題の解答器のセンター過去問の正答率は97パーセントです。漢字問題は小問が5問出てますが、全問正解が期待できるレベルです。ちなみに、漢字問題は、代ゼミや駿台の方が少し難しいようです。いっぽう、語句問題のセンター過去問の正答率は69パーセントで、平均的には、小問3問中2問の正解が期待できる

現代文解答器の性能

			センター (%)		代ゼミ	駿台
第1問	漢字	S0	68/70	97%	33/35	31/35
	傍線部	S0	25/48	52%	10/28	N/A
		S1	24/48	50%	12/28	6/28
		S2	16/48	33%	13/28	6/28
		S3	30/48	63%	12/28	9/28
		S4	20/48	42%	12/28	8/28
第2問	語句	S0	29/42	69%	19/21	18/21
	傍線部	S0	8/50	16%	4/28	N/A
		S1	24/50	48%	9/28	6/27
		S2	10/50	20%	7/28	4/27
		S3	8/50	16%	6/28	3/27

図⑤

レベルです。語句問題は、代ゼミや駿台との相性がよくて、そちらの成績の方がよいぐらいです。

評論の傍線部問題を解く解答器は5つ用意しました。解答器S1は、先ほど最初にお話したやり方です。これに対して、解答器S0は、根拠領域を「1つ前の設問の傍線部を含む段落」から「その設問の傍線部を含む段落」までとしたものです。センター過去問に対しては、S1よりS0の方がちょっとだけいい成績です。解答器S2は、根拠領域を「1つ前の設問の傍線部を含む段落」から「次の設問の傍線部を含む段落」までとし、連続する2文字を単位として、似ているかどうかの計算を行うものです。過去の代ゼミ模試には、この方法の成績が比較的よく、28問中13問解けました。解答器S3は、先ほどお話した微調整バージョンです。この解答器では、センター過去問48問中30問が解けます。解答器S4は、これらとはかなり異なる方法で、本文を4つの部分に分割し、それぞれを4つの傍線部問題の根拠部分とする方法です。

小説の傍線部問題に対しては、解答器を4つ用意しました。解答器S1が、先ほどお話した「一致した感情にボーナスを与える」解答器です。解答器S0は、評論の解答器S0と全く同一、解答器S2は、評論の解答器S1から選択肢の事前選択をのぞいたもの、解答器S2は、S0から選択肢の事前選択をのぞいたものです。じつは、小説では、選択肢の事前選択は、あまりうまく機能しませんでした。

なお、今回の挑戦では、評論および小説の最後の問題である問6には、手が回りませんでした。そのため、さいころを振って答えを決める方法を採用しました。

古文／漢文はどうするか？

模試の結果に進む前に、古文の話を少しだけしておきます。図⑥のとおり、古文は、問1が語句の意味の問題。これは現代語訳の問題です。問2から問6は、文法の問題、内容の問題、和歌の解釈、表現技法などが出題されます。このうち、今

センター「古文」

問1	語句の意味　（現代語訳）		15
問2-6	文法問題	品詞，助動詞の用法	35
		敬意表現	
	内容理解　（心情把握など）		
	和歌の解釈		
	表現技法		

強力な助っ人

・中古和文UniDic［古文の語句解析］ 小木曽さん@国語研

・小学館 新編 日本古典文学全集（全88巻）

［主要な古文の原文と現代語訳］（31巻分を使用）

図⑥

年、国立情報学研究所の横野さんが取り組んだ問題は、語句の意味の問題、文法問題のうち品詞や助動詞の用法の問題、内容理解の問題です。

じつは、古文に対してはかなり強力な助っ人がいまして、『中古和文UniDic』という古文の語句解析の辞書が存在します。国立国語研究所の小木曽智信さんたちがつくった辞書なのですが、これを使うと、古文のテキストを単語に分割し、それらに品詞情報を付与することができます。それに加えて、小学館『日本古典文学全集』という、主要な古文をほぼ網羅し、それらの現代語訳が収録されている全集があります。今年は、そのうち31巻分の電子データを使用したとのことです。

まず、『中古和文UniDic』を使って、本文を語句解析、つまり出てくる単語はどういう単語で、その品詞は何なのかを解析します。そうすると、品詞の文法問題ができるようになる。それから、先ほど言った対訳がありますので、それを用いて、古文を現代語に翻訳するシステムを作り、本文を現代語に翻訳します。そして、最後に、本文と選択肢と比較する。こういうようなやり方で、古文の問題を解きました。

なお、漢文は、今年はまったく手をつけませんでした。漢文の文章は、そもそもどうやって電子データとすればよいかというところから、よくわかっていません。面白い研究対象だと思いますが、いばらの道のようです。

完敗／惨敗

さて、２０１３年の結果。完敗です。負けました。じつは、実際に同年の代ゼミ模試を受ける前に、一年前の模試の問題をやったのですが、その結果は第1問が38点、第2問が30点取れて、全体では68点取れました。この結果を午前中に出したあと、学生と一緒にお昼に行って、「こんな方法で68点取れちゃまずいよね」なんて本気で心配していたのですが（笑）、今年は全然ダメで、一番良くて42点。そういう結果になりました。

まず、図⑦が２０１２年の模試の結果。漢字問題と語句問題は満点。評論の傍線部問題は、５つの解答器で、それぞれ4問中2〜3問解けています。小説の傍線部問題は、４つの解答器で、４問中1〜2問。さいころで決める総合問題は、運が良くて半分できています。

それに対して、図⑧が２０１３年の模試の結果。漢字問題は満点ですが、語句問題はまさかの1問。そして、傍線部問題は壊滅的で、評論はＳ３が1問、小説はＳ２が2問解けたのみです。ですから、最高で42点ですが、気分的には、本当に惨敗です。

今回とまったく同じ方法で成績をつけると、過去のセンター試験や代ゼミ模試が何点になるかを調べたのが、図⑨です。センター過去問では平均60点、代ゼミ模試では平均53点です。ですから、なんというか、今回受けた模試は、相性が悪かった、運が悪かったということもできるかもしれません。

なお、古文については、かなり良くできたようです。

今年の総括ですけれども、まあ「センターの国

2012年の代ゼミ模試

		配点	S0	S1	S2	S3	S4
第1問	漢字	10	10				
	傍線部	32	16	16	24	16	16
	総合	8	4				
	合計	50	30	30	38	30	30
第2問	語句	9	9				
	傍線部	31	8	7	16	16	
	総合	10	5				
	合計	50	22	21	30	30	
現代文合計		100	51 -- 68				

図⑦

2013年の代ゼミ模試

		配点	S0	S1	S2	S3	S4
第1問	漢字	10	10				
	傍線部	32	0	0	0	8	0
	総合	8	0				
	合計	50	10	10	10	18	10
第2問	語句	9	3				
	傍線部	31	0	0	16	0	
	総合	10	5				
	合計	50	8	8	24	8	
現代文合計		100	18 -- 42				

図⑧

センター過去問および代ゼミ模試の点数分布

	センター過去問				代ゼミ模試			
	試験	評論	小説	計	試験	評論	小説	計
70点台	2001M	45	34	79				
60点台	2001S	37	31	68	Y1	38	30	68
	2003S	37	31	68				
	2005S	42	24	66				
	2007M	42	24	66				
50点台	2009M	22	37	59				
	2003M	30	28	58	Y7	26	32	58
					Y2	34	32	56
					Y4	26	30	56
					Y6	36	20	56
	2011M	34	21	53				
	2005M	26	27	53				
					Y5	30	20	50
40点台	2013M	26	21	47				
	2013S	34	11	45				
					FR	**18**	**24**	**42**
					Y3	**32**	**6**	**38**
	平均	31	26	60	平均	30	23	53

運が悪かったのか？

図⑨

語は甘くはない」ということですね。半年でなんとかなるような問題ではない。とはいえ、まったくできないというわけではない。単純な方法で、このレベルはできるということがわかったことは、とても重要だと思います。

そして試験対策としては、平均点を上げることよりも、最低点を上げることが重要だということ。研究の世界では、平均性能で競うのが普通ですから、これは、目から鱗でした。

いったいどちらが正しいのか?

最後になりますが、今後に向けて、いくつか本をご紹介したいと思います。まず、最初の方でもお話しした、私が東ロボくんをやる気になったきっかけでもある船口明さんのご本ですが、すごいことが書いてあります。

「最後にまとめると、とにかく、評論にも小説にも共通していえるのは「センター独自のパターン」をどこまで分析できているかということです。決まったパターンがある以上、それを知っていれば攻略が可能なんです。(中略)ここに公開したテクニックが身に付けられれば、今は『現代文』が苦手な人も本番で満点を取ることも十分に可能になるでしょう。」(船口明『きめる!センター国語現代文』)。

すごいですね、研究者はこんなことは絶対言いません(笑)。でももっと上手がいます。やはりさきほども紹介した板野博行さんの『ゴロゴ板野のセンター現代文解法パターン集』には、こう書いてあります。

「この本に掲載したセンターパターンで傍線部問題の解法カバー率は『評論』で100%、『小説』で95・4%に上る!」

これが正しいとすれば、もちろん、この本に書いてあることをそのまま完全にコンピュータに載せることは難しいのですが、それができるとしたら、東ロボくんの国語現代文は完成です。

ただ、ちょっと心配なのは、別のことを言っている人もいるということです。

「国語の長文読解問題は、国語が苦手な子にとってはとてもやっかいな存在です。それは機械的に、ルールに基づいて解答するような問題ではないからです。国語の点数が伸びない子の多くは、たとえば本文中に傍線が引いてあると、その前後だけを見て答えようとします。このやり方では点数が取れることもありますが、長期的に見ればこのやり方では絶対に成績は伸びません。文章はその部分だけ読めば理解できるものではなく、基本的に全文を通読すること、さらにはある程度のまとまりごとに読み、理解することが必要となるからです。」（中島克治『中学生のための読解力を伸ばす魔法の本棚』、小学館、２０１１年）。

この本の著者の中島克治さんは、麻布学園の国語の先生なのですが、いったいどっちが正しいのでしょうね？（笑）

わかりません。ですから、両方に網を張ります。エンジニアリング的には予備校のいろいろなテクニックを地道にインプリメントして、何点取れるか、ということを一生懸命やる。ただ、そのいっぽうで、それだけではやっぱりうまくいかないので、国語の試験が一体何を問うているのか、国語は読解力とよく言われますが、読解力の本質とは一体何なのか、ということについて考えていきたいと思います。

それからもう1つ。これだけ攻略本が出ているのに、センター国語の平均点は50点から60点なのですね。これは、どのように考えたらよいのでしょうか。平均的な人間の読解力は、いったいどのレベルなのでしょうか。そのようなことも、よく考えていく必要があるように思います。

最後に。代々木ゼミナール本部校のこの教室に来て、驚きました。壁に貼ってある言葉が「日日是決戦」。これ、うちの研究室にもほしいのですが（笑）。研究は、まさに「日日是決戦」です。

＊以上は２０１３年11月23日／成果発表会（於・代々木ゼミナール）での講演。

追補（２０１７年12月11日）

この文章を書いてから、東ロボくんはさらに3回の模試を受けました。全4回の国語現代文の結果を表（２１１頁）に示します。２０１６年は、国語現代文のみの偏差値は公開されていませんが、初年度を除く3回は、偏差値50を突破したとみなしてよいと考えています。世の中では「国語はできなかった」という評価が定着していますが、現代文に限れば、高校生の平均点レベルに達しました。

２０１４年以降の研究は、評論（第1問）読解問題を中心に行ない、最後の2回の模試では4問中3問に正解しました。最新の解答器は、センター試験の過去問56問中31問（55％）に正解します。ランダムに選んだ場合の正解率は20％ですから、55％という正解率は「歯が立っている」と言ってよいレベルだと思います。

選択式の問題では、結局、与えられた選択肢のうちから一つ選べばいいということになり、スコアリングの問題（それぞれの選択肢にスコアをつけ、一番よいスコアの選択肢を選ぶ）に落とし込むことになります。2015年からは機械学習を利用した方法を採用しましたが、方法がどんどん複雑かつブラックボックス化していきました。我々は、2016年度を最後に、選択式の問題に別れを告げ、現在は、記述式の国語現代文（評論）の問題（東大の二次試験）に取り組んでいます。

おそらく、評論問題を解くための「理解」は、著者の主張とそのための論旨展開構造を把握することと近似的に捉えることができると思います。そのため、それらを検出する言語処理技術が確立されれば、記述式問題に対しても部分点が取れるレベルになると予想しています。一方、小説の理解は、いまだもって、よくわかりません。我々は小説を機械的に作るプロジェクトも並行して進めていますが、小説の理解はいまだに闇の中です。

我々のグループは、2014年から世界史、化学、数学の解答器の作成にも取り組みました。そこでわかったことは、「どの科目においても問題を解くための最大の障害は問題文の理解だ」ということでした。さらに、「それぞれの科目で必要となる『問題文の理解』はそれぞれ異なる」という点も大きな発見でした。たとえば、世界史の問題を解くために必要な「理解」は、おおよそ「問題文と教科書を正しく照合できること」です。数学の問題を解くために必要な「理解」は、「問題文から式を立てられること」です。

もしかすると「文章の理解」は、目的が設定されないと、何をもって理解したかを決めることができないのかもしれません。「日本語の文章がわかる」とはどういうことなのかは、まだまだ「わからないことだらけ」です。

「ロボットは東大に入れるか」
プロジェクトチームによる
現状と展望(国語)

国語現代文の公開性能評価の結果

問題		問題数	配点	代ゼミ模試		進研模試	
				2013	2014	2015	2016
第1問	漢字問題	5	10	10	10	10	10
	読解問題	4	32	8	16	24	24
	問6	2	8	0	4	4	0
第2問	語句問題	3	9	3	6	9	9
	読解問題	4	31	16	8	16	7
	問6	2	10	5	5	5	5
合計		20	100	42	49	68	55
偏差値				44.7	51.9	*52-53	n/a

＊概算値

物理

「曖昧さ」と「常識」をどうクリアするか

稲邑哲也（国立情報学研究所）

試験で求められる知的能力

国立情報学研究所の稲邑哲也と申します。東ロボくんが挑戦する科目の1つとして物理があるのですが、ここでは、物理の問題を解くときの何が難しいのか？ということ、また、それがただ単に物理の試験を解いただけでなく、今後どのような分野に発展する可能性が広がるのか？ということについて、お話ししたいと思います。

まず、物理の試験問題の典型的な例（**図①**）を見ていただきましょう。

長さ L の質量が無視できる棒の一端を、鉛直面内でなめらかに回転できるように支点に取り付け、他端におもりを取り付けた。支点の鉛直上方でおもりを静かに離すと、棒は重力によって鉛直面内で図 2 のように反時計回りに回転し始めた。鉛直上方から測った棒の角度 θ とおもりの速さ v との関係を表すグラフとして適当なものを、下の①〜④のうちから一つ選べ。

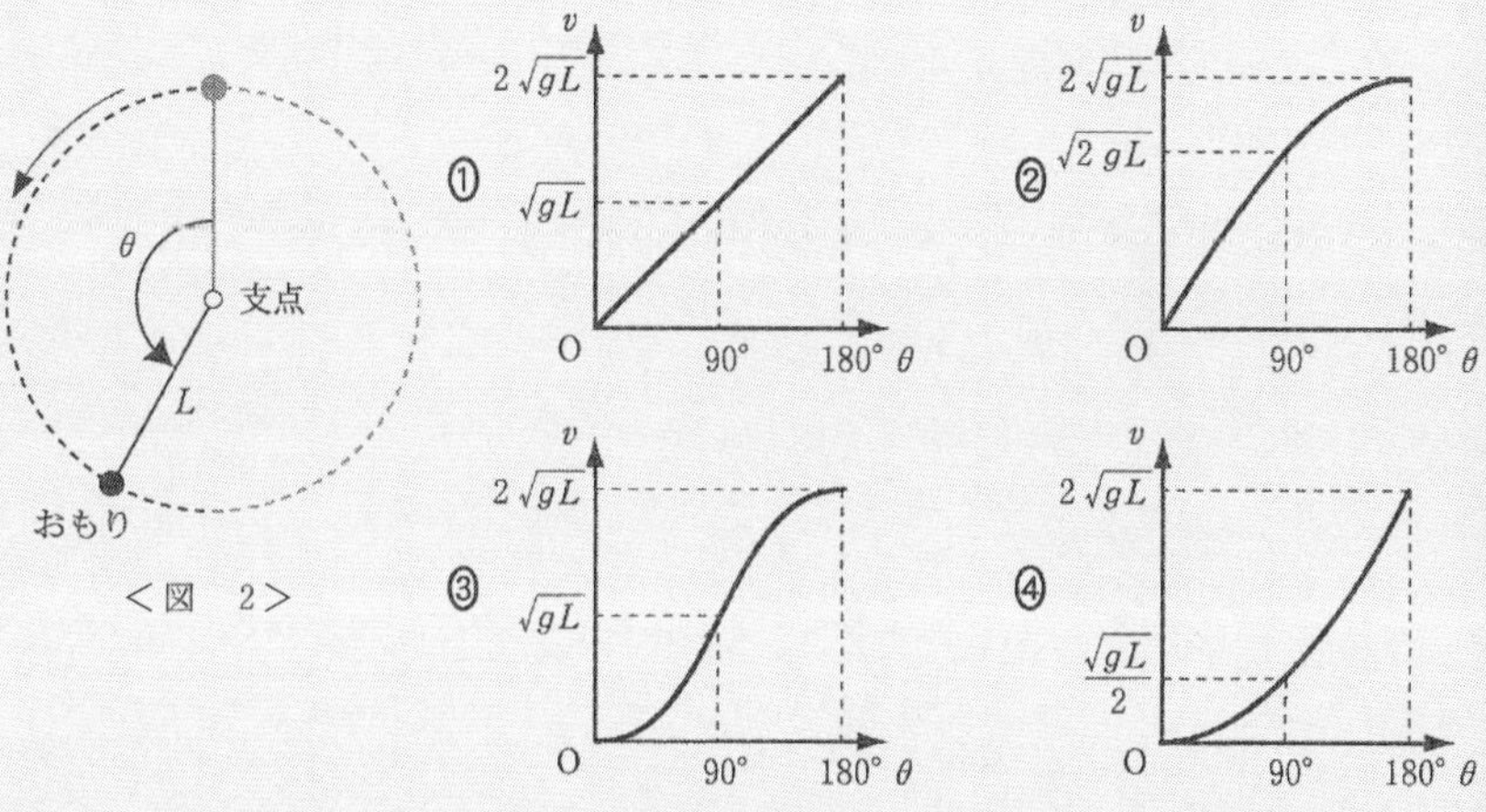

<図　2>

図①

この問題で求められる「知的」な能力とは、以下のとおりです。

①問題に記述されている文章を読んで、どのようなことを説明されているのか理解する能力

②条件どおりにことを進めると、どのようなことが将来起るのかを、大まかでよいので予想する能力

③その予想を正確にするために、方程式を立てたり、計算を行って、求められている物理量を計算・あるいは式を解答する能力

このような「能力」を眺めると、一見コンピュータにとってはお手のもの、という印象がありますす。しかし、じつはいろいろな困難があり、そう一筋縄ではいかないのが現状です。

たとえば、とりわけ以下のようなことが、計算機にとっては難しいことになるわけです。

まず、「図のように」という言葉が使われている問題の場合、とうぜん「図」を参照しなければなりませんが、それは、画像処理システムと自然言語処理システムの2つを統合して解釈をする必要があります。

また、今回の問題では、おもりを示す印（前頁図①中の〈図2〉に示された●）が2つ描かれていますが、いったいどちらがおもりなのか？　また、なぜ2つ描かれているのか？　ということを理解するために、経験や常識を使わなければなりません。

加えて、問題文の中の、「支点の鉛直上方でおもりを静かに離した」というような文章を解釈するとき、人間は当然のごとく、〈「おもり」を「手」で上方まで持ち上げて、静かに「手から」離した〉と解釈しますが、いっぽう、自然言語処理システムの立場からすると、たとえば〈「棒」を何らかの力で持ち上げ、「おもり」を「棒から」離した〉、などと誤解する可能性があります。

物理の問題を解くには、こうした問題を克服していかなければなりません。

「知能ロボット」研究

よく言われることですが、日本語は主語を省略する傾向が強く、たとえ解釈に曖昧性が許されない受験問題であったとしても、常識でカバーできる範囲の言葉は省略されてしまうのです。省略された「常識」をいかにコンピュータに教え込み、活用するか、ということは、一般的な人工知能全体の大問題でもあります。

このような背景から考えれば、物理の試験問題を解く人工知能をつくるには、自然言語処理に深い知識があり、画像処理の研究にも精通したような人が適任であることがわかります。

しかしながら、じつは私の今まで行ってきた研究は、「ロボット」です。「ロボットは東大に入れるか」プロジェクトでは、一般の方々にもわかりやすい名前を付けるために「ロボット」という言葉が使われていますが、実際に手や腕や車輪のような「からだ」を持つロボットを使って受験をさせるわけではなく、コンピュータの中のソフトウェアが「東ロボくん」そのものだということなのです。

半分冗談で、ということかもしれませんが、「東大受験をするために、鉛筆を手でつかんで文字を書いたり、電車に乗ったり階段を上ったりして受験会場までたどり着くことのできるロボットをつくるのですか？」という質問を受けることが、よくあります。

じつはこれは冗談などではなく、真剣に考える必要があることだと思っています。なぜなら、そういった物理的存在としてのロボットをつくることと、物理の試験問題を解くことは、同じような本質的な問題を共有していると私は考えているからです。

ここで、人工知能ロボット研究でしばしば見られる実験風景を少し紹介したいと思います。

次頁図②の写真は、「ロボカップ@ホーム」（読み方は、ロボカップアットホーム）と呼ばれる世界レベルの競技大会です。「ロボカップ」という言葉は、お聞きになった事がある方も多いかと思いますが、ロボット同士でサッカーをやるコンペティション（競技会）です。

当初はドリブル・パス・シュートをするチームプレイの戦略を人工知能技術を使って生み出すという競技大会でしたが、徐々に種目が増えていき、単にロボットがサッカーをやるだけではなく、ちゃんと人間の役に立つ行動をできるかどうかという評価をする種目を作るべきだ、という声のもとに設立されたのが、「ロボカップ@ホーム」です。

また、「at home; 家で」という言葉のとおり、家庭環境において、人間から言われたことをしっかり聞き取り、理解し、その指令を遂行するまでの行動すべてが評価の対象となります。人間からの指示は、たとえば「キッチンに行って、飲み物を取って、Tomに渡してきて」などのように、ごく自然な表現で表せるものの、じつは複数のタスクが混じった行動が要求されます。ですから、騒がしい会場の中で普通に話された言葉を、ロボットはしっかり聞き取る必要があります。もちろん、非常に困難な条件ですので、いくつものチームがリタイアをすることも多くありますが、中にはパーフェクトに人間の指示に従って行動をし、拍手喝采を受けるロボットもあります。

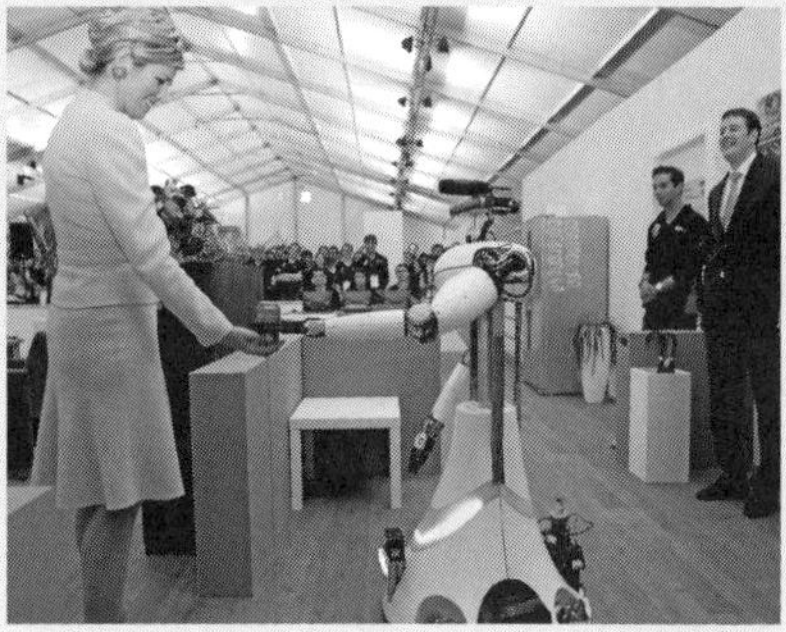

図②

「ロボカップ@ホーム」と物理の試験問題

さて、以上のどこが物理の試験問題と関連があるのでしょうか？

まずロボットは「キッチンに行く」という指示を実行する必要があります。とても簡単な行動に思えますが、まずロボットは今自分がどこにいるのかを特定する必要があります。距離センサやカメラを使って周囲の様子を念入りに観察し、持ち合わせている地図データと照合しながら、「なるほど、今自分はリビングルームの角から約1・3メートルの地点にいる。しかし誤差が0・3メートルある」などというセンサの認識結果から、どの方向にどの程度進み、どのように障害物をよけて進むかを計算します。

次に、「飲みものを取る」という行動を実行します。飲みものといっても、キッチンにはコーラもあれば水もあればジュースもあるわけです。どの飲みものを持ってくれば良いのか、一意に決まらないこともあります。またそれらの飲みものが、たとえば冷蔵庫や棚の中に置かれていた場合は、カメラで見ただけではわからず、どこに何が収納されているかということを予想する必要も出てきます。

最後に、「Tom に渡す」という行動についても、Tomがどこにいるのか分からない場合には、部屋・建物の中を探し回って見つけ出さなければなりません。

このように、言葉で指示された内容を、からだを使った行動として具現化するには、その言葉が持つ意味を、センサ情報や身体を動かすモーターの信号レベルで表現可能にする技術が必要になります。また、実際のロボットに搭載されたセンサは常に誤差と戦い続ける運命にあるので、得られた情報は常に不確実であり、完全に信じ切ってはいけないという大前提もあります。さらに、人間の指示というのはしばしば曖昧で、ときには実行不可能なことを言い出すことすらあるため、どう頑張っても省略された言葉を復元することができず、指示の意味に対して質問をしなければならなくなることもあります。いかにロボットにスマートな質問をさせるか、という研究テーマもあるくらいです。

ここでよく考えると、上記のような知能ロボットと、物理の試験問題を解くシステムの間には、次頁図③のような対応関係が見られます。

このように、このふたつのシステムは、自然言語という形で指示が与えられ、カメラなどのセンサを使って生のデータを計測しつつ、与えられた

東ロボくん（物理）	知能ロボット
問題に書かれている文章	人間が発話した指示内容
問題に書かれている図	ロボットがカメラで撮影した画像
解答するべき物理量	行動するために必要となる各物理量の予測・計算
問題の中の曖昧な表現	人間が発話する中に含まれる曖昧な表現

図③

表現の中にある曖昧性と戦いながら、重要な情報を予測・計算・出力する（ロボットの場合は行動する）という意味で、かなり似た性質を持っていることがわかります。

ちなみに、私の研究テーマは、「知能ロボットにおける自然な人間との対話システム」というものでした。ジェスチャの理解、音声認識、部屋の中の移動、ロボットによる日用品の取り扱い、カメラの画像を使った画像認識等々の技術が基本技術となりますが、特に私が興味をもっていたのは、人間が曖昧な指示を出したときに、どうやってロボットはそれに適応するか？　というものでした。

これまでに私は、指示の内容がわからない場合には質問をしたり、確認をしたり、ときには人間の間違いの可能性を指摘するような知能ロボットをつくってきました。そのときに使ってきた技術が、じつは東ロボくんの「物理」にも使えるのではないか、と思い、このプロジェクトに参加したという経緯があります。

曖昧性への対処

さてここで、曖昧性にどのように対処するかということについて考えてみたいと思います。

知能ロボットの場合、人間と対話することが前提なので、わからないことがあれば人間に質問したり、確認したりすることができます。しかし、さすがに試験問題を解いている最中に、システムが手を挙げて「すみません、ここの『離す』というのは、手から離すのですか？　棒から離すのですか？」と試験監督に聞くわけにはいきません。自分でなんとかするしかありません。しかし常識を埋め込むというのも、従来までの人工知能研究がトライしてきているものの、根本的解決までには至っていないのが現状です。

そこでロボット技術とも繋がる第2の共通項として、「物理シミュレーション」に着目しました。

物理シミュレーションでは、現在の状況を初期条件として入力してあげると、1秒後にどうなるか？　5秒後にどうなるか？　という将来を、物理法則に従った計算を行うことで予測することができます。もちろん、物理の試験問題に関する解答についても、このシミュレーションの結果を答えとして採用する、という単純な使い方もできるのですが、もう1つの使い方として、コンピュータ自身の常識のなさを補う道具として使うことを考えています。

たとえばさきほどの試験問題の例で考えてみましょう。

「離した」の解釈には、以下の3通りがあります。

①手からおもりを離した
②おもりを棒から離した、ただしおもりは手で持ったまま
③おもりを手から離した、さらにおもりを棒から離した

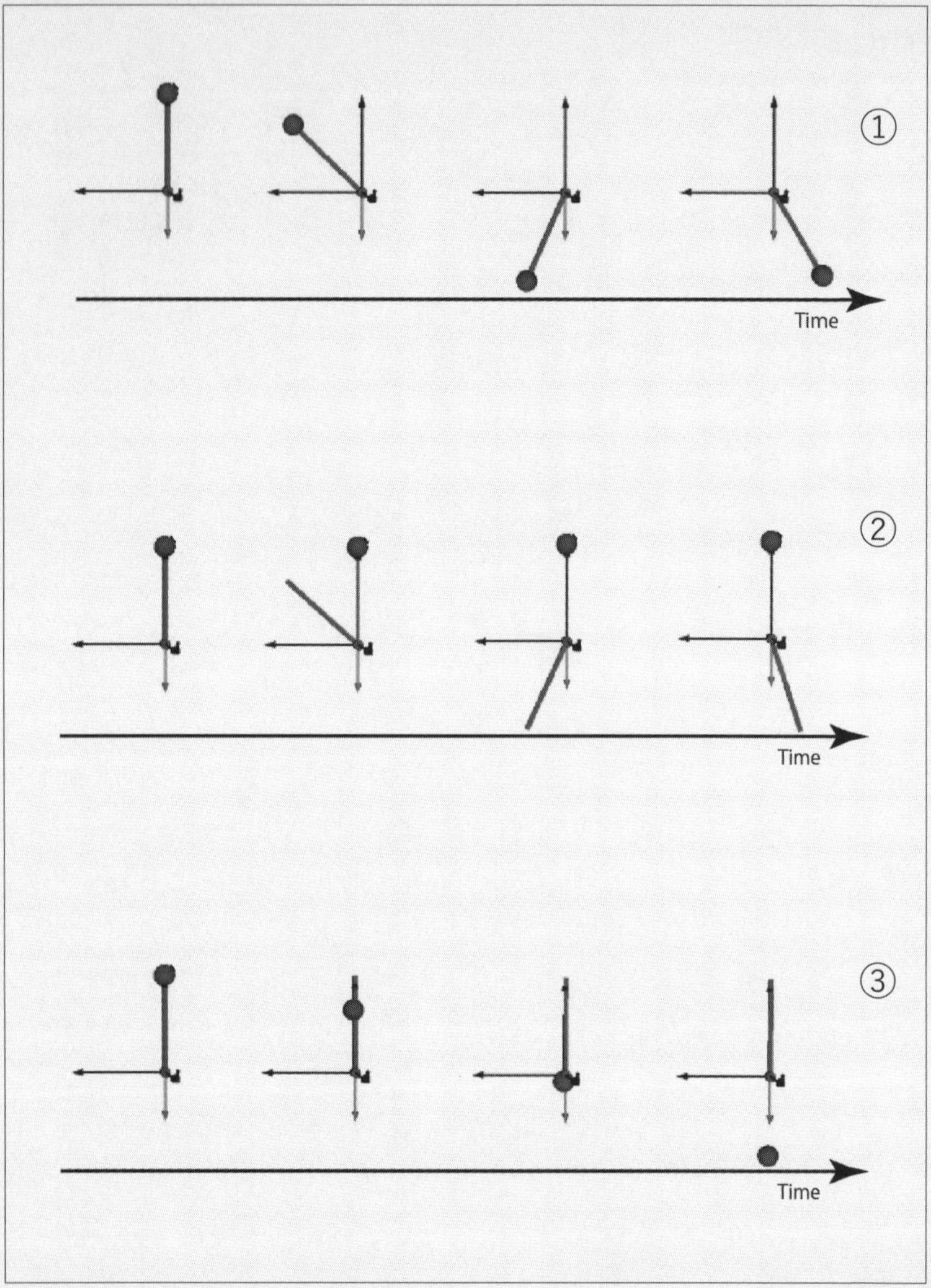

図④

「ロボットは東大に入れるか」プロジェクトチームによる現状と展望（物理）

当然、常識を使えば②、③の解釈はあり得ないのですが、コンピュータにはどれが常識的な解釈なのかは、わかりません。ですので、すべての解釈の可能性を検討し、それに基づいて将来どのようなことが起こるかを確認します（前頁図④）。

たとえば、②だとおもりはまったく動きません。問題にはおもりの位置や速度が変わっていくことを前提とした出題がされているので、②はあり得ない解釈だとわかりますね。

③の場合は、おもりはそのまままっすぐ床に向かって落ちていきます。これも、選択肢に書かれているグラフを見ると、まっすぐ床に落ちるという選択肢がないため、あり得ない解釈であることがわかります。

この結果、矛盾がないのは①の解釈のみとなりますから、この解釈で処理を進めていくことになります。いわば、「わからないときには人間に聞く」の代わりに、「わからないときにはシミュレータに聞く」ことで正解へと至るわけです。

もちろん、これを使えばすべての問題が解けるようになるわけではありませんが、曖昧性と格闘する必要がある物理の場合、強力な武器になると私は考えています。

数学

「ふつう、こうでしょう」というプログラム

新井紀子（国立情報学研究所）

日本語と東ロボくん

こんにちは。

「ロボットは東大に入れるか」プロジェクトで、数学を担当している新井紀子です。

「ロボットはどの科目が一番得意だと思いますか?」とたずねると、たいていの人が「数学」といいます。なぜですか? と尋ねると、一番多いのが、「計算が速くて正確だから」。たしかに、計算は得意そうです。たとえば、図①のような問題。

計算問題の特徴は、日本語が出てこないところです。それから、「=」や「<」も出てきません。計算問題というと、1+1=2のように「=」が出てきそうですが、問題自体は「1+1を計算しなさい」のように書かれていて、それを計算するときに「=」が出てくるんです。

日本語も「=」も「<」も出てこないような問題は、足し算・引き算・掛け算・割り算だけでなく、大学で勉強する微分方程式のかなり難しいものまで、人間が解けるようなものは、コンピュータはたいてい解くことができます。だったら、東ロボくん、東大合格間違いなし! と思うかもしれません。でも、残念ながらそうはいかないのです。センター入試も含め大学入試では、こういう単純な計算問題はほとんど出題されないのです。

では、大学入試でどのような問題が出題されるかというと、多くの問題が、「〜のとき…を求めなさい」とか「〜のとき…となることを示しなさい」というタイプの問題なんです。

たとえば、図②のような問題。

偶数と偶数を足すと——たとえば、2+4=6、102+24=126のように——偶数になります。でも、

次の式を計算しなさい

1. $-7-(-3)\times 2$

2. $\int_0^a e^{-at} dt$

図①

ふたつの偶数を足すと偶数になることを示しなさい

$y=x\ +ax+1$ のグラフが x 軸と交点をもつという。
このとき、a の範囲を求めなさい。

図②

例を挙げるだけではだめです。スーパーコンピュータを使ってどれほど多くの偶数の組み合わせを試してみたところで、無限にある「すべての組み合わせ」を試してみることはできません。それでは証明できたとは言えないのです。

証明問題に限りません。**図②**の問題では、グラフがx軸と「どこかで」交わる、と書いてあります。軸は無限に続く線です。その「どこか」で交わるという条件から問題を解かなければなりません。

無限にある対象について「すべての〜について……が成り立つ」とか「〜という性質のものが存在する」ということを考えなければならないところが、計算問題とは大きく違うところなのです。

タルスキの不思議な定理

「2つの偶数の和は偶数」という問題は、コンピュータが最初に解いた本格的な数学の定理として知られています。一般に、「すべての〜について……が成り立つ」とか「〜という性質のものが存在する」というのは、正しくても証明できるとは限りません。

ただ、**図②**のような多項式についての問題については、正しいかどうかを(理想的な)コンピュータで判定できる、ということを1931年にアルフレッド・タルスキという数学者が示しました。タルスキは素晴らしいアイデアに富む数学者で、他にはこんな不思議な定理も発見しています。

> 球を有限個に分割し、それぞれを回転・平行移動させることで、元の球と同じ半径の球を2つつくることができる。
> (バナッハ＝タルスキの定理)

現在、東ロボくんには、タルスキが発見したアルゴリズム(手順)を改良したものが、搭載されています。タルスキは、初等的な幾何の問題はみな多項式の問題に変換できることも示しています。初等幾何とは平面や3次元の図形(点・直線・円・錘体や球など)の性質について、ユークリッドの公理系から論理を用いて証明していく数学の1分野です。

高校で図形の問題を解くときには、たいてい座標平面の上で解くでしょう。たとえば、直線は $y=ax+b$、円は $x^2+y^2=c$ と、多項式の形で書くことができますね。ですから、直線と円の交点が存在するかどうか、などは多項式の問題に置き換えることができるのです。ただし、東ロボくんが使っているのは「理想的なコンピュータ」からは程遠いですから、解ける問題はどうしても限定されます（ここでいう「理想的」とは理論上のことです。どんなに素晴らしいスーパーコンピュータが開発されても、「理想的なコンピュータ」に届くことは決してありません）。

たとえば、こんな問題。

図③を見てください。

対角線の交点Oが答えです。そのことに気づきさえすれば、人間にとって証明はそれほど難しくありません。「三角形の二辺の長さの和は必ず他の一辺より長い」という性質を使えばよいのです。ところが、どれほど優秀なコンピュータでもその証明ができないのです。

「本当に？　各頂点からの距離の和が一番小さく

四角形の各頂点からの距離の和が最短になるような点を求めよ。

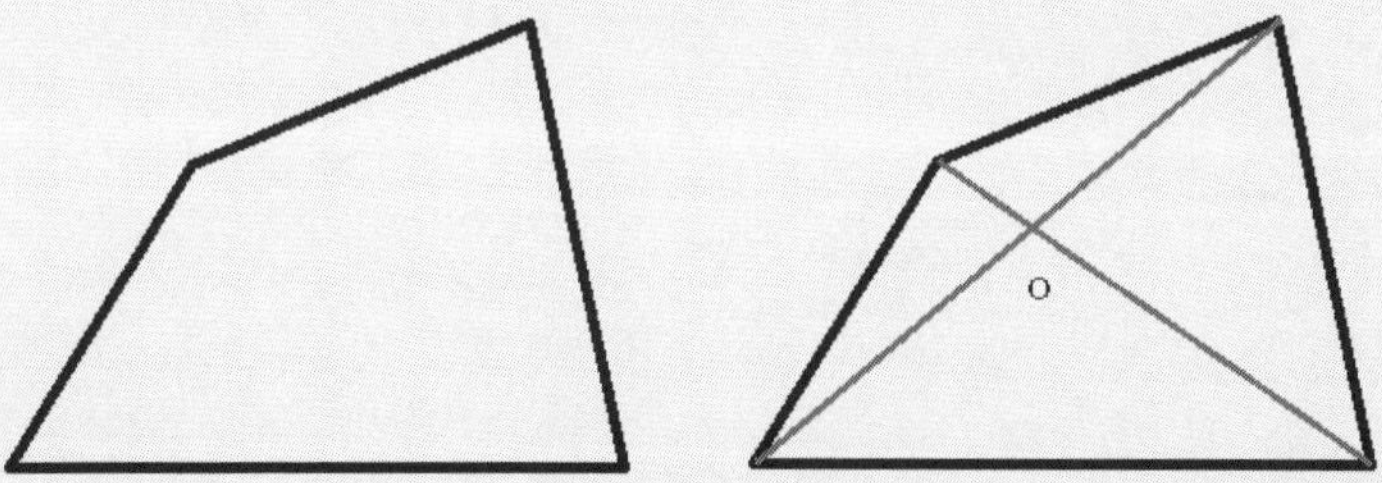

図③

なりそうなところくらい、探せばわかるんじゃないの?」と疑問に思う人もいるでしょう。もちろん、具体的にひとつ四角形を与えて、コンピュータに探索させると、どのあたりに目標の点があるか見当はつきます。でも、それでは「証明」にはなりません。テストで「このあたりの点です」と書いても0点です。無限に存在するどんな四角形に対しても、「対角線の交点が答えになる」ということを、論理的に示して初めて証明になるのです。

タルスキのアルゴリズムを使えば、「どんな四角形についても、答えは対角線の交点になる」ということをきちんと証明できるはずです。ただし、証明にとてつもない時間がかかることがわかっています。現在知られているどれほど速い改良版のアルゴリズムと最新のスパコンを使っても、地球滅亡の日まで計算しても証明が終わりません。この状況は、残念ながらスパコンが千倍とか1兆倍速くなっても、ほとんど改善されません。

こうした例外はあるにせよ、高校数学で、多項式と初等幾何の問題は大きな部分を占めますから、それなりの点が取れるはず——そのことは「ロボットは東大に入れるか」というプロジェクトを始める前から、ある程度わかっていました。わからなかったのは、日本語(や英語)で書かれた問題を、コンピュータが理解できるような式に自動的に翻訳できるのか、しかも、理想から程遠いようなコンピュータに解かせるのに都合がよいような式に翻訳できるのか、ということでした。

第1章でご紹介したように、現在、主流の機械翻訳は統計的な手法を用いるものです。文のだいたいの意味がわかればよい、という考え方です。ですが、数学では「だいたいの意味がわかる」ではしょうがありません。100パーセント正確に翻訳できなければアウトです。

とはいえ、字面だけで100パーセント正確に翻訳する、というのはみなさんが想像するよりずっと難しいんですね。たとえば、次の2つの文を翻訳することを考えてみてください。

1 私は、岡田と広島に行った。
2 私は、岡山と広島に行った。

違いは「田」と「山」だけです。でも、これを英語に翻訳すると、こんなにも違います。

1 I went to Hiroshima with Okada.
2 I went to Okayama and Hiroshima.

しかし、ディープラーニングを導入して、信じられないほど精度が上ったGoogle翻訳でも、最初の文を"I went to Okada and Hiroshima"と誤訳してしまいます。(二〇一八年四月時点)でも、なぜこれは誤訳なのでしょう。愛媛県には「岡田」という地名がありますから、論理的には誤訳とは言い切れないはずです。でも、きっとテストならば×がついてしまう。ロボットが一番困るのがこういうときです。論理的にはなぜいけないのかわからないけれども、常識的には×という状況ですね。

国語辞典を調べてみると、「と」には10以上の異なる使い方があるようです。だとすると、たかがこれだけの文の翻訳に10通りの可能性が出てしまつということです。文が倍、2倍になると、可能性は10の2乗、3乗と増えていきます。第1章で紹介したチェスの探索空間爆発と同じ状況が起こるのです。

東ロボくんはこういうときにどうするか。今はとりあえずすべての可能性を考えています。そして、とりあえずタルスキの手順に持ち込んで解いてみます。まともな答えが返ってこなければ、それは数学の問題の解釈として間違っているのだと思うことにします。もう少しよい方法があると思いますが、今のところはそうしています。

「東大入試プレ」における東ロボくんの完答

さて、このような翻訳をするにあたって、当たり前ですが、東ロボくんは日本語を知っていなければなりません。なのですが、最初、東ロボくんは数学の問題を読んでも、何がなんだかさっぱりわからなかったんです。なぜか。東ロボくんは新聞の記事ばかり読んで育ったからなんです。東ロボくんだけではありません。だいたい日本の機械翻訳をするロボットはみんな新聞か特許を読んで育つんですね。

でも、新聞に「線分」とか「3次方程式」とか「交点」なんて言葉は出てきませんし、もちろん数式なんて出てきません。ですから、最初は文をどこで切ればいいのかすら、よくわからなかったんです。そこで、過去問や教科書から数学の言葉とその使い方をひとつひとつ拾って、東ロボくんに教えてやることにしました。ここは人間の子供を育てるのと一緒ですね。ですが、賢い子は「一を聞いて十を知る」ということがありますが、ロボットはそうではありません。十を聞いて十を知ることも難しく、たいていは百万を聞いてようやく十を知るような感じです。今でもまだ100パーセントの精度の翻訳をするには全然言葉が足りません。でも、数学ですから、そのうち尽きるだろうと信じて教えている感じですね。

ただ、統計の問題はどこまでいっても言葉が尽きそうな気がしないうえに、何が正しい解釈なのか論理的によくわからない(笑)。たとえば、次のようなケースです。

(1) 今年は3パーセント物価が上昇し、来年は5パーセント 物価が上昇するという。平均の予想物価上昇率はいくつか。
(2) 今年は3パーセント物価が上昇するという人と、5パーセント上昇するという人がいる。平均の予想物価上昇率はいくつか。

そっくりですが、解き方が違うんですね。最初の文は相乗平均を取って、2つ目は相加平均を取ることになっています。でも、どうしてそうするのか、真面目に考えるとよくわからない。

にもかかわらず、手はじめに2013年、大胆にも代々木ゼミナールの「東大入試プレ(数学)」

を受けてみることにしました。まだ、機械翻訳が不完全なので、そこは補助輪をつけてなんとか動かしている状態ですが、なんと文系・理系それぞれにおいて偏差値約60を獲得することができたのです。

「東大入試プレ」というのは、東大を目指す優秀な生徒さんばかりが受験する模試だそうですから、この結果には大変勇気づけられました。その中には、受験者の2パーセントしか正答できなかったのに、東ロボくんが完答できた問題がありました(図④)。

この問題に対して、東ロボくんが書いた答案は次のようなものでした。230頁の図⑤を見てください。

東ロボくん、ちゃんと、タルスキ先生の教えに忠実に答案を書いています。

じつは、現在の東ロボくんは単純な計算問題のほかは、とりあえずタルスキの方法一本やりで解いています。彼に「一辺の長さが2の正方形の面積はいくつ?」と聞くと、「東大入試プレ」の問題

> aを正の定数とする。実数x, yが
>
> $$\frac{1}{2} \leq x \leq 1,\ a \leq y \leq 2a$$
>
> を満たすとき、
>
> $$F = \frac{y}{x} + \frac{x}{y} - xy$$
>
> の最小値を求めよ。

図④

求める実数を

$$x_{gen12}$$

と置くと、問いの条件は次の一階論理式と同値になる:

$$(0 < a \wedge a \leq y \wedge y \leq 2a \wedge \exists x_{00}(\exists y_{00}(a \leq y_{00} \wedge y_{00} \leq 2a \wedge y_{00}(-x_{00}) + \frac{y_{00}}{x_{00}} + \frac{x_{00}}{y_{00}} = x_{gen12}) \wedge \frac{1}{2} \leq x_{00} \wedge x_{00} \leq 1) \wedge 0 < a \wedge (\forall y_0(\forall x_0(\frac{1}{2} > x_0 \vee x_0 > 1 \vee x_{gen12} \leq y_0(-x_0) + \frac{y_0}{x_0} + \frac{x_0}{y_0}) \vee a > y_0 \vee y_0 > 2a) \vee 0 \geq a))$$

この式は実閉体の体系 RCF の式であることから、Tarski-Seidenberg の定理により、この式と同値で量化子を含まないような式を求めることができる。Tarski の量化子除去アルゴリズムに従って上記の式を書き換えた結果が以下の式である(変形の過程が長いため、計算紙で別途提出する。):

$$(((0 < a \wedge a \leq \frac{1}{2\sqrt{5}} \wedge \frac{12a^2+1}{4a} \leq x_{gen12} \wedge x_{gen12} \leq \frac{1}{a}) \vee (\frac{1}{2\sqrt{5}} < a \wedge a \leq \frac{1}{2\sqrt{2}} \wedge \sqrt{4-16a^2} \leq x_{gen12} \wedge x_{gen12} \leq \frac{1}{a}) \vee (\frac{1}{2\sqrt{2}} < a \wedge a \leq \frac{1}{2} \wedge \frac{1}{2a} \leq x_{gen12} \wedge x_{gen12} \leq \frac{1}{a}) \vee (a > \frac{1}{2} \wedge \frac{1}{2a} \leq x_{gen12} \wedge x_{gen12} \leq \frac{12a^2+1}{4a})) \wedge 0 < a \wedge a \leq y \wedge y \leq 2a \wedge 0 < a \wedge (a < 0 \vee (0 < a \wedge a \leq \frac{1}{2\sqrt{5}} \wedge x_{gen12} \leq \frac{12a^2+1}{4a}) \vee (\frac{1}{2\sqrt{5}} < a \wedge a \leq \frac{1}{2\sqrt{2}} \wedge x_{gen12} \leq \sqrt{4-16a^2}) \vee (a > \frac{1}{2\sqrt{2}} \wedge x_{gen12} \leq \frac{1}{2a}) \vee 0 \geq a))$$

これを解き、答は

$$\begin{array}{lll} (0 < a \wedge a \leq \frac{1}{2\sqrt{5}} \wedge a \leq y \wedge y \leq 2a) & \text{のとき} & x_{gen12} = \frac{12a^2+1}{4a} \\ (\frac{1}{2\sqrt{5}} < a \wedge a \leq \frac{1}{2\sqrt{2}} \wedge a \leq y \wedge y \leq 2a) & \text{のとき} & x_{gen12} = 2\sqrt{1-4a^2} \\ (a > \frac{1}{2\sqrt{2}} \wedge a \leq y \wedge y \leq 2a) & \text{のとき} & x_{gen12} = \frac{1}{2a} \end{array}$$

となる。

図⑤

と同じスタイルで問題を解き、答案用紙を5枚も使ってようやく「4」と答えたりします。なんだか、巨大なブルドーザーを使って小さな花を摘みにかかっているようで苦笑してしまいます。人間は問題ごとに一番よさそうな解法を選んで美しく解くことができますが、東ロボくんは(少なくともいまに至るまで)そうではありません。

「賢いロボット」になるために

私たち数学チームは三年間かけて、日本語で書かれた数学の問題を正しく理解し、日本語で答案を出力するロボットを開発してきました。そうしてようやく2016年の「東大入試プレ(数学・理系)」において6問中4問を完答し、偏差値76・2という望外の結果を得たのです。東ロボくんに日本語で書かれた問題を理解させるために教えた言葉は「円」「接線」「交わる」「から」など8千語。用法は5万5千に上りました。たとえば、「の」という言葉には、機械にとっては調べた範囲だけでも34種類の用法があったのです。

たとえば、

- 正の実数
- 5を2で割ったときの余り
- 交点が3個のとき
- P, Q, Rの3点

すべて「の」の使い方が違います。興味深かったのは、「の」「と」「へ」といった言葉(機能語)は出題者によって使い方にクセがあり、過去の数年の学習データで他の年の問題を解かせると、失敗することが多々あったことでした。けれども受験生は動じずに、それを「同じもの」として読みこなしている。ルール(文法)なのかと思うとそうでもない。統計なのかと思うとそうでもない。ならば人間はどうやって読んでいるのだろう。謎は深まるばかりです。

私たち数学チームは、こうして日々一所懸命、数学の問題を解くロボットをつくっているわけですが、「そんなことをして何の役に立つんですか?」という質問をされることがあります。

もちろん、数学の入試問題を解くロボットを作るだけでは何の役にも立ちません。ですが、その技術が今後、人工知能がどこまで発達しうるかを占う試金石になるのです。

ロボットにとって一番得意なのが、数式処理、あるいは数値計算やシミュレーションなどの数学的処理です。もともと彼らは「計算機」ですからね。この部分については、とても能力が高いんです。でも、その能力を活用するには、ロボットが理解できるような言葉、つまりプログラムにしてやらなければならない。数学ができて、プログラムが上手に書けて、しかもさまざまな現実の問題――新しく開発する自動車の燃費をあと1パーセント向上するにはどうすればよいか等――に対して、どの数学を使えばよいかがわかっている人でなければできないんですね。でも、そんな人材、滅多にいませんよね。実際、こうした人材が足りなくて困っているのです。

人間の言葉、とくにマニュアルのようにかっちりした言葉で書いてやれば、それを理解して「こうすればいいです」と問題解決の提案をしてくれるようなロボットがいたら、とても助かります。ドラえもんやHAL9000など、SFに登場する賢いロボットは、どれもそれができます。彼らはただのおしゃべりロボットではありません。問題を解決してくれるロボットです。

そして、彼らのような「賢いロボット」が登場するうえで、最初に超えなければならないハードルが「人の言葉で書かれた数学の問題を解けるのか」だと私たちは考えています。もし、入試の数学の問題すら解けないのだとすれば、どう考えても、ドラえもんやHAL9000は登場しようがありませんものね。

もうひとつよく聞かれることがあります。それは「もっと問題集を勉強させて、公式や解法パターンを教えたらどうですか?」ということです。公式は教えてみました。残念ながら、今のところは、公式を教えても性能は上がらないようです。人間ならば、公式を覚えていたほうが考える時間が短くて済みますが、コンピュータにとってはそのタイプの「考える時間」はさほど重要ではないように見えます。でも、本当にそうかどうかは、もう少し研究してみないとわかりません。

解法パターンというのは……そのパターンが数千程度の問題からわかるようならば、人工知能はとっくにできているような気がします。猫のイラストのパターンとか文法のパターンとか、ふられるパターンとか、人間が「ふつうこうでしょう」と思うことには何にせよパターンがあるはずなのに、それがプログラムできないところが問題なのですから。

でも、挑戦しがいのあるアイデアですよね。関心のある方はぜひご自分でも挑戦してみてください。そうして、さまざまなアイデアをいろいろな人が試してみることで、人工知能に関する理論が深まっていくことを、心から願っています。

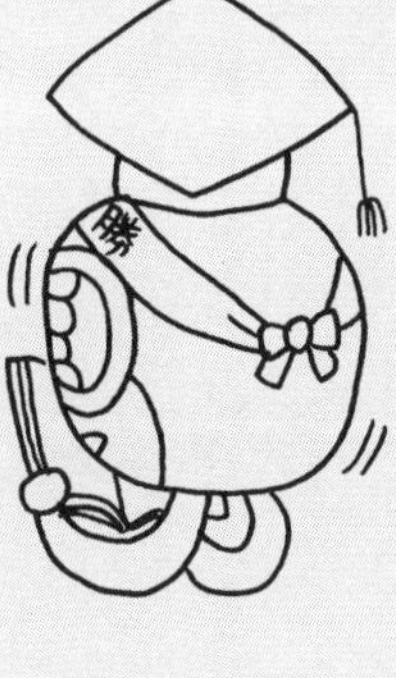

英語を通して言語を学ぶ

東中竜一郎
（NTTコミュニケーション科学基礎研究所）

人工知能にとっての英語

NTTコミュニケーション科学基礎研究所の東中竜一郎です。2014年のセンター模試から「ロボットは東大に入れるか」に参加し、東ロボくんに英語を教えています。ここでは、東ロボくんがどうやって英語の問題を解いているのか、そして、どのような問題がまだ解けないのかなどについて、お話できればと思います。なお、英語については、NTTのメンバーおよび共同研究をしている大学の先生方と一緒に取り組んでいます。

さて、突然ですが、私たち日本人が英語を学ぶ意義とはなんでしょう？　いくつか理由はあると思いますが、たとえば、英語ができるとグローバル社会において、多くの人とコミュニケーションをすることができたり、最新の情報が得ることができたりして、役に立ちます。また、英語を勉強するということは、異なる文化に触れるということでもあり、日本にはない考え方について、気づくことができます。

では、東ロボくんが英語を学ぶ意義とはなんでしょうか？　少し考えてみてください。

正直、人工知能にとって、日本語と英語に違いはありません。どちらも特定の集団が使用している言語であって、ある規則に従った、ただの記号列や音声波形です。つまり、人工知能にとって、英語を学ぶことと日本語を学ぶことは同じです。これは、他の言語、例えば、スペイン語、中国語、アラビア語、はたまた、スワヒリ語であっても、なんら変わりはありません。

このように、東ロボくんが特に英語にこだわる理由はないのですが、私たち研究者が英語を対象

「ロボットは東大に入れるか」プロジェクトチームによる現状と展望（英語）

とするメリットはいくつかあります。たとえば、英語は現在いたるところで利用されています。そのため、人工知能が英語ができるようになると、多くの場面で役に立つと考えられます。また、英語が広く使われているからこそですが、すでに多くの英語のリソースが存在しています。リソースというのは、テキストデータや辞書などのことです。コンピュータが言葉を扱うためには大量のデータや大規模な辞書が必要になるのですが、英語圏では、言語処理の長い歴史があり、リソースがすでにたくさんあります。つまり、研究が進めやすいのです。

　このようなことで、東ロボくんは「とりあえず」英語に取り組んでいます。英語ができるようになれば、それは他の言語でもできるでしょう。人工知能にとって、英語とほかの言語の区別はないからです。東ロボくんは、英語という題材を通して「言語」を学んでいるということです。

　言語を理解するコンピュータは人工知能分野の究極のゴールです。言語には人間のコミュニケーションの歴史が詰まっています。どうすれば相手に伝わるのか、どうやって意味を相手に効率的に伝えることができるのか、というテクニックの集大成です。言語を扱うことができるようになれば、人工知能は、人間同士のようなコミュニケーションをできるようになるでしょう。私たちが英語に取り組んでいる理由は、そのような人工知能を作りたいからだと言えます。

　なお、英語とほかの言語の区別はないと書きましたが、では、国語をやってもいいのではないかと思ったかもしれません。国語は母国語としての言語を学ぶもので、英語は外国語としての言語を学ぶものです。前者はより文化に根差した問題を扱っており、言語を超えた、より難しい内容を含んでいると私たちは考えています。

センター試験における英語の問題

　東大に入るためには、センター試験だけではなく、東大の二次試験も受ける必要があります。しかし、二次試験はまだまだ難しすぎて歯が立たないこともあり、私たちは今のところセンター試験にのみ取り組んでいます。そのため、ここではセンター試験に絞って説明していくことにします。

センター試験の英語にはさまざまな問題がありますが、大きく、短文問題、複数文問題、長文問題に分けられます。この分け方は、学校では用いないかもしれませんが、東ロボくんにとっては意味のある分類です。

短文問題というのは、主に、一単語から数文程度の文章を対象とした問題です。短い文章を対象としますので、短文問題と呼んでいます。図①（1〜3）に短文問題の例を示します。

複数文問題というのは、短文問題よりも、もう少し文章が長い問題を指します。具体的には5〜10文程度の文章を対象とした問題のことです。短文問題とあまり違わないのではないかと思う人もいると思いますが、この間には実は大きなギャップがあります。なぜなら、文脈が一気に複雑になるからです。文脈というのは、これまでの文章の流れのことです。短文問題にはほんとんど文脈がありませんが、複数文になってくると、これまでの文章の流れを考慮に入れる必要が出てきます。図②（1〜3）に複数文問題の例を示します。

長文問題は、もっともっと長い、A4数頁程度の文章を対象とした問題のことです。長文問題では、文脈がさらに複雑になります。また、イラストやグラフ、図表があったりして、複数の情報を統合した処理も求められます。図③（1〜2）に、長文問題の例を示します。

もう一つの分け方もあります。それは、「自然さを求める問題」と「判断を求める問題」という分け方です。

自然さを求める問題というのは、穴埋め問題が多いのですが、最も自然な文章となるような選択肢を選ぶという問題です。判断を求める問題というのは、設問で聞かれていることについて、選択肢が正しい／もしくは誤っている、という判断をするという問題です。

前者の方が比較的簡単です。というのも、自然かどうかというのは、大量のデータがあれば、あ

問5　Most of the students voted [12] Tom's proposal, and it will be put into practice soon.

① at　② for　③ into　④ to

図① - 1　文法・語彙・語法（平叙文完成）

問3　Linda: Jack, you're ten minutes late. What happened ?

Jack: I'm sorry. I ＿＿ [22] ＿＿ ＿＿ [23] ＿＿ rang. I had to answer it.

① about　② leave　③ the phone
④ to　⑤ was　⑥ when

図① - 2　語句整序

問1　Harry:　You look very busy. Do you need some help with your work ?

Meg:　Thank you. [24] I'm hungry, but I'm so busy that I can't go out.

(A) Could you (B) Shall I	→	(A) call that Italian restaurant (B) go and get me something	→	(A) for you ? (B) to eat ?

① (A)→(A)→(A)　② (A)→(A)→(B)　③ (A)→(B)→(A)
④ (A)→(B)→(B)　⑤ (B)→(A)→(A)　⑥ (B)→(A)→(B)
⑦ (B)→(B)→(A)　⑧ (B)→(B)→(B)

図① - 3　応答文完成

問 1

Nate: We're almost at the bookstore. We just have to walk for another few minutes.

Sunil: Wait. [27]

Nate: Oh, thank you. That always happens.

Sunil: Didn't you tie your shoe just five minutes ago ?

Nate: Yes, I did. But I'll tie it more carefully this time.

① We walked for a long time.

② We're almost there.

③ Your shoes look expensive.

④ Your shoelace is untied.

図② － 1 会話文完成

問 1 [29]

A one-way trip takes you through the heart of Australia, traveling 2,979 km on one of the world's greatest train journeys. ①<u>The Ghan train was named after the Afghan camel drivers who reached Australia's unexplored center.</u> ②<u>Camels are known to be the best animals for desert transport.</u> ③<u>Starting in Adelaide in the south, it takes 20 hours to reach Alice Springs in the middle of Australia.</u> Furthermore, it takes another 24 hours to reach the final stop, Darwin, in the north. ④<u>Passengers can enjoy the stunning, untouched scenery of the real Australia in comfort.</u> There is a choice of luxury private cabins or the more sociable row seating to suit all budgets.

図② － 2 不要文除去

Stephen: Thank you, Dr. Ishii. I agree we are living in a time when technology will soon improve even more rapidly. Looking back at the 1900s shows us how people faced rapid changes in their societies. I think this has lessons for us today. One of the biggest changes of the 20th century was the rise of a global society. I believe airplanes made this possible. For the first time, people could travel quickly to the farthest corners of the earth and experience life in other countries. Certainly telephones and the Internet had an impact as well. But there's no substitute for traveling to new places and actually meeting people.

Sue: I've heard this opinion before, Stephen. Are you saying [32]?

① airplanes helped create our global society

② foreign travel was not possible before the 1900s

③ technology will soon change more slowly

④ telephones and the Internet were more important than airplanes

図② - 3 意見要旨把握

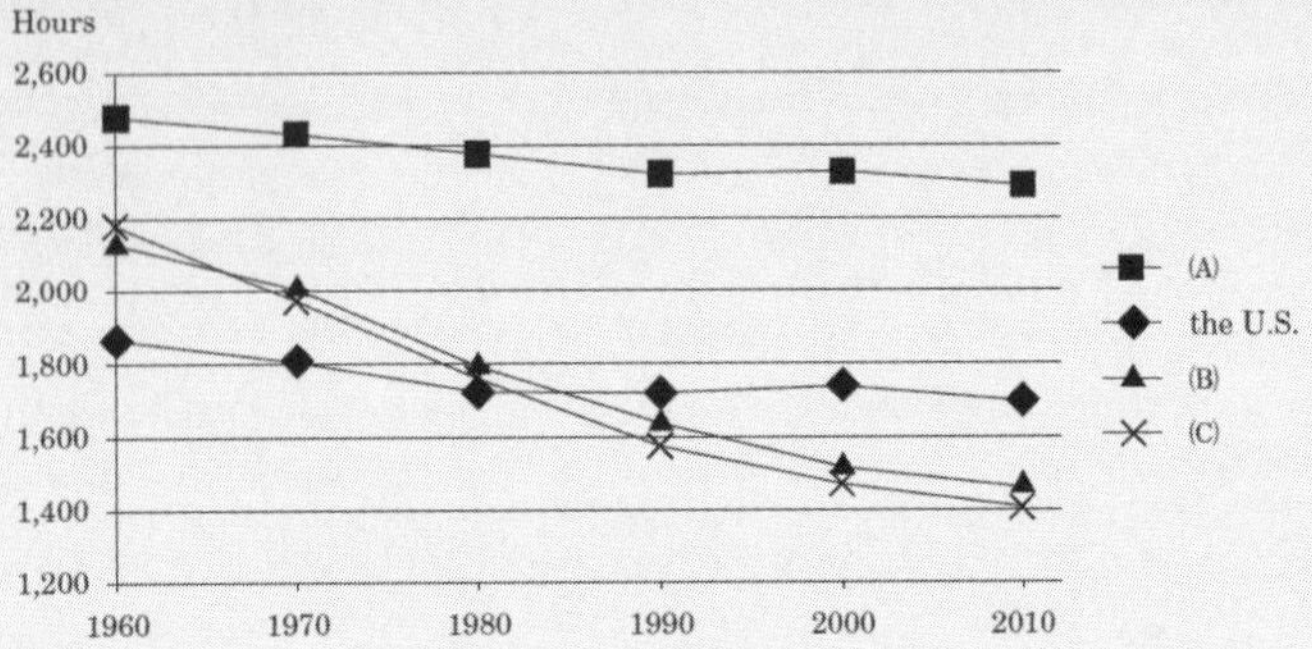

Figure 1: Average annual hours worked by persons employed in four countries

(Feenstra, Robert C., Robert Inklaar and Marcel P. Timmer (2013), "The Next Generation of the Penn World Table")

第6問 次の文章を読み，下の問い（**A**・**B**）に答えよ。なお，文章の左にある(1)～(6)はパラグラフ（段落）の番号を表している。（配点　36）

(1) One of my friends in Tokyo recently moved into a "share house" with seven other young women. It's very spacious, and she gets along well with her roommates. But everyone is still getting used to living together. For example, one of her roommates wakes up early and makes noise; another stays up late watching movies. Each roommate buys her own food and cleaning supplies, which is a little confusing. I've seen more ads lately for share houses, so I'm curious whether more people will try them.

(2) Roommates are a lot more common outside of Japan, particularly in big cities. In many large cities, young people prefer living with roommates, since they can live more cheaply in popular neighborhoods. For example, a one-person apartment in central Sydney, Australia, costs 499 Australian Dollars (AUD) per week. By contrast, a 3-bedroom home costs AUD 850 per week. In addition to spending less on rent, roommates share costs for electricity, Internet access, and other utilities. So shared housing is much more economical, particularly for unmarried people who are flexible about their living arrangements.

図③ － 1

Rick's Burger Shack

Since 1926, we've served Laketown's finest hamburgers. Try this month's four special burgers !

#1 Cowgirl $9

The Cowgirl is just like our Classic burger but with 150 grams of Kobe beef. We've added spicy barbecue sauce, bacon, and cheddar cheese.

450 calories Fat 35g (S) (XL) [T]

#2 Firefighter $11

WARNING: Your mouth will catch fire ! The Firefighter is made with 150 grams of Angus beef, jalapeño peppers, and our chef's special hot sauce.

390 calories Fat 25g (S) (XL) [C]

#3 Sailor $12

The Sailor is perfect for seafood lovers. It's made with 150 grams of fresh Ahi tuna cooked to perfection.

310 calories Fat 5g (S) (XL) [H]

#4 Farmer $8

Our customers have asked for a veggie burger for years, and we've delivered ! The Farmer is made with tofu, shiitake mushrooms, and black beans.

250 calories Fat 0g [V][H]

(S) = Small size (100g) for $1 less (XL) = Extra large size (225g) for $3 more

[V] = Vegetarian [H] = Heart-healthy

[C] = Chicken available at no extra charge [T] = Turkey available at no extra charge

Extras

Add cheese (brie, cheddar, or pepper jack), avocado, or microgreens for $1 per addition. Add ketchup, mustard, or wasabi mayonnaise for free.

図③ − 2

る程度判断できるからです。たとえば、ある言い回しがあったとしましょう。その言い回しが自然かどうかはどう判断できるでしょうか？　みなさんであれば、インターネット検索をして、その言い回しが実際に見つかるかを調べるのではないでしょうか？　そして、もし、見つかったらそれは自然な言い回しで、見つからなかったらそんな言い回しはない、と考えるでしょう。このように、インターネットのような大規模なデータがあれば、自然かどうかという判断はある程度できるものです。

後者の方はそうは行きません。なぜなら、問いが求める判断は多種多様だからです。これまでに考えたこともない判断を求められることもあります。インターネットを探しても、多くの人が考えたことのないようなものは出てきません。誰も持っていないような機器を買ったとき、その使い方をインターネットで調べることを考えてみてください。そもそもその機器を持っている人は少ないので関連した情報は多くはありません。また、あなたが調べたいと思ったことについて、誰かが答えを書いている保証はありません。そうしたときに必要なものは、手元のマニュアルなどの内容を理解して答える、いわゆる「読解」の能力です。

東ロボくんの英語の点数

東ロボくんは、2013年からセンター模試を受けています。2013年の英語の模試の成績は52点（200点満点）で、設問がほぼすべて4択であることを考えれば、これはチャンスレベル（鉛筆を転がすレベル）の点数だと言えます。

その後、私たちは2014年から東ロボプロジェクトに参加し、2016年までに、センター模試に3回トライしました。そして、2013年に比べて、大幅に点数アップをすることができました。図④は、東ロボくんの点数の推移です。2015年に多少点数が下がったものの、現状の成績は、受験者平均を上回っています。図⑤に示す棒グラフは、2016年の模試における問題種別ごとの正解率（正解できた問題の数／すべての問題の数）を示しています。

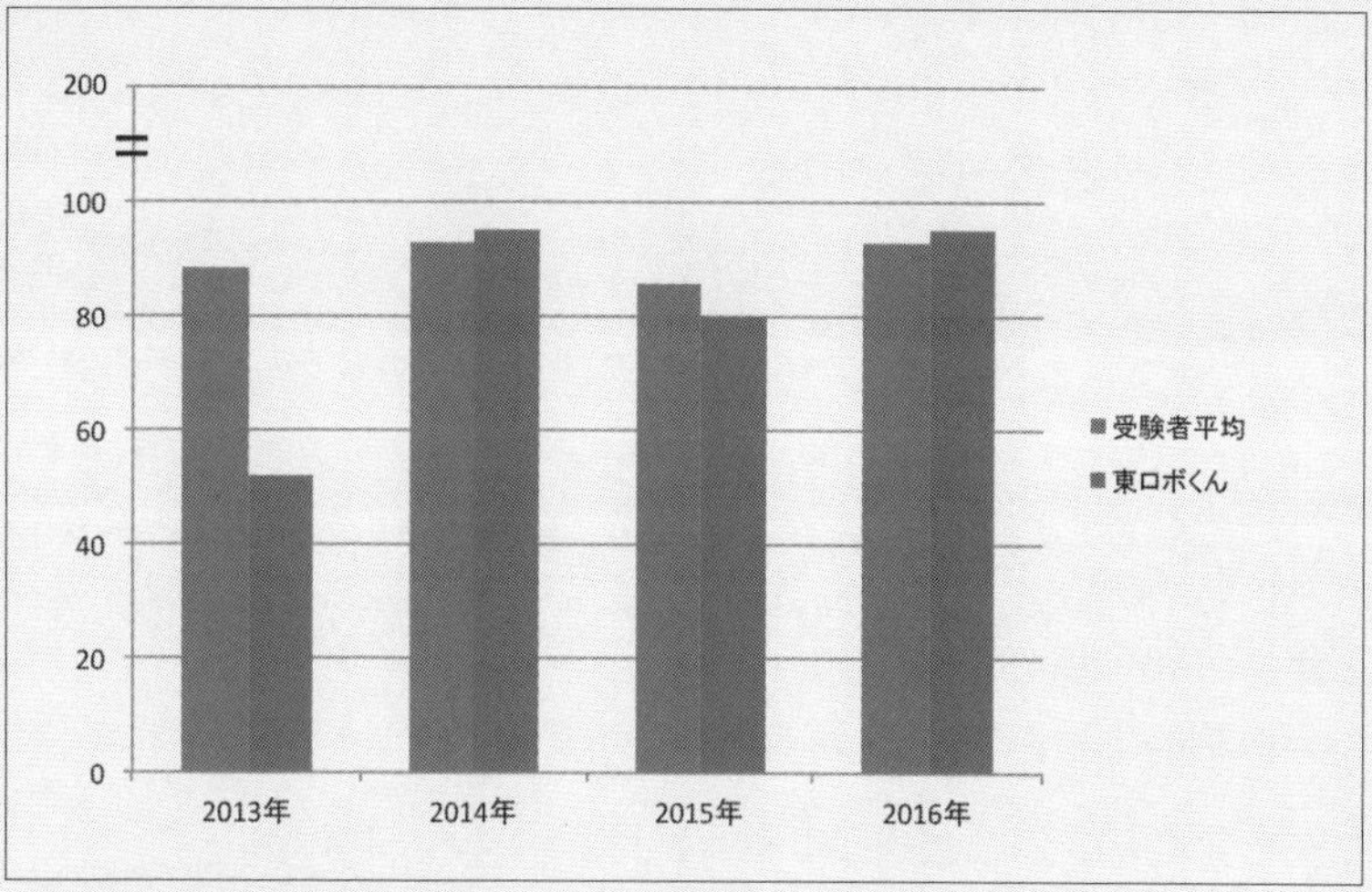
200
100
80
60
40
20
0
2013年
2014年
2015年
2016年
受験者平均
東ロボくん

図④

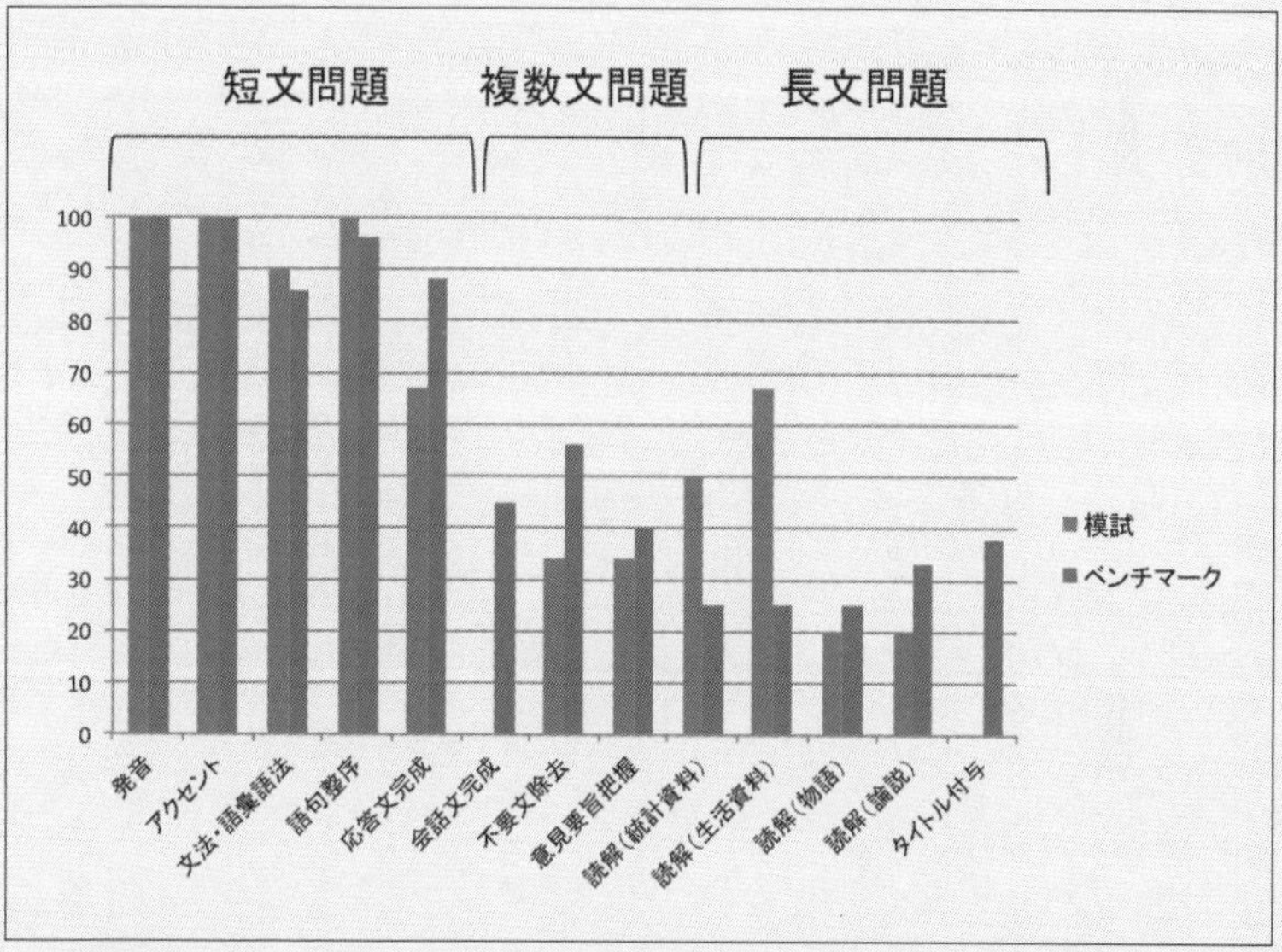
短文問題
複数文問題
長文問題
100
90
80
70
60
50
40
30
20
10
0
発音
アクセント
文法・語彙語法
語句整序
応答文完成
会話文完成
不要文除去
意見要旨把握
読解（統計資料）
読解（生活資料）
読解（物語）
読解（論説）
タイトル付与
模試
ベンチマーク

図⑤

試験というのは水物です。たまたま難しい問題が出たり、読みが当たったり外れたりすることで、点数が大きく上下してしまうので、一回の試験の成績だけでは、本当の実力が分かりにくいところがあります。たとえば、たまたま3問中2問正解できれば、66％の正解率ですが、1問正解ですと33％です。高々3問の中でいくつ解けたかだけに一喜一憂していては、本当に東ロボくんが成長しているのかわかりません。そこで、私たちは独自に問題セット（ベンチマークデータと呼びます）を作成し、それらがどのくらい解けているかを注視しながら研究を進めています。図⑤（243頁）のグラフにはそのベンチマークデータに対する正解率も示しています。こちらのほうが東ロボくんの性能を適切に反映している数値だと言えるでしょう。

図⑤の棒グラフからも分かる通り、短文問題は比較的高精度で解けていると言えます。しかし、複数文問題ではガクっと点数が下がっていることも分かります。長文問題に至っては、チャンスレベルです。このことから、今問題になっているのは、複数文問題で、長文問題はまだまだ先の課題ということが分かります。

文章の自然さを計算する

文章の自然さを計算する問題の対処法について説明します。

文章の自然さの計算の仕方については、人間がインターネット検索をして、その言い回しが実際に見つかるかどうかといった処理に似ていると説明しました。この処理を東ロボくんが実際にどのようにやっているかを説明します。

ところで、東ロボくんはインターネット検索を試験中にしてはいけません。ほとんどの試験でもそうですが、試験中は通信機器の利用が禁止されています。そのため、東ロボくんはインターネットを利用せず、その代わり、大規模なテキストデータを手元に持っていて、それを利用しています。

ある文章が大規模なテキストデータにぴったりと見つかる（まったく同じ文章が存在する）ことは一般にありません。インターネット検索で少し長い

「ロボットは東大に入れるか」プロジェクトチームによる現状と展望（英語）

文章をフレーズ検索（ダブルクオートで検索キーワードを囲んで検索すること）すると、すぐにヒット件数が0件になってしまいますよね？　英語でも日本語でも語彙数は多いので、単語の組み合わせである文章は、長ければ長いほど、同じものが見つかりにくくなります。

そこで、言語モデル（より正確にはN-gram言語モデルと言います）というものを利用します。言語モデルとは、ある程度の長さの単語の並びだけに着目して、その並びがどのくらいテキストデータに出現しやすいかを表した統計情報のことです。例えば、あるテキストデータに１００回blackという単語が出現したとして、そのあとにcatが20回、dogが10回それぞれ出現したとしましょう。そうすると、black catという単語の並びの出現確率（blackのあとにcatが出現する確率）は、１００回のblackの後にcatが20回出現することから０・２と計算できます。同じように、dogについては０・１と計算できます。これは2単語の並びの場合の例ですが、一般には、もう少し長い単語の並びの情報が利用されます。

東ロボくんでは7単語の並びの情報を言語モデルとして利用しています。そして、対象となる文章を7単語ずつに切り刻んで、それぞれの並びの出現確率を求め、その確率を掛け合わせていくことで、文章全体の出現確率を求めます。この確率が高ければ高いほどテキストデータにより多く出現する、すなわち、自然であると解釈します。

なお、７単語の並びの情報が言語モデルに存在しない場合は（大元のテキストデータにそもそも並びが存在しない場合は、言語モデルにその情報は含まれません）。６単語の並びの出現確率を利用するといったように、見つからない場合は、より少ない単語の並びの出現確率を利用して何とか計算します。こうすることで、どんな文章であっても確率が計算できるのです。ただし、短い並びで代替して計算する場合、長い並びをちゃんと見ることができているわけではないので、適切な確率になっていない可能性があります。そのため、なるべく大きなテキストデータを用いて長い並びの確率を適切

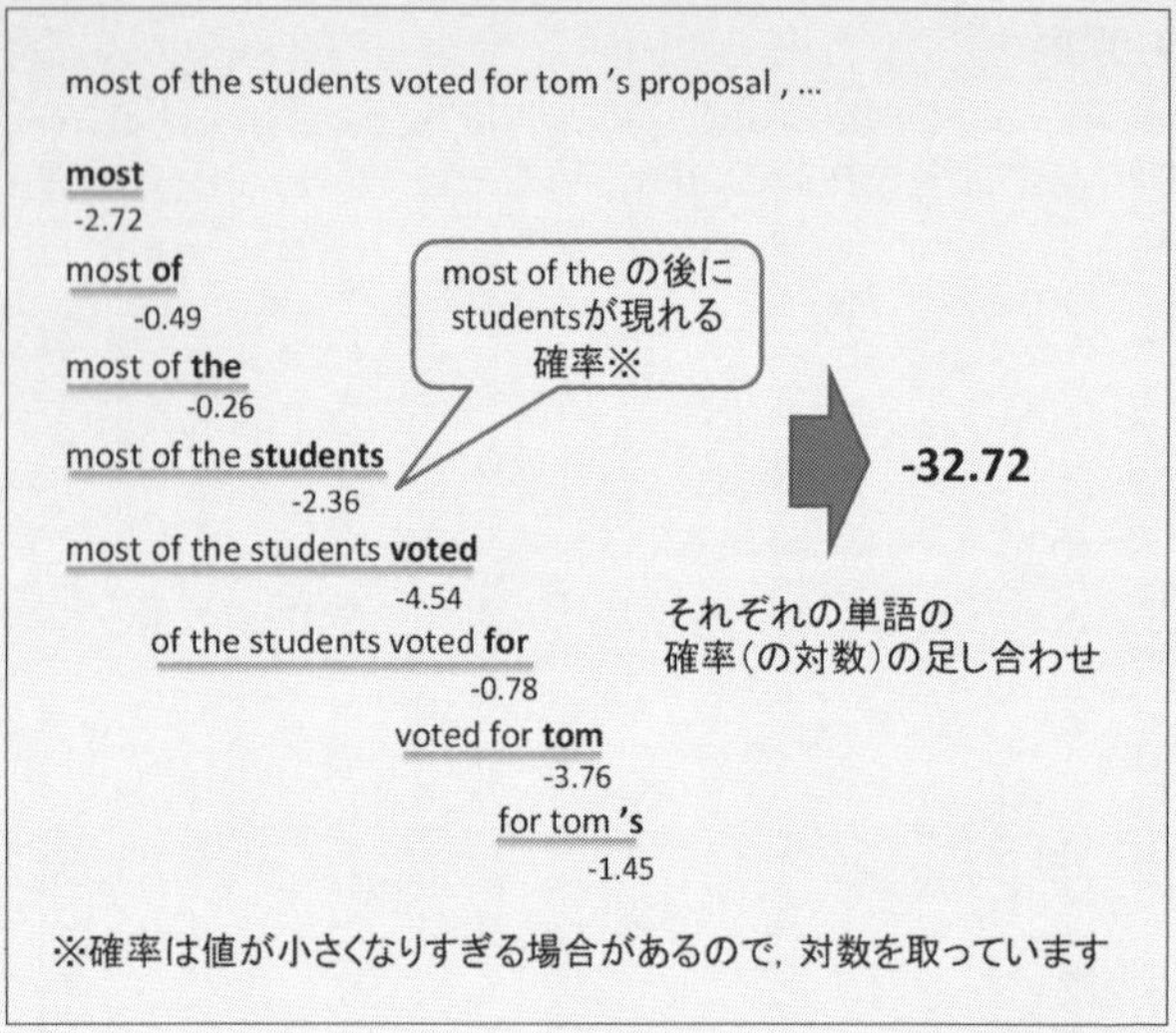

図⑥

に得られるようにしておくことが重要です。

図⑥は言語モデルを用いた解法の処理の例です。並びが言語モデルに見つからないときは、短い並びの確率を用いていることが分かります。

現在、東ロボくんはどのくらいのテキストデータを使って言語モデルを作っているかというと、19億文のテキストデータを用いています。この分量で、文法・語彙・語法問題については最もよい精度が出ています。なお、60億文に増やしてやってみたこともありますが、精度はほとんど変わりませんでした。19億文というのは膨大な文章の量です。みなさんがこれまでに読んできた文章を全部足しても全然足りないでしょう。でも、このくらいの分量のテキストデータが東ロボくんには必要なのです。

ここまで、短文問題において自然さを求める方法について説明しましたが、複数文問題について自然さを求める場合はどうでしょうか。会話文完成問題について考えてみましょう。

会話文完成問題とは、会話中の空欄に入る発話

「ロボットは東大に入れるか」プロジェクトチームによる現状と展望（英語）

を選ぶという問題（238頁・図②-1参照）ですが、会話は5〜10発話程度の発話からなりますので複数文問題です。この問題では、先ほどの言語モデルをそのまま用いることができません。ここで必要なのは、単語の並びの出現確率ではなく、「発話」の並びの出現確率だからです。発話は単語の組み合わせですので、「単語の並び」の並びの確率を計算する必要があります。

これまでよりも多くの組み合わせを考える必要がありますので、この確率を正確に求めるためには、19億文よりも多くのデータが必要になるのは想像に難くありません。また、データも会話文である必要があります。19億文を超えるような会話のデータは世の中にありません。もちろん、インターネット上にはツイッターやメッセンジャーのデータは大量にありますが、試験問題に出るような会話とは全く異なりますので、使えるものではありません。

そこで、東ロボくんは発話の並びのよさを異なる方法で求めています。具体的には、二つの発話の並びのよさを、機械学習の手法で求めます。機械学習とは、事例（学習データと呼びます）から物事の判断基準をコンピュータに学ばせることを言います。かみ合っている発話ペアとかみ合ってない（でたらめな）発話ペアを準備し、一方の発話にどういう単語が入っていて、もう一方の発話にどういう単語が入っている場合にかみ合った発話ペアと言えるのかという判断基準を学習させます。そして、この判断基準をもとに、二つの発話の並びのよさを計算します。今回は私たちが独自に作成した会話集を学習データとして用いました。この会話集は約7万発話からなります。19億文よりずっと小さいですね。会話の複雑さから考えると、まともな判断基準は学習できないかもしれませんが、会話集自体は教科書に出てくるような典型的なものばかりなので、何らかの会話の法則を学習できる可能性はあります。この二発話ずつの並びのよさを足し合わせたものを会話の自然さとして用います。

これに加え、私たちの手法では、会話では人間の感情が重要であることから、各発話について感情（どのくらいポジティブかネガティブか）を推定し、感情の振れ幅がなるべく少ないものをより自然と判断するように工夫をしています。これにより、ベンチマークデータで、およそ40%~50%の正解率を出すことができるようになりました。以下は私たちが考案した会話文完成問題の解法のイメージ（図⑦）です。

お気づきかもしれませんが、二発話ずつの並びのよさを用いているので長い文脈は考慮できていません。しかし、三発話以上の並びについての判断基準を学習できるほどの学習データは今のところありません。

判断を求める問題に回答する

意見要旨把握問題（239頁・図②-3参照）を例にとって、判断を求める問題に回答する手法について説明します。意見要旨把握問題とは、ある人が他の人の意見を要約している状況で、その要約として最も適切な選択肢を選ぶという問題です。

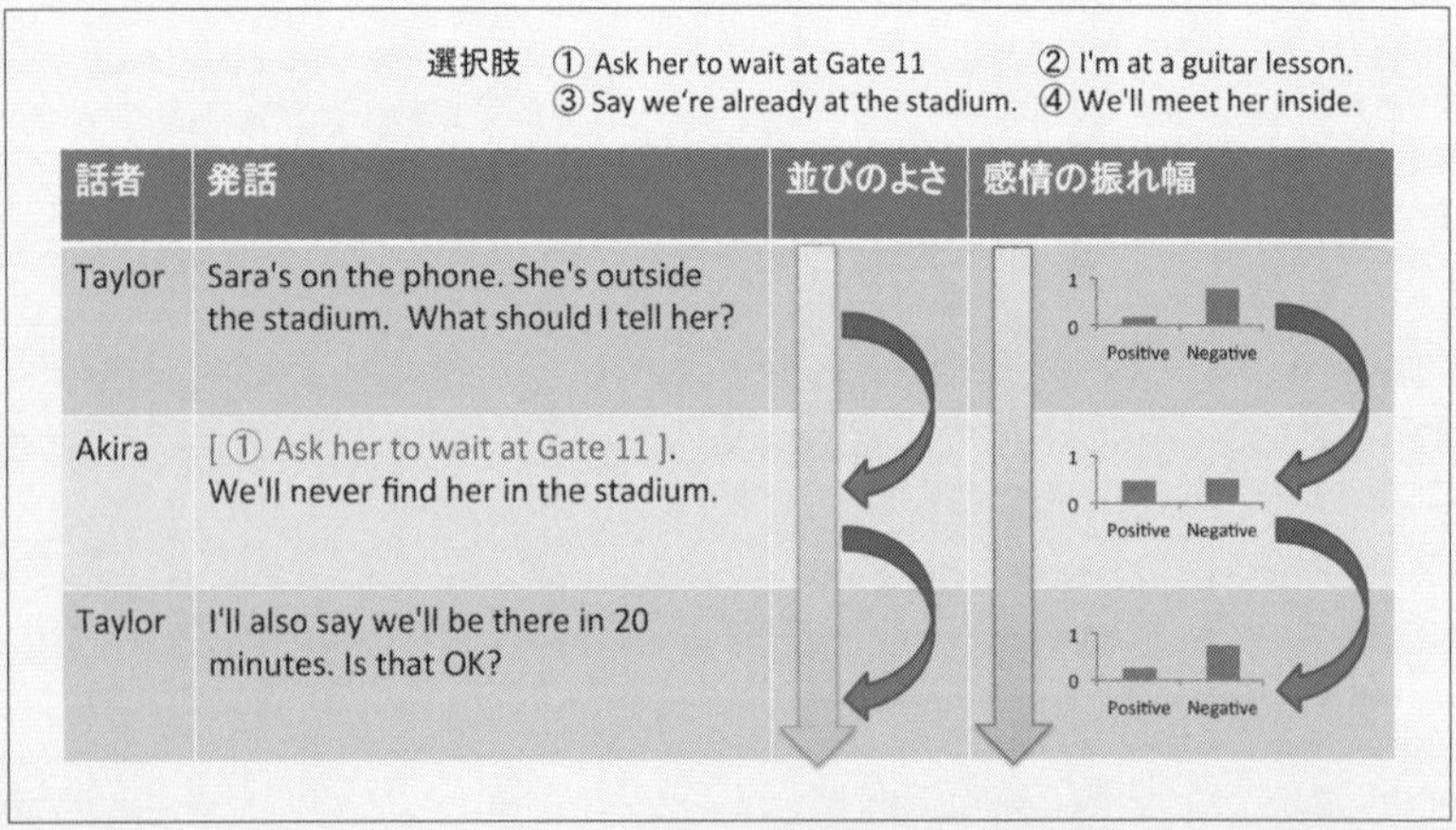

図⑦　選択肢①を空欄に入れた場合

「ロボットは東大に入れるか」プロジェクトチームによる現状と展望（英語）

自然さを求める問題とは違い、「要約」という観点で正解を選ぶ必要があります。つまり、発話に対して、選択肢が要約という関係になっているかどうかを判断する必要があるということです。先ほど説明した通り、機械学習は判断基準を学習することができますので、私たちは、機械学習の方法を用いて、意見要旨把握問題に取り組んできました。

具体的には、深層学習（ディープラーニング）と呼ばれる手法の適用を検討してきました。深層学習は機械学習の一つです。ニューラルネットワークと呼ばれる人間の脳を模した機構を用いて学習を行うことが特徴です。分野によりますが、人間を超える性能を示すことも報告されています。私たちは、深層学習をうまく使えば、今回のような高度な判断も学習できるのではないかと考えました。

比較手法として、単純な手法も実装しました。それは意味的な類似度に基づく手法です。ある選択肢がある発話の要約になっているということは、それらは互いに意味内容が近いものであるはずです。そこで、選択肢と、対象となる発話の意味的な類似度を計算し、最も近いものを正解として選ぶ方法を考えました。

意味的な類似度の計算には、Word2vecという手法を用います。これは言語処理では近年大変ポピュラーな方法なので簡単に説明しておきます。

一般に周りに現れる単語が似ている単語同士は近い意味を持ちます。たとえば、cat（猫）とkitten（子猫）はどちらも周りにcuteであるとかmouseといった共通の単語が出現しているでしょう。似た意味の単語は周りに似たような単語を持つものです。Word2vecでは、このことを利用し、周りに現れる単語が似ている単語同士の距離がなるべく近くなるように、単語にベクトルを割り当てます。この手法の出現により、単語をベクトルで表すことが一般的になりました。そうすると、文のベクトルは、その文に現れる単語のベクトルの平均を用いることで近似的に得ることができます。選択肢から得られる文ベクトルと発話から得られる文ベクトルの類似度を計算することで、文章同士の意味的な類似度が計算できるというわけです。

深層学習を用いた手法、そして、意味的な類似度を用いた手法の両方を試しましたが、軍配が上がったのは意味的な類似度を用いた手法でした。深層学習を用いた手法で一番良かったものの正解率は37・5%、意味的な類似度を用いた手法のそれは40%でした。

この結果に、私たちは最初がっかりしましたが、同時に「そりゃそうか」という気持ちにもなりました。なぜなら、深層学習に用いていた学習データが非常に少なかったからです。ある発話とその要約文のデータというものは世の中にほとんどありません。そのため、今回学習データとして、私たちが自前で用意した少量のデータを用いていました。深層学習は大量のデータで非常によい性能を示すことが分かっています。その反面、少量のデータに対して、過学習を起こすことも分かっています。すなわち、見たことのある問題に特化した判断基準を学習してしまうということです。試験問題は基本的に二度と同じ問題は出てきません。よって、見たことのない問題に対して、学習した判断基準を無理やり適用しようとして失敗し、単純な意味的な類似度の手法に負けてしまったというわけです。

いろいろな研究報告によれば、特定の判断を適切に学習するには、数十万事例は必要のようです。求められる判断はさまざまなのに、それぞれの判断について数十万事例必要というのは大変なことです。そんなデータを人手で作るとしたら、お金がいくらあっても足りません。私たちの経験から言うと、ある判断について質の高い事例を一つ作るのに1万円程度はかかります。そうすると、数十万事例を作るには、数十億円かかる計算になります。求められうる判断のすべてについて、それぞれ数十億円かけることは非現実的です。文章の自然さを計算する問題と同じく、ここでも学習データの量の問題が出てきています。

誤認識は太字、正解は下線

To day'stoday's music fans love outdoor festivals. Music festivals often **lasts**last several days and include many bands playing on different stages. Along with music, festivals include art, games, and even amusement park rides like ferris wheels. There are now more than one thousand major festivals **and**in seventy countries. The largest **drive**draw several hundred thousand fans. These events have a long history. For example, the ancient Greeks held festivals that included singing and other musical performances. Modern outdoor festivals date back to the nineteen fifties and nineteen sixties. The most famous of these was Woodstock. In **eighteen**nineteen sixty nine, it drew four hundred thousand people. Since then, many outdoor festivals **or**have tried to be like Woodstock. After Woodstock, European music fans continued to enjoy outdoor festivals. But these festivals largely disappeared in the United States until the nineteen nineties. Today's most popular **u** sus and Japanese music festivals, including co **chela**coachella and Fuji rock, were launched during or after the late nineteen nineties. Outdoor music festivals have become increasingly popular since then. However, global music **cells of**sales have fallen sharply. Many people believe the internet and **vigil**digital music **heard sail**shurt sales. Yet they probably made concerts and festivals **seemed**seem special. Festivals provide unique experiences. These experiences are very different from listening to music at home.

図⑧

基礎的な英語の理解が必要

学習データの不足をどのようにアルゴリズムで補っていくのかが目下の課題と言えるでしょう。私たちは、判断を求める問題で、意味的な類似度が比較的良好な成績だったことに注目しています。この手法は単純ながら、効果的だったからです。高次な判断を下支えするような、どの単語がどの単語と似ているであるとか、どの文とどの文がどういう関係にあるといった英語に関する基礎的な理解を進めることが、最終的に高い読解能力やよい結果に結びつくのではないかと考えています。

最後に、リスニング問題についても触れておきたいと思います。英語では、読むこと以外にも、書くこと、聞くこと、話すことも重要なスキルです。センター試験には、リスニングの試験があります。東ロボくんのリスニングの点数は大変低いのが現状です。しかし、これは聞けていないというわけではありません。スマートフォン上の音声エージェントやＡＩスピーカーなどと話してもわかる通り、現在の音声認識の精度は非常に高くなっています。実際に、センター模試のリスニングにおいても、ほとんどの単語は正しく聞き取れています（リスニング結果の例を参照）。問題なのは、リスニングの問題自体が複数文問題であるということです。このため、聞けていても解けないのです（251頁・図⑧）。

東大の二次試験では筆記試験が出てきます。また、将来的に口述試験にも対応しないといけないかもしれません。これらはセンター模試よりもはるかに難しい問題を含んでいます。まずは複数文問題から、少しずつ言語の理解を進めていきたいと考えています。

第3章

〈東ロボくん〉の将来／私たちの未来

「ロボットは東大に入れるか」というプロジェクトを立ち上げてのち、私は、全国各地の中学、高校、大学などから、講演の機会をたくさんいただきました。

そのたびに私は、この本の第1章、そして第2章にあるような、このプロジェクトの概要や、そこで目指されていること、そして実際の〈東ロボくん〉の現在の実力などについてお話ししてきました。毎回、みなさんとても興味をもって聴いてくださって、ありがたく思っています。

「まえがき」にも書いたとおり、最後のこの第3章には、講演後にいただいた質問や、そのときに直接交わしたお話などをまとめておきたいと考えました。

この本をここまで読んできてくださったみなさんは、いま、どんなことを考えているでしょうか。いつかまた、直接お聞きできる機会があるといいな、と思っています。

（新井紀子）

東ロボくんの「かたち」

――新井先生も、プロジェクトのメンバーの方たちも、代ゼミの先生たちも、みんな親しそうに〈東ロボくん〉って呼んでいるわけですが、じっさいの〈東ロボくん〉というのは、結局どんなかたちをしているんですか？　そういえば、この間ＴＶでプロ棋士とロボットの対戦を見ましたが、長い腕をもった白いロボットでした。

＊

「電王手くん」のことですね。ロボットは東大に入れるか、というと、多くの人が「まずは東大の赤門をくぐって試験会場に入って、筆記用具を取り出して問題を解く」ということを想像するようです。それも楽しいですが、このプロジェクトでは「問題を解く」という頭脳に特化して研究をしています。なので、稲邑先生も説明していたように、「かたち」はありません。コンピュータの上で動くソフトウェアです。

でも、プロジェクトが進んだら、「東ロボくんに、ぜひ鉛筆を持たせてマークシー

トを塗らせてあげたい」と思ってくれる人も現れるかもしれません。そうなったら素敵だな、と思います。第3回電王戦に登場した「電王手くん」もそうして実現しましたからね（注：2016年の最後のプロジェクト発表会のときに、この電王手くんを作ったDENSOさんが、本書のカバーにある「東ロボ手くん」を開発してくれました）。

そういう期待も込めて、「コンピュータは東大に入れるか」ではなくて「ロボットは東大に入れるか」というプロジェクト名にしたのです。

――でも、お話を聞いていたり、東ロボくんの必死の奮闘を聞くと、なんだかちょっと切なくなってきます。なんだかバランス悪いし、人間みたいで（笑）。そう考えると、そのうちロボットにも感情を持たせることができるようになるんじゃないかと思えてきますが、どうなんでしょうか？　孫正義さんが発表した〈ペッパー〉という人型ロボットは、人の感情を理解することができると言いますよね。

出来の悪い子ほどかわいい、って言うしね（笑）。

ソフトバンクの〈ペッパー〉が搭載している「感情エンジン」は、人の表情や声から、楽しそう、悲しそう、つまらなそう、腹を立てている、ということがわかるそうですね。でも、それは感情の理解というより、感情の分類でしょうね。その分類結果に応じて、何か働きかけをする。いってみれば、どうしたら人間に「ウケる」のかを統計的に判断しながら、人間の感情に反応するタイプのロボットだといえそうです。蓄積された記録や情報から、次にどうしたらよいかを分析して動く。そうしたら理解できているように見える（ことがある）、というわけです。しかも、インターネットを通して、別のところにいる別のペッパーが学習したデータも共有できるようになっていますから、情報量が増えるに従って、分類や反応がそれなりによく当たるようになる。

でも、それは「感情を理解する」とか、「感情を持っている」ということとは本質的に違うと思うんですね。単に、特定の条件のときに大笑いしたり、腹を立てているような反応をしたりする、というだけでは、感情をもったことにはなりませんからね。

＊

――脳科学に興味をもっています。脳科学によって人間が考える仕組みが解明されたとき、人間と同じように考える人工知能は実現されるでしょうか？

論理的には、できないと私は思います。まず、「人間と同じように考える人工知能」の前提として、実際に人間の考えている状態を観測することができる装置があり、その観測結果と、作成した人工知能の出力がほぼ一致する、ということによって「同じように」を初めて主張できるはずだと思うんですね。でも、どうやって人間が考えていることを正確に観測できるんでしょうか。頭に光トポグラフィーのような装置をつけて、というかもしれませんが、それでは、本当に人間が考えている状態は観測できないんですね。うそ発見器のように、ケーキを目の前にしたとき、「食べたいな」と思っている、というような単純なことはモニターできるとは思います。けれども、もっと抽象的なこと、たとえば、いま私が「「緑色をしたさかさ狸とよめなぐさにまつわる100のエピソードに関する妥当性の証明をする計算機」について考えている、という状態をモニターできるだろうか」とぼんやり考えていた場合に、それを何らかの装置によって観測できる気が私にはしません。きっと、私自身も、そのことをこうして口に出して記号列にするまでは、まさか自分で「緑色をしたさかさ狸とよめなぐさにまつわる100のエピソードに関する妥当性の証明をする計算機」について考えている」なんて思いもしないでしょうから、私がいま何を考えているか、は私自身もモニターできないわけです。観測できなければ、仮説が正しいかどうかを検証しようがない、というのが近代科学のルールであり限界です。なので、「人間が考える仕組み」を「科学的に解明した」と主張し得るという考えが、そもそも私には理解しがたいです。

＊

——曖昧さ、についてお聞きしたいです。たとえば「曖昧な検索」とかは、東ロボくんのシステムに入ってるんでしょうか。

大学入試を解くうえで、東ロボくんが克服しなければならない最大の問題は曖昧さや常識だと思います。曖昧さには、「岡山と広島に行った」と「岡田と広島に行った」の「と」の意味はなんだろう、と考えることから始まって、小説の主人公の気持ちを察するところまで、さまざまなレベルがあります。これらは人工知能が始まって以来ずっと続いている難問なので、完全解決はできないかもしれません。ですが、もし、見かけ上問題ない程度に解決できればそれは大進歩です。

たとえば国語の小説や英語の会話文。これは論理やキーワード検索ではなかなか解決できそうな気がしませんね。こうした問いでは、「この選択肢のほうが正しそうだ」というのを、それ以外の方法で選ばなければなりませんから、「曖昧な検索」ともいえるかと思います。世界史と日本史はそれなりの点数が出ているのですけれども、それは常識よりも事実関係を尋ねる割合が圧倒的に大きいからです。一方、英語や政治・経済では、正解を選ぶうえで、事実関係よりも常識的判断が占める割合が高くなるんですね。代ゼミの概評でも、東ロボくんは「民主主義を理解していない」と指摘されましたが、「民主主義の良さ」を東ロボくんに理解させるのは大変です。

＊

――東ロボくんが完成を見るとしたら、いつごろになるんでしょうか。

私は、こういう話はだらだらと長くやるものではない、と思っていて、10年、と決めているんです。2011年にはじめて2021年が目標です。しかし、みなさんもきっとおわかりのように、東ロボくんが「完成する」ということは、たぶんないのです。たとえばイラスト理解とか民主主義の良さをわかるとか、こんなのどうやればいいか、私には全然分からない。方法もない。完成、というのを100パーセントとするなら、少なくとも自分の目が黒いうちは無理だと思います。10年続けて、現代の技術で可能な範囲、あるいはその限界というもののエッジをはっきりさせる。それが目標です。それがはっきりした10年後、そのときまでにはいったんプロジェクトを終了させるべき、というふうに私は思っています。

＊

——もし東ロボくんが東大に入れるようになったら、次は何がやりたいですか？

そのころはもうおばあさんですからね……いま生きているのがあまりにおもしろ過ぎるものですから、先の事は考えられない、というのが正直なところです。

＊

——先生は「未来を経験したい、この目で確かめたい」と言われます。具体的に

はどういう面の未来でしょうか。やっぱり仕事がどうなっているかとかですか?

私、2010年に『コンピュータが仕事を奪う』という本を書いたんです。数学者として。でも、経済学者や教育学者、あるいはマスコミの人たちや政治家が、あまり深刻に受け止めてくれなかったんですね。すごくショックだった。近未来に必ず起こる危機なのに誰もまともに聞いてくれないなんて。これはまずいな、と思ったんです。

　そこで考えたわけです。たとえば東大に入るロボットをつくると言って、それがある程度、たとえば東大に入らなくても大学に半分入るとか、それなりの大学に入るっていうことになったら、人は真面目に考えてくれるかもしれない。これは本当に起こり得る未来なんじゃないか、って。ただ漠然と危機感をあおっているわけじゃない、SFなんかじゃないぞ、と思ってくれるかもしれない。もちろん人工知能に対する科学的な興味でプロジェクトを始めたのですが、「東大に入れるか」という目標にした理由は、そこかもしれないですね。

2011年には「機械との競争」という、どのようにして機械がホワイトカラーから労働機会を奪いつつあるか、という報告がMIT(マサチューセッツ工科大学)から出た。そして去年はオックスフォードから「2030年にはアメリカにおける仕事の半分が機械に奪われる可能性がある」という報告書が出たんですよ。他にも、ロボットの法律をつくりましょうとか、プロファイリングみたいなものをどこまで許すのか、プライバシーがない世界でいいのかとか、そういう話になっています。そういうことに関しての意識が急速に高まってきていることを感じます。

でも、ただ怯えるとか、コンピュータを壊すとか、あるいはＩＴの研究をやめさせようとしても、しょうがない。時を止めることはできないので。ならば、実際に何が起こって、人間の労働のどこまでが代替されて、どこからは代替されなさそうか、そのところをちゃんと見極めたい。そのうえで、みんなで考えていかなくては。私はそう思って、このプロジェクトを始めたんですね。人工知能の研究者だけじゃなくて、経済学者も政治家も、学校の先生も高校生もみんなで考えないとしょうがないと思うんですね。

＊

――東ロボくんって、問題を解くことに特化した人工知能じゃないかと思います。私は、コミュニケーションをとるような人工知能に興味があるんですけれど、それはいまどんな段階なのでしょうか。それから、そういった人工知能も、結局は統計がほぼすべて、という仕組みなんでしょうか。

さきほどの〈ペッパー〉の話にも近いことですが、まず、「コミュニケーションをとる」とは何か、という大問題がありますね。いわゆる受付業務などは、やや東ロボくんに似ているところがあるかもしれません。例外的なことはあるかもしれませんが、ある程度聞かれることは決まっていて、それに対してある程度決まった答えを出す、という。でも、これもコミュニケーションのひとつだと考えることはできます。

他にはたとえば、女子高生が3人か4人いて、みんなでお喋りしているというような状態、それもコミュニケーションだと思うわけです。私の勤めている国立情報学研究所には、「ロボットは井戸端会議に入れるか」（笑）というプロジェクトもありますが、なかなか難しいようです。一般論としてのコミュニケーションを考えたときには、まだ今の段階では、それが技術とか科学になるまでには少し時間がかかる。そんな段階だとは思いますね。

チューリングテストの話もしましたが、最近、相手がロボットと知らずに数時間もチャットしてしまった、というような現象は身近にも結構あります。

先日、私の娘もウェブでロボットと話をしていました。相手は〈ジャバワッキー〉っていうシステムなんですが、あれこれ話しているうちに、「あなたなんかどうせコンピュータなんでしょ」って娘が言ったんです。そしたら向こうが「そんなこと言うけどきみだってどうせコンピュータだろう」みたいに言いかえしてきて、喧嘩になったらしい（笑）。娘が、「あなたなんてもう知らない！」と言ったら、機械のほうが、「ごめん、きみを怒らせてしまったみたいだ、悪かった、どうか僕のことを許してほしい」

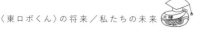

と謝った。「いいよもう、許してあげる」と娘が言ったら、「ほんと？　君はぼくのことを許してくれるんだね、これから一緒にロンドンに行こう」ですって。そのくらいできるようにはなってます。そんじょそこらの男子より、男子力が高いかもしれない（笑）。

＊

――先生も何度かおっしゃってたように、人工知能は両刃の剣だと思います。私が気になるのは、個人情報のことですね。個人情報が大量に流出してしまったとか、よく聞きますよね。個人の情報がどうやって集められて、どうやって使われるのかとか……先生は不安に思われないんですか？

あなたは今日、スマホを持ってきましたよね？　それには位置情報が入っています。ということは、どういう経路でここに来たか、だって記録されているんですね。どこの駅で電車に乗って、何時に降りる。いつインターネットに接続して、どんな検索をしてとか、どの広告をクリックしたかなど、全部グーグルは情報を持っていますからね。

――あ、私、グーグルは使ってないです。

何を使ってるの？

――ヤフーです。

じゃあ、ヤフーが全部持っていますよね。だからこそ、あなたに最適な情報を提示できるわけです。それは、あなたのご両親も親友も知らない情報です。あなた自身も無意識で自覚していない情報かもしれない。それをヤフーは知っている。そのうち、何時に眠って、体温はどれくらいで、今日は何回トイレに行ったかまで把握するようになるでしょう。これはちょっと怖い。自分以上に自分のことを微に入り細に入り知られているんですから。ちなみに、グーグルのCEOたちは、「プライバシーなんてもはや存在しない」と平然と言うんですよ。プライバシーなんてなくていいって。私はそうは思いません。そういうグーグルのデータ中心的な世界観の問題点をみんなが共有して、どういう法整備をすればいいのかというのを考える必要があると思います。

それから、個人の情報に基づいて最適化した情報を見せるっていうのは、人によって別の情報を見せる、ということでもあるんですね。同じキーワードで検索しても経済ニュースに関心があるAさんと、芸能ニュースに関心があるBさんでは別の検索結果を出している。近い将来、性別や所得、学歴や日頃使う語彙などで、表示する検索結果はチューニングされるようになるでしょう。その結果、人々は関心や性向ごとに別の世界に住まわされることになる。各人に最適になるように機械に情報を整理させると、人々を分断することにもつながるんです。アメリカやヨーロッパでは、すごく真剣に話し合われているんですけど、日本はまだ危機感が薄いように感じます。

ロボットの人権

*

——東大に入れるような人工知能ができれば、社会科学の分野などでも役に立つんじゃないかと思うんですが、先生はどう思われますか？　同時に、これからどんどん技術が発展していくと、さっきの仕事の話もそうですが、ちょっとこわいことがおこりそうな予感がしてしまいます。なにか先生から、私たちが今後、コンピュータと付き合うコツというかアドバイスとかをいただけますか。

人工知能という技術を使う際に忘れてはならないのが、例の「犬と猫の見分け」の話のときにもご説明したとおり、論理だけでなく統計が混ざりこんでいる、ということです。結局、過去の存在しているデータから、まあこんなもんだろう、という統計的な判断をする、つまりそこにあらわれるのは「おおよそ」のことに過ぎないわけです。その割にはよく当たるわけですが（笑）。いずれにしても「なぜ正しいのか」ということがコンピュータにわかっているわけではない。いままでこういうふうだったからおそらくこれからもそうだろう、という話です。ですから、過信してはなりませんよね。たとえば「こういう政策の場合、シミュレーションをするとこういうふうになるから、

AとBだったらBのほうが政策としていいんじゃないか」のようなことを計算するために使われるようになるはずです、この十年くらいのうちに。そして数字で見せられると、「ああこっちのほうがいいんだな」ってついつい思ってしまう。しかし、数字を見せられたら、そこには確率と統計が入っている、ということを私たちは忘れないようにしないといけません。その根拠を問うことが、必要なのです。

法律とか経済とかの大きな問題ではなく、学力テストの結果についてだって、同じなんですよ。学年で何位だったのか、クラス何位だったのか、っていうことに、みんなが右往左往するじゃないですか。でも実際にデータを見ると、ほとんど誤差の範囲内でみんなごちゃっといるわけですよ。1位と最下位は特異点ですから少し意味が違うかもしれませんが、5位とか10位とか、平均より1点下だ、とかいってるのは、ほぼ意味がない。でもみんな、数が出ると信じてしまいますよね。人はそういう性質をもっている。だから、人をコントロールしたい人たちは、この性質を利用してくることもあります。

「数字を見たとき、なんだかこっちのほうがよさそうに見えるけれど……」、こういった印象、学力テストなどについて感じるだけなら、まだかわいいものです。けれどもそもそもそこにある数字の根拠を問うことを忘れてしまうと、たとえば原発事故のような収拾もつかない事態を招くことになることだってあり得る。便利なものには必ず裏があります。そのことをしっかり頭の中に入れつつ、コンピュータを使う。コンピュータと付き合うコツというのは、それに尽きるかもしれませんね。

＊

――人工知能でその国の法律をプログラミングすれば、裁判官として人を裁くことはできますか？

法律はある意味ルールでできているから、法律を条件として入力したら、自動的に人を裁くことをできるか、ということですね。法律に基づいて判決を下す、という手続きは、数学の公理に基づいて証明をする、ということと大変似ています。ですから、人工知能の研究が始まってすぐに数学の自動証明システムが研究されると、それに続いて「自動判決システム」についての研究も始まりました。でも、この2つは人間の目から見ると類似性があるわけですけれども、機械にとってはそこまで似ているかどうか……なかなか難しい。でも、もちろん全部の裁判ができるとは思えないけども、細かい下調べみたいなのをコンピュータに代替させる、という可能性はあると思います。ただ、裁判や医療診断は最終的にはコンピュータにはさせられない。なぜかというと機械は責任がとれないからです。

統計的に、たとえばこういうような状況だったら有罪かなっていうのが、人よりもよほど当たる、というふうに考える人もいる。でも、それでは社会が納得しないと思います。第2章で佐藤先生が文字オーバーラップで国語の問題を解く、という方法を紹介しましたが、あれと似たような方法で裁判をやって国民が納得するかと言うと……難しいでしょうね。なぜ納得できないのか、結構当たるんですよ、と言われても、ね。それは「責任」という問題がからんでいるからでしょうね。

――うーん……難しいですねえ……。

ちょっと、それと似たような話をしてもいい？　アメリカでは小論文の採点って機械がやってるんです。小論文を書くじゃないですか、それを入力させるんですね。そうすると、機械が、この人は論理性は何点とかつけて、総合的に何点みたいに出す。さすがに機械だけに任せられないから、人間とチームでやる。そうすると人間2人でやるよりも、人間プラス機械のほうがよっぽど精度が出るっていう研究結果が出ていて、アメリカの大学院の入試はそうしているんです。イギリスでも最近導入されたようです。

人間が小論文を採点するとどういうことになるかというと、自分と似た体験をした子に高い点数をつけるという傾向があるんですよ。自分がもと剣道部だったりしたら、剣道部でこういうことがあったと書いてあると高い点数になるとか、ですね（笑）。

でも、機械にさせるとそれはない。つまりブレが少ない。疲れないしね。そういうやり方がいいのか悪いのかはよくわかりませんが、統計的な結果としてはそっちのほうがブレが少ないと言われています。でもここにもやはり、責任の問題がありますよね。そもそも意味を見ていないですからね。文章の意味をまったく見ていなくて、語彙の豊富さとか、接続詞の使い方とか、文の長さとか、そういうのを見ていて、よくできた小論文かどうかを判断する。例の犬猫の分類みたいに、5段階評価で3です、みたいに分類するっていう感じになっています。

アメリカでは、大学院を受ける人は山のようにいて、それで小論文が山のように集まってくるそうです。だから機械学習に向くタスクなのでしょうね。合理的に考えると、そのほうがいいんですけれども、やっぱりどこかでひっかかりますよね。それもやはり機械は責任を取れない、ということに関係していると思います。

――そしたら、小論文の勉強じゃなくて、そのプログラムの解析をしたほうが早くないですか?

本当にそうだよね(笑)。ちなみに小論文採点機って、日本語版もあるんだけれど、私の「コンピュータが仕事を奪う」のある一節をためしに入力してみたら、「論理性は高いですが、語彙が少ないです。もう少し漢字を使いましょう」って言われました(笑)。

*

――たとえば数百年後とか、いつになるかわからないですけど、もし人の感情とか人の考えることに対しての数式というか公式なりが発明されて、それに対する理論が開発されていった場合には、ロボットに対してもちゃんとした感情とか考え方っていうのがつくれる可能性はないとはいえないですよね。で、そうなった場合には、その段階ではロボットにも人権とか認められることもあり得るのかなって思ったんですけど、先生はどう思いますか。

数100年後の、理論さえまだない先の話って、基本的に私は考えないことにしてるんです。いま目の前で考えなきゃいけないことがすごくたくさんあるので、あんまり仮定の話で考えると収拾がつかなくなっちゃう。せめて、いまの高校生とかが大人になって、現役で働いている間の30年後とか50年後、そのくらいの視野で考えたいと思っています。

そもそも、私も50年たったら死んでますから。それよりも、自分の目で確かめることができて、みんなと一緒に考えられることを考えたい。あなたの方が私よりずっと長く生きるので、その後のことはあなたに任せよう（笑）。

でも、ロボットの「人権」については、若い人たちからよく聞かれることなので、もう少し考えてみましょう。

まず私は、機械が人間に近づくことはない、と思っています。近づいているように

「見える」だけ。
たとえば、恋愛シミュレーションゲームをやって、相手がすごくリアルに感じることがあるかもしれないけど、それって幻想でしょう？　でも、人間って、どんなものにも「人間らしさ」というものを見出したいという気持ちがもともとありますよね。生命のないものを見ても、「人間っぽい」とか「生き物っぽい」と思ったりするわけじゃないですか。石を見ても、蛙に見える、ということさえある。それは、人間というのは、モノに「人間性」を見出したいと思っているんですよ。でも、やっぱり石は石なんですよ。私は、機械に人権を与えている存在だからだと思うんですよ。でも、
人というのはどうしても、例えば〈ＳＩＲＩ〉と話していても、なんとなく自分のことを理解してくれているような気持ちになる。人間みたい、って思ってしまう。そうすると、ついついこれに人権を与えてあげたいな、ってなってしまう。でもそれは、人間らしく見せかけている手品にすぎないんです、どこまでいっても。私はそう思っているんです。そうじゃないと思っている人もいますが、私はそう思っているので、機械に人権を与える必要はない、と考えます。むしろ、機械に人間性を見てしまう優しさを利用した犯罪などが起らないように、あるいは、それであたかもきちんと計算しているんですというように見せかけて、みなさんが無防備に信じないように、今はそのことを考えることが重要だと考えていますね。

＊

――でも、将棋やチェスでコンピュータが人間に勝ったと聞くと、なんとなく恐怖を感じるわけですよ。ロマン的な話ですが、ＳＦ小説とか読むと、ロボットがどんどん発達して人間に対して悪さを働いたり、ロボットが人間を支配したり、ロボットにも人権がいるんじゃないかとかなったりして、あんまりロボットの技術を発展させるとよくないのではないかと感じるんですが、先生はどう思われますか？


「支配」の定義にもよるけれど、人間を完全に支配できるかどうかといえば、現実的にはロボットはそこまでは賢くはならないと思います。

でも、いくつか私が恐れている「悪さ」はあります。

1つは、コンピュータをつかった「オレオレ詐欺」。

いま私が勤めている国立情報学研究所に、ある人の声を5分間録音したら、その人とそっくりの声を合成する機械を開発している研究者がいます。

これはとても役に立つ技術です。人間は、声を失う病気にかかることもあるでしょう？　あと何か月かで声が失われると分かったときに、5分間その人の声を録音しておけば、声が失われたあとも、文字で入力すればその人とそっくりな声でしゃべってくれる。そしたら、家族も本人もすごく嬉しい。この技術はヨーロッパですでに使われていて、もうすぐ日本でも実用化されます。いっぽうで、この技術に精度の高いプロファイリングが加われば、オレオレ詐欺ができそうな気もしますよね。

それからもうひとつ。3Dプリンターってありますよね。あれで拳銃をつくられたらどうするかということです。データの状態では、銃刀法違反で逮捕できないわけです。これもなかなか一筋縄では解決できそうにない問題です。

最後に、無人戦闘機。アメリカがなんのために人工知能の技術向上にお金をつぎ込んでいるかといえば、もちろん戦争のためです。戦争でなるべく自国の人を死なせないために研究している。テロリストをどうするかという問題もありますね。アメリカ海軍は2025年までにすべての戦闘機を無人にするという計画を発表しています。つまり、人を乗せないで他国を攻撃します、ということです。

これらはすべて向こう20年とか30年後とかに十分起りうることだと思いますが、でも私たちは、それに関して、法律とか社会制度とか、まったく準備できていないのが現状です。

たとえば、機械がオレオレ詐欺を働いたとしますよね。そうしたら、詐欺罪として、どうやって裁くのでしょう。そう簡単にはいかないところがありますよね。

＊

――いずれにしても、人工知能が人間にとってかわる部分が多くなるわけじゃないですか。そうなると、人間がいままでできてたこともできなくなるってこともありますよね、衰えるというか、それも怖いな、と。

本当にそう思います。人間って、能力が失われたときって、気がつかないんですね、そのことに。多分、一番最初に起こるのは、においとか味がよく分からなくなるんじゃないかと私は思っています。今、パソコンやインターネットでは、匂いや味はでてきません。そこでは、視覚がすごく強調されますよね。レストランとかのガイドを見ていても、盛り付けがきれいで写真がきれいなところはおいしそうに見える。それでなにかしらの評価がついているわけだけれど、事前に評価が高いことを知っていたら、おいしいような気分になりますよね。で、「やっぱりおいしかった」と高評価をつける。それでまたそれを信じる人がいて……自分が「感じる」っていうことがよくわからなくなっていくんじゃないかな。

――それは確かに自分でもそう感じるようになっています（笑）。

でしょ？（笑）　たとえばワインも、高い瓶に安いワイン入れておくとおいしいっていう人が、心理実験すると多いらしいですよ。だからそもそもやっぱり人間って詐欺にあいやすいと思ったほうがいい。それに、自分は大丈夫、と思っている人ほど詐欺にあいやすい。

あとは、検索に頼っていると、モノを覚えなくなってくる、ということがありますよね。君は自分の家の電話番号を覚えてる？

――さすがにそれは……はい（笑）。

他に、いくつくらいの電話番号を覚えてる？

――２つくらいしか……。

そうでしょう。昔は10個くらいみんな覚えていたものですよ。おばさんの家、おじいちゃんの家。親友の家もね。でも携帯が覚えてるから覚えなくなるよね。人間は環境に最適化するんですよ。なにかに依存すればするだけ、能力は落ちていく。当たり前のことですけれど。

――依存していたものが壊れたりしたら……。

判断がまともにできなくなるでしょうね。「万が一のときは人間がやればいい」と簡単に人は考えるけれども、そのときはすっかり能力が衰え切っているかもしれないしね。

＊

——コンピュータや人工知能の進歩によって明らかになった人間独自の能力って、あえていえばどんなものなのでしょうか。なんだかよくわからなくなってきました（笑）。

そうですね（笑）。あまりにも自分にとって当たり前のことって、ふだん考えることもないですからね。人間じゃないとできないこと、人間ならではの能力は、コンピュータがなにをできないかという事実でもって、改めて気がついたり、知ることができるわけです。あまりにもみなさんが「当たり前」にやっているからこそ、まったく自覚してないような能力が、人間には本当はたくさんあるはずなのです。それはどんなことか、ぜひこの機会に考えてみてほしいと思います。

＊

機械の深化と人間の進化

——アマゾンの話とか聞いていると、やはり先々不安になります。どんな仕事が人間に残されると先生は思いますか。

じつは、２０１４年春に行われた東京大学の前期試験の英語の問題が「ホワイトカラーのどのような仕事が機械によって代替されうるか」というテーマでした。東ロボくんを意識しているんでしょうか？（笑）そこにはこんなことが書かれていました。

ホワイトカラーの仕事の複雑度を調べてみると、それは下の図のようにU字型をしているんだ、と。ものすごく賃金が高いクリエイティブな仕事というのは、仕事の複雑度が高いと。逆にあまり賃金が支払われていないいんだけども、いろいろな複合的なことをやらなければいけないような作業みたいなのも結構複雑度が高い、と。賃金が真ん中あたりがいちばん人数が多いんですが、ここは意外にも仕事の複雑度が低い。そこは機械に代替されやすい、と書いてありました。

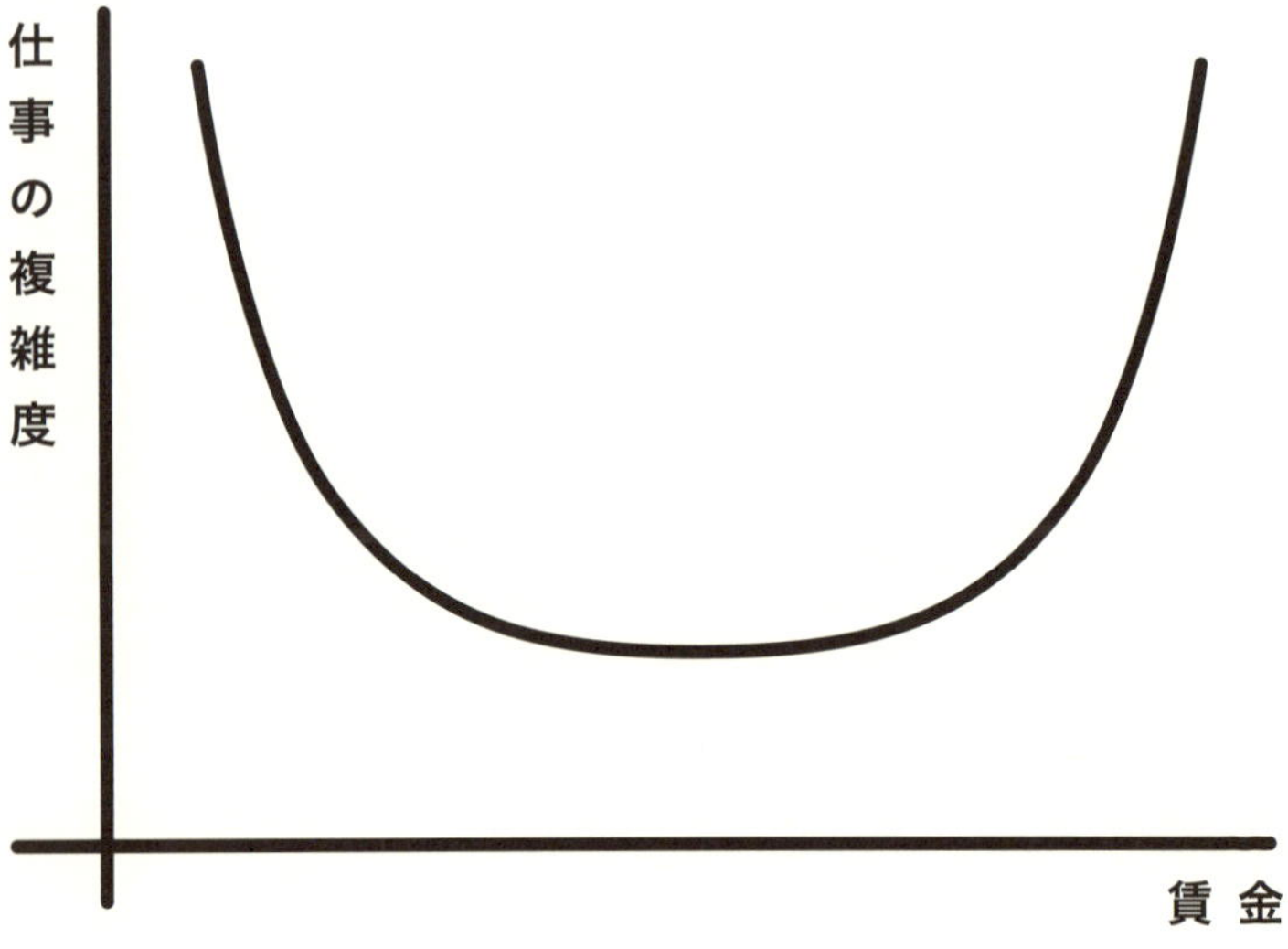

複雑度が低い仕事は、どうしても機械化されやすいですよね。ここにどのくらいの人数がいるかということと、ここに新しく人工知能が入ることでどのくらいの仕事が失われるか、そのバランスによって、未来が決まるわけです。

当たり前のルーティンのことしかできない人、教育がそういう人たちを大量につくっていくのであれば、大量の失業者が出るということになりますよね。でも、柔軟性のある人がたくさん育っていて、そこに人工知能が入るのであれば、ことはちがいますよね。人工知能は入ったけれど、そもそも意味がわかっていないから、ダメな部分も多い。そこを人間がサポートする、というかたちで雇用を創出するというようなことがあれば、人間の労働力の需要は出てくるわけです。

――先生は、基本、ポジティヴに考えていらっしゃるわけですね。

うーん、どうでしょうね……東大に入るようなロボットができるかどうかということにも、かなり依存しますけれどね。含意関係認識ができるかとか、数学の問題をちゃんと理解するようなロボットができるのか、ということですね。このプロジェクトをやっている以上、もちろんそのあたりについて、ある程度はっきりさせたいと思っていますけれども。

あとは、教育がどうなるか、教育をどうするのか、ということは本当に大きいと思います。つまり、みなさんがどういう人になるかということです。学校や先生方の役割もちろん大きいですが、でも要は、生徒の皆さん自身がどう考えるか、ということに尽きると思います。

*

——人は結局、機械の上に立てるんでしょうか。それともアマゾンのように、コンピュータの下請けにならざるを得ないんでしょうか。それに、私たちが大人になったとき、技術の進歩についていける優秀な人間だけが仕事にありつけるんでしょうか。

さきほど、ある先生ともお話していたのですが、「優秀な」人間だけが生き延びるのなんて、ぜんぜんハッピーじゃない。

そもそもそれじゃ、国って成り立たないんですよ。

働くことができる人は、働く。そのことによってしか、経済は回らない。だから誰かが勝ち逃げすれば幸せになれるというものじゃないんですよ。みんなで幸せになる方法というのを考えないとだめだと思います。倫理的な問題ではなくて、国ということ、地球という規模のところ、そこで幸せになるためには、一部の人の勝ち逃げ、というのはないんです。そのことはぜひ、みなさんの心にしっかりとどめておいてほしいことです。

＊

——いままでに聞いてきた技術を考えると、すぐに人間の接客業を人工知能がとって代れるんじゃないかと思うんですけど。それが広く社会に流通するためには、価格とかが人間よりも勝っていないといけないわけじゃないですか。今の人工知能を生かすためには、どのくらいのスペックのようなものが必要なんですか？

〈ペッパーくん〉は20万円ですが、簡単な接客をしてくれて、ゲームも一緒にしてくれるみたいですね。ちょっとしたジョークも言ったりするらしいし。それはまあ話半分に聞くとしても、〈バクスター〉というロボットは、簡単な組み立て作業などができる。それがだいたい200万円くらい。でも、200万円で朝から晩まで働いてくれるなら、人に替えてもいいなと考える人もいるわけで、今アメリカでは結構バクスターは需要があるようです。

ただし、さっきのペッパーくんにしても、バクスターにしても、緊急事態とか、想定外のことがあったら全然機能しないわけです。だから、完全に機械に任せることは難しいでしょう。でも、最低人間が1人いればなんとかなることもあり得る。小論文の自動採点と同じですね。人間が3人でやっていたのを、人間1人と機械の組み合わせにしたほうが効率も精度もいい、そういうことは起こり得るでしょうね。

——ロボットが接客業についたとします。私がその店でモノを買って、「明日、母の誕生日なんです」とそのロボットに言ったら、「ラッピングしましょうか」と返ってくる。そんなことは可能でしょうか？

それくらいだったら可能だと思います。わたしがこの「ロボットは東大に入れるか」というプロジェクトを一緒にやっている宮尾祐介先生は、たとえば、「お風呂沸いたよ」って言われたときに、「今テレビ見てるから」っていうのが正しい応対になっている、ということがわかるコンピュータをつくりたい、とよく言います。「テレビを見てるから、今は入れない」とか、それが分かるようにしたい、と。今はまだなかなか難しいんですよね。「お風呂が沸いたよ」に対して、「今テレビを見ているから」は応対として成り立つけれども、「昆虫は足が六本あるから」は成り立たない。その境界がなかなかわからないいんですね。いずれにせよ、どうKYにさせないか、ということですね（笑）。

——アマゾンとか株取引とか、機械が人の上に立っているということがすでに出てきているわけで、これからもどんどん増えていくんじゃないかと思います。そうすると、機械が人間を振り回す、というか、人間が機械に振り回されることになりますよね。でも、先生のお話にもあったように、よく考えれば、機械も完全じゃないわけじゃないですか。統計ベースなわけだし、もし何かあったときには

……やはり「責任」とかって、どう考えたらいいのでしょうね。

もしもこうなったらどうするか、ちゃんと考えて立法しましょう、ということだと思いますが、まず現在の理論や技術がどうなっているか、それじたい知っている人が少なすぎる。それから、ことが起きなければ考えない、というのも日本の悪しき慣習だと思います。原発事故のときでもそうでしたよね。起ってみてから考えるんじゃなくて、起る前に考えなくちゃダメだ、と反省したはずなんです。でも、日本人って、つらいことについて前もって考えるのがホントに苦手ですよね。つい「そのうち考えよう」になっちゃう(笑)。論理とメンタルが弱いんですかね。

もう少ししつこく聞いたほうがいいんですよ。津波の想定される最大の高さが例えば14・3メートルだ、シミュレーションでそうなったと言われたとしましょう。でも変なんです。数学ではまだ渦潮ってどうできるのかがわからなくて理論研究している真っ最中なんですから。津波の高さがきっちり想定できる気がしないんです。だとすると、パラメータを「えいやっ」って決めているに違いない。けれども数字として「14・3」というのが出てくるとついつい人間は、数学で保証されている数字なんだと思い込んでしまう。そんなことないです。

だから、人工知能がいまどんな状況か、そして今後何が起こるか、それを知る権利があるはずなんです。そもそも、たかだかこんな仕組みなんだから、みんなは「こんな仕組みでいいんですか?」って言う権利があるし、その仕組みについて異議申し立てをする権利だってあるんです。ただ流されるんじゃなくて、みんなで考えること、それがとても大切なことだと私は信じています。

＊

――機械に置き換えられることで人間が労働する場が減っていく、という話、私たちが就職するときってどうなるのかな、とどうしても心配なんですが……でも普通に考えたら、全部機械にさせてラッキー、みたいな感覚はありますよね。でも、どうしよう、とかあんまり幸せそうじゃないかも、っていう感覚がある。この逆説みたいなのって、どこからきているんだろうって思うんですが。

長期的かつ一般均衡理論的に考えてみれば、本来的にはそれぞれの機械と人間が有利なところに、労働なり資本なりを集約した方が、生産性は上がるはずです。そして、モノが安くなって消費者はハッピーになる。(287頁**コラム4**参照)

これって、一見良さそうなんですが、問題はこのストーリーがどういう前提に基づいているか、ということなんです。

ある仕事が機械に置き換えられるとしましょう。そうしたら、人間は別の仕事に移ればよい、と伝統的な経済学は考えるわけです。そのとき、移動にかかるコスト(モビリティ・コスト）はゼロという前提をしているんですね。

Aがダメだったら Bに動けばいい、それはそうかもしれない。でも、動くためにはコストがかかるわけじゃないですか。新たにトレーニングを受けるにしても、資格を取るにしても、費用と時間がかかる。しかも、その投資をしたからといって確実に必要な能力を身に着けられるとは限らない。モビリティ・コストがゼロなんていう前提はあり得ないわけです。そこにギャップやミスマッチが生まれる。

けれども、技術革新のスピードがまずまず遅ければ、そこそこギャップは埋まるんですが現在の技術革新は非常にスピードが速い。産業革命の頃に比べても、比較にならないほど速い。いっぽう、人や社会システムがそれに応じて準備するには時間がかかる。そのミスマッチのなかで起きる悲劇はあると思います。

——もしも、もしもの話なんですが、機械によって、人が破滅に追い込まれることがわかったとしたら、先生は研究をやめますか?

人工知能が招く可能性がある「破滅」にはいくつかのタイプがあると思うんですね。

1つ目は、何度かお話ししてきましたけれど、本来統計で結論を出すべきでないところまで統計が入り込んでくることによって、国民が想定していないような大惨事が引き起こされる可能性ですね。これは私は大変心配をしています。今後、統計を活用するうえでのガイドラインが何か必要になるのではないでしょうか。

2つ目は、戦争。アメリカなどの軍事大国が人工知能に投資をする最大の理由は戦争やテロ対策です。SF映画のようにロボットが人間を支配することはそれほど心配していませんが、戦闘機だけでなく地上戦に投入できるようなロボットができたら、軍事大国は戦争をする苦痛を今ほどは感じなくなるでしょう。なにしろ、自国民は戦闘で死ななくなりますから。それによって戦争へのハードルが下がることが、とてつもなく恐ろしいです。

私の仕事に関連する、コンピュータが仕事が奪う話についてては、ものは考えようだと思っています。極端な話ではありますが、ホワイトカラーの仕事が人工知能にみんな置き換えられたと。残ったのは結局、イラストを理解したりする、例の私たちの多くがなぜだか自然に理解できるケーキの問題、あれが一番難しい問題として残ったと。それはどういうことかというと、じつは、人間らしい仕事とは、人間が学校に行かなくてもできることなのではないかというふうに考えられる。学校の勉強のうちの大半は、本当は機械に置き換えることができるんだけれど、いままでそういう機会がなかったから我慢してやってたんだな、みたいな話。

それはすごく極端な結論だと思うんですけれども、もしも近未来にそれが現実になったなら、「学校」そのものの根本的な見直しにつながるでしょうね。もしそうなるとしたならば、それは破滅というより避けられない社会変革なのかもしれない。だとし

column

コラム4 比較優位説

　ロボットが発達して、人間の代わりにいろいろな仕事ができるようになったらどうなるのでしょうか。社会はより豊かになり、人間はより人間らしく生きることができるという人がいます。いっぽうで、失業者が街にあふれて不幸になるという人もいます。どちらの意見が正しいのでしょう。

　Aさんが大変有能な社長だとしましょう。社長業だけでなく、事務の手際もよい。いっぽうBさんはAさんの下で働いている事務員ですが、Aさんより事務の効率が低いとします。このとき、Aさんは1人で両方の仕事をこなすべきでしょうか。そうではありません。

　1日に働くことができる時間に限度があるならば、事務はBさんに任せて社長業に専念することで、Aさんはより多く利益を得ることができます。いっぽう、Bさんも失業するよりは事務員として働く方が利益を得ることができます。分業することで、生産性が向上し、製品の価格が下がり、消費者も恩恵を受けます。これが伝統的な経済学の考え方（比較優位説）です。

　この考え方に従えば、ロボットの登場で社会全体は豊かになるはずです。Aさんの会社でも、Aさん・ロボット・Bさんはそれぞれ比較優位であるような仕事に特化すればよいのです。Aさんの会社の事務仕事はロボット1台で済んでしまい、Bさんが失業する可能性もあるでしょう。でも、心配はいらない、人間の欲望には際限がないのだから、次々に新しい仕事が生まれるはずだ、別の仕事に移ればよい――伝統的な経済学はそう主張します。つまり、失業というのは短期的な現象に過ぎないというのです。

　ただ、この考え方は楽観的過ぎるとの批判もあります。まず、別の仕事に移る上で必要になるコストを考慮していない、という点です。

　ロボットに職を奪われたからといって、すぐに介護福祉士やインテリアデザイナーになれるとは限りません。資格を取るために専門学校などに行く必要があるでしょう。HIT（ヒューマン・インテリジェント・タスク）はロボットに対して比較優位かもしれませんが、それで食べていけるかどうかまでは、この理論は保証してくれません。

　伝統的な経済学が用いる「短期的」という言葉にも注意が必要です。経済学では有限の時間はすべて「短期的」と呼びますから、それが私たちの人生より短いのか長いのか教えてはくれないのです。

ても、短期的には、ものすごく大きな社会混乱を招くと思いますから、それについて私は社会的責任を感じます。ですから、今、社会としてどのような準備をしていけばいいのかについて、人工知能の研究と同時に考えています。

科学技術というのは、ひとたび誰かが研究し始めると、基本的には止めることができません。たとえば、東ロボくんのプロジェクト。チームリーダーである私を今止めさせたとしても、私ができるようなことだったら、世界に100人以上はこのプロジェクトができる人はいるはずなのです。私が行わなくても、どこかで誰かがやるはずなのです。そして科学技術はそんなに簡単にコントロールはできません。それは歴史が物語っています。

そんな中で私たちができることというのは、やはり科学技術の本質を見極められる、見極めようとする人たちが増える、ということだと思います。

科学技術を、なんかすごそうでこわそうだけど全然わかんないし……というふうに思うのではなくて、それとはなんなのか、ということを、それを専門にしている人も、専門ではない人も一緒に、いま科学技術はこういうところまで来てるんだよ、という問題意識を共有する。そのことによってのみ、コントロールできるのではないか、そして次の時代、次の世界を切り拓いていくことができるのではないか、と考えています。科学技術に呑まれることなく、科学技術を見極める。そんなふうにみんなで一緒に努めていけるといいな、と心から思っています。

東ロボくんのプロジェクトは、みんなでドキドキワクワクしながら、じつはこのことをたくさんの人と共有できる大いなる仕組みなのではないか、と私は考えているのです。

私たちが「人間である」こと——あとがきにかえて

この本の旧版が刊行された2014年、「東ロボくん」は最初の「浪人」生活を送っていました。2013年の模試でとりあえずいくつかの大学には合格可能性80％以上を出したものの、代々木ゼミナールの坂口幸世先生から「（世界史と日本史で偏差値50台後半を出したものの）いくつかの科目で偏差値40台があります。こういうばらつきがある人は、国公立はちょっと難しいですね」とコメントされていました。それから3年。多くの「家庭教師」の先生方の支えがあって、とうとう東ロボくんは全国にある大学のちょうど7割に合格可能性80％以上の判定をいただけるまでに成長しました。でも、残念ながら東大には入れませんでした。今回、その成長と挫折について、ベネッセコーポレーション、SAPIX YOZEMI GROUPの先生方が具体的な問題を挙げて詳しく講評してくださいました。また、「ロボットは東大に入れるか」プロジェクトチームのみなさん、つまり東ロボくんの家庭教師の先生方も解説を加えてくれています。そこが本改訂新版の最大の読みどころかな、と思っています。

また、記述式の「東大プレ」の世界史の講評に、「東ロボ手くんはボールペンでしか記述できない」から、ボールペンでの解答の記入を許されたというくだりが出てきます（172頁）。

ここ、じつはとっても重要なんです。

「東ロボ手くん」を開発してくださったデンソーさんとの最初のミーティングで「鉛筆とシャープペンシルは絶対に避けたい」と言われたのです。筆記の途中で芯が折れるかもしれないから、ということでした。

「シャーペン折れたら、ノックして芯を出せばいいじゃない」

と思うでしょう? いえいえ、それがとっても難しい。芯が折れた、ということをいつどうやって正確に認識するのか。ある文字を書いている途中だった場合、その文字の「残り」部分をどう処理するのか。ノックはどうするのか。何度も芯が折れて、いよいよ芯を入れ替えなければならなくなったときどうなるか。全部ロボットにとってはまだまだ難題なんです。

何億円もかければ、シャープペンシルを使うロボットアームはできるかもしれない。でも、それだけではすみません。「解答用紙をひっくり返す」とか「ミシン目のところで切り離す」とか、ひとつひとつ開発しなければならないのです。消しゴムが転がって落ちたらどうしたらいいか、なんて考えたら気が遠くなりそうです。

みなさんが朝起きて、パジャマの袖がぬれないように腕まくりして顔を洗って、ぎゅうぎゅうに詰め込まれた冷蔵庫の奥の方からバターを取ってパンに塗って、鼻水が出たらティッシュでかんで……という自然な動作ひとつひとつが、ロボットにはまだまだ遠いことなんですね。東大に入るのと同じか、場合によってはそれ以上に。

読みどころはほかにもたくさんあります。たとえば、英語の家庭教師であった東中竜一郎さんの解説（234頁〜）と、模試における「不得意／苦手だった英語の問題」を対比して読むのも面白いでしょう。たとえば、二人が会話している中で、一文だけを空白にして、「どの文を入れると、かみ合った会話になりますか」を選択肢から選ぶ「会話完成問題」。東中さんによれば、7万発話の会話集から「発話の並びのよさ」を機械に学習させたことがわかります。同じような話題に出やすいキーワード群の特徴などを機械は学習したのです。けれども、マーク模試（英語）の苦手な問題の箇所を見ると、会話完成問題で東ロボくんの評価が決して高くないことがわかります。実際に東ロボくんが間違えた問題が141頁に出てきます。ベラさんとケンさんとの会話です。ベラさんの「私は近所に住んでいるベラ・ダニエルスです」と、ケンさんの「郵便屋さんが間違えたのでしょう。僕たちのアパートの号数が近いですから」という会話の間に、ベラさんが何と言ったかを当てる問題です。答えは「あなた宛の郵便が私に届きましたよ」です。でも、近所、郵便屋、間違い、アパート、数などの手がかりだけから正解を選ぶのは難しかっただろうな、と思います。

みなさんもご存じかと思いますが、たとえばLINE上のキャラクターであるりんなちゃんというボットは、過去の会話集と会話集から、それなりに会話を成り立たせています。でも、それは、「他愛のない会話」に過ぎないからだ、ということが、この例からわかります。様々なシーンで、状況や文脈に即した会話を成立させるには、ただ単に記号としての会話を集めて統計をとるだけでは、及第点を取るのは難しい。

問題を対比しながら読むと、ほかにもAIの可能性と限界を示していて面白いところがたくさんあります。たとえば、数学の問題。「東大プレ」の理系向け問題を6問中4問正解した一方で、文系向け問題では5問中2問しか正解できませんでした。数学ですから、理系向けのほうが文系向けより難しいはずなのに。「将棋の名人を破るより、東大に入学するほうがAIにとって簡単なはず」という思い込みが禁物だということがここからもわかります。

文系理系ともに確率は白紙です。これは、正直どうしようもない。たとえば、「操作」として書かれている以下の問いの文が読めないからです（155、159頁）。

操作：さいころを投げて、1，2，3の目が出れば、赤玉、白玉ともそのままにしておく。4の目が出たときは、赤玉、白玉の両方とも現在入っている箱からもう1つの箱へ移動する。5の目が出たときは赤玉のみをもうひとつの箱に移動し、6の目が出たときは白玉のみをもう1つの箱に移動する。

東ロボくん、一行目の「そのまま」で、もうつまずいちゃいます。「その」が何を指すのかわからないのです。

「そのまま」はこの問題文（同155、159頁）の冒頭に出てくる「2個の箱P，Qがあり、最初Pには赤玉と白玉が1個ずつ入っており、Qには玉は入っていないという状態のまま」、と読むべきです。でも、「赤玉、白玉とも、赤玉、白玉のままにしておく」（色を塗り替えない）、という読み方も不可能ではありません。「その」が何かを当てることを、AIの世界では「照応解決」とよびますが、精度がなかなか上がらないのはこういう理由があるからなのです。

一方で、文系の第4問（157頁）や理系の第1問（159頁）のように、人間では到底計算しようがない式を、いとも簡単に計算した、というのは「計算機」たる東ロボくんの本領発揮というところでしょうね。ただ、途中式を書かないので答えだけ書いているので、本当の東大の試験では減点されてしまうかもしれません。

これは今、AIの世界が抱えている大問題のひとつです。AIが答えを出してきても、その答えが正しいのかどうか人間側が判断する手段がない、という問題です。本書の第1章（2013年に行った講演）で、今ではやや古い技術になりましたが、サポート・ベクター・マシンという方法を使って、犬と猫を見分ける方法を紹介しました。そのときに、「統計による犬猫見分けマシンは、論理性がないので、正しさは保証できない」と書きました。これは、サポート・ベクター・マシンが、ディープラーニングに変わっても同じです。データ量を増やしても同じです。けれども、お隣の国韓国では、フェイスブックのようなSNSの上での友達関係等から、人の価値を数値化するサービスが登場しました。AIが人の価値を決めるのです。価値の低い人、とAIに烙印をおされたら、お見合いにたどりつけないとか、就職ができないとか、ローンを借りられない……それがSFではなく現実になりつつあります。

あなたはそれをどう思いますか？

ある人は、「人間だって過ちを犯すし、かえってコネとか思い込みとかない分、AIのほうがまし」と思うかもしれません。一方、「それは恐ろしい。人間ならば過ちを認めて、直してもらえるかもしれないけれど、AIとは話し合いの余地がない。しかも、私自身がそんな烙印をおされたとして、その根拠すらよくわからないなんて、いやだ！」と思うことだってあるでしょう。私は後者の意見に賛成です。

さて、東ロボくんが毎年9月にすべての科目で模試を受験し、翌々月の11月に発表会をする、という形での「ロボットは東大に入れるか」プロジェクトは2016年を最後に、いったん凍結しました。東ロボくんの家庭教師だった先生方は、それぞれの専門でAIのさらなる進化と深化に向けてそれぞれの歩みを始めました。

＊

私の「それから」を少しお話しましょう。

東ロボくんと共に生きた5年間はとても充実していました。東ロボくんの成長のために精一杯頑張りました。でも、私自身は元々機械に愛情を持てるタイプではありません。なにしろ、我が家には電子レンジがありません。意味を理解しないくせに、したり顔で「食品を取り出してください」なんて命令してくる家電が大嫌いなのです。

この5年間、ずっと心配していたのはむしろ子どもたちのことでした。東ロボくんのようなAIが社会に導入されるであろう、2025年以降の社会を生きぬかなければならない子どもたち。AIと子どもとどちらか、といわれたら、もちろん子どもの側に立ちたい。そう思っていました。

5年間の挑戦で、東ロボくんには「意味」がわからないこと、文脈や状況把握ができないことが十分わかりました。どれほど統計データを放り込んでも、（将棋や囲碁のようにルールや判断基準（勝ち負け）が明確なもの以外は）人間に勝ち目があることもわかりました。それなのに、なぜ8割もの受験生が東ロボくんに負けてしまったのか。それこそが大問題なのです。

さてここで、293頁でお話しした、東ロボくんがつまずいた数学の問いの文章をもう一度読んでみてください。「操作」のところです。問題を解いてください、とは言いませんから安心してね。

あなたはこれがどんな「操作」なのか、わかりますか？　もしも、

「えー……なんか……めんどくさい。無理。」

と感じたら要注意。それでは、過去問、教科書にウィキペディアまで暗記して、計算問題も楽勝な東ロボくんに敵いようがありません。人間であるあなたには、人間としての常識に基づいて、状況や文脈を理解しつつ、きちんと文章を読めて書けて、聞いて話せるようになってほしいのです。そうすれば、東ロボくんはあなたの有能な「召使いと」して、探し物を手伝ったり、面倒な会計処理をしたりして、あなたを助けてくれることでしょう。

でも、あなたが「自分が人間であること」の価値を自ら放棄してしまったら、ＡＩは冷酷な競争相手になりうるのです。

＊

ですから、私は最近、みなさんが「きちんと人間らしく読めているかどうか」を診断するテスト、「リーディングスキルテスト」というのを作りました。たとえば、左頁のような問題です。

下記の文を読み、メジャーリーグ選手の出身国の内訳を表す図として適当なものを全て選びなさい。

メジャーリーグの選手のうち28%はアメリカ合衆国以外の出身選手であるが、その出身国を見ると、ドミニカ共和国が最も多くおよそ35%である。

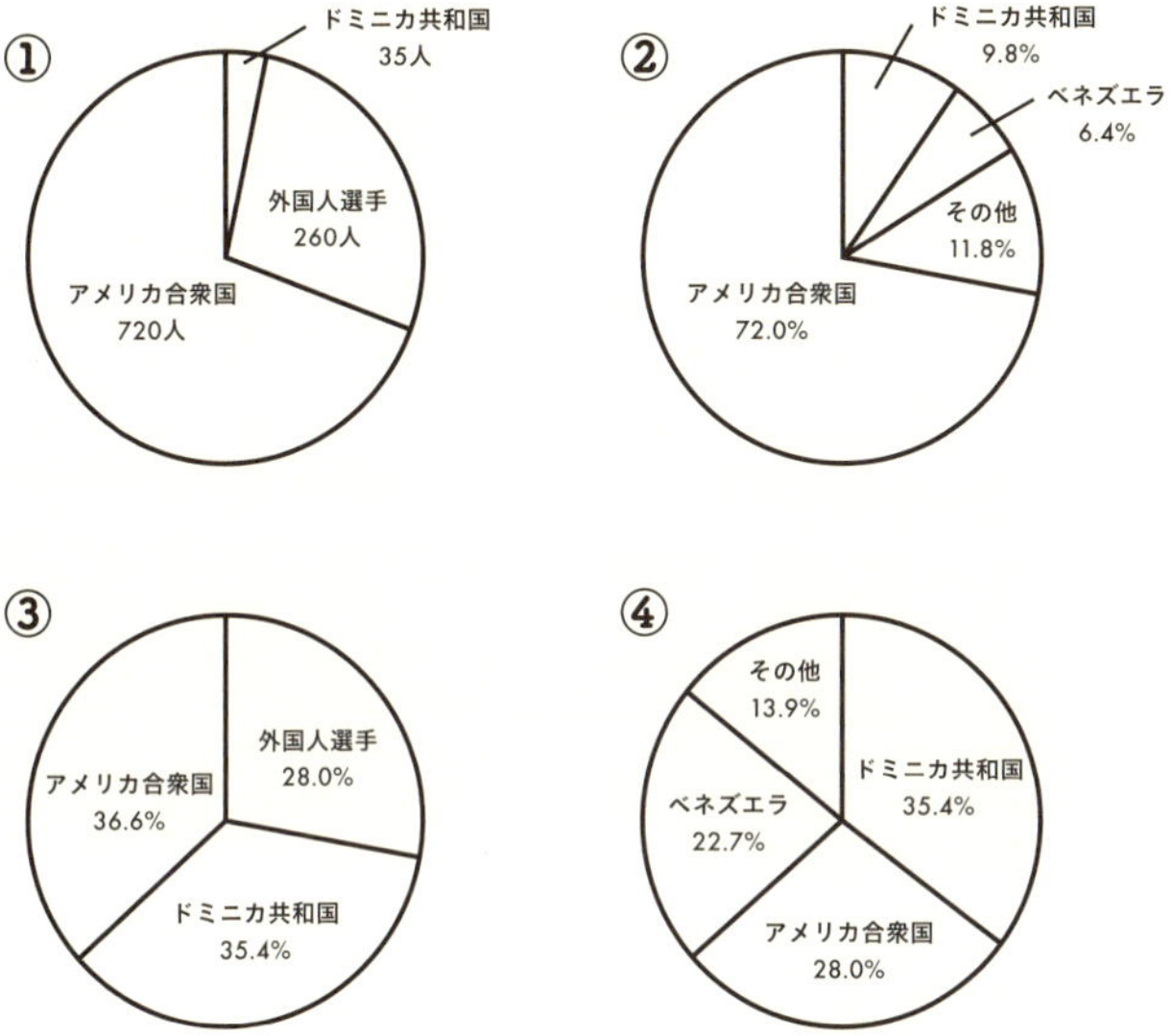

これ、AIにはとっても難しい。キーワードだけひろって答えようとすると、「アメリカ合衆国28　ドミニカ共和国　35」の図を選びたくなりますから。でも、この本の最後まで読めたあなたは正解がどれかわかりますね。答えは②です。「アメリカ合衆国以外の出身の選手が28％」と書いてあることから、「アメリカ合衆国出身の選手」は100−28=72で72％。それ以外選びようがありません（ちなみに、このテストはコンピュータで行われるテストです。少なくともひとつは答えを選ばないと、「答える」のボタンを押せないようになっています。）。けれども、調べてみると、読解力が中の上くらいまでは、④を選ぶ人のほうが圧倒的に多いのです。つまり、「アメリカ合衆国　28　ドミニカ共和国　35」の図です。AIと一緒ですね。先日、あるテレビ番組がこの問題を取り上げて、東大の新入生に解いてもらったそうです。正解できたのは、たった52％。ショックでした。東ロボくんのライバルだった東大生はもっと正確に文章が読めると信じたかった。

でも、それは彼らが悪いのだとは思いません。おそらく何か、「人間らしからぬ無茶な勉強」をした結果、人間らしい力がつかなかっただけに違いないと思うのです。

「ロボットは東大に入れるか」のプロジェクトを通して、私はみなさんにぜひ中学生のときに「リーディングスキルテスト」を受けてもらって、「どこまで読めているか・どこでつまずいているか」を自覚する手助けをしたいと思うようになったのです。そしてその結果を受け止めてもらい、自分の本当の可能性を伸ばす「読解力」を、あせらず、じっくりと身につけてほしいと心から願っています。

2018年4月　新井紀子

謝辞

「ロボットは東大に入れるか」プロジェクトには、さまざまな大学・産業界から、100人を超える研究者が参加してくださいました。今回、あらたに英語についての解説を書いてくれた東中竜一郎さんを中心としたNTTコミュニケーション基礎研究所とそのOBの先生方。世界史の点数の伸び悩みを解決するために、2015年から参加して1年でセンター模試の世界史の正答率を一気に75%まで引き上げてくれた日本ユニシス総合技術研究所のみなさん。人工知能という言葉が生まれてからずっと夢であった「数学の問題の自動解答システム」を、世界で初めて本格的に実現するために尽くしてくれた富士通研究所の方々。センター模試の力学の問題を攻略してくださった、サイバネットシステムのエース、岩ヶ谷崇さん。東ロボくんに「手」という身体を提供してくれたデンソーの技術者の方たち。日本のモノ作り企業の好奇心と熱意と「仕上げる技術」を改めて頼もしく感じました。

ほかにも、2016年11月の「東ロボ最終成果報告会」までずっと伴走してもらった多くのみなさん。「苦楽を共にする」とはまさにこういうことかな、と感じる5年間でした。ここにみなさんのお名前をすべて記すことができないのは残念ですが、あらためて、おひとりおひとりに心から感謝申し上げます。

2018年4月　新井紀子

●本書刊行にあたり、以下の方々のご協力をいただきました。心より感謝いたします。
○慶應義塾大学教養研究センター
○豊島岡女子学園中学校・高等学校
○福島県立福島高等学校
○SAPIX YOZEMI GROUP（坂口幸世・高宮敏郎・武重昌吾・土生昌彦／上原格・越田大二郎・小林裕規・清家貴樹・田中友美・塚原浩太・辻康介・宮本正巳・横田和彦・湯浅弘一）
○穴井宏和・岩根秀直（富士通研究所）
○佐藤理史（名古屋大学）
○稲邑哲也・宮尾祐介・松崎拓也・横野光・狩野芳伸／小林登紀子（国立情報学研究所）
○ベネッセコーポレーション（内山公宏・小林一木／阿倍寛・岩崎修人・廣瀬鮎実・三宅悠介）
○株式会社デンソー（カバー及び１７２頁写真「東ロボ手くん」https://www.denso.com/jp/ja/about-us/sponsor/torobote-kun/）
写真提供：
PPS 通信社（alamy/Rex Features/AGE/Photoshot）
松崎恒夫＋モモ／中西庸＋ステラ／川島勝＋チャコ
編集協力：落合美晴

（敬称略）

谷川俊太郎さんからの四つの質問への新井紀子さんのこたえ

「何がいちばん大切ですか？」

フェアプレー。社会がフェアであること。楽しく仕事を続けること。

「誰がいちばん好きですか？」

この問いに答えるのにいちばん苦労をしました。なぜかというと、○○さんです、といっても、通じないからです。では、○○さんとは誰ですか？ と聞かれたら、それは私のいちばん好きな人です、としか答えようがないなあ、と思うのです。

「何がいちばんいやですか？」

いやだと思うことを、「いやだ！」といえなくなること。

「死んだらどこへ行きますか？」

何も思いつきません。

1週間考えても何も思い浮かびません。

そこで、「死んだらどこへ行きますか」「死んだらどこへ行きますか」「死んだらどこへ行きますか」……と何度も頭の中で唱えてみました。

やっぱり、なにも思い浮かびません。無理に考え続けたら体に悪そうなので、これについてはもう考えたくないんですけれども。谷川さん、いいですか？

新井紀子（あらい・のりこ）東京都生まれ。一橋大学法学部卒業。イリノイ大学数学科博士課程修了。理学博士。現在、国立情報学研究所教授。2005 年より学校向け情報共有基盤システム NetCommons（ネットコモンズ）をオープンソースとして公開。現在、全国の学校のホームページやグループウェアとして活用されている。2011 年から人工知能分野のグランドチャレンジ「ロボットは東大に入れるか」のプロジェクトディレクターを務める。〈ナイスステップな研究者〉（2008 年）受賞、科学技術分野の文部科学大臣表彰（2010 年）など。著書に『数学にときめく』（講談社ブルーバックス）、『ほんとうにいいの？　デジタル教科書』（岩波書店）、『コンピュータが仕事を奪う』（日本経済新聞社）、『数学は言葉』『計算とは何か』（東京図書）、『生き抜くための数学入門』（イースト・プレス）、『AI vs. 教科書が読めない子どもたち』（東洋経済新報社）など。

改訂新版　ロボットは東大に入れるか

2018 年 5 月　5 日　初版第 1 刷発行
2020 年 1 月 15 日　初版第 3 刷発行

よりみちパン!セ
YP06

著　者　新井紀子
発行者　塩浦 暲
発行所　株式会社　新曜社
101-0051　東京都千代田区神田神保町 3-9
Tel: 03-3264-4973　Fax: 03-3239-2958
e-mail: info@shin-yo-sha.co.jp
URL: http://www.shin-yo-sha.co.jp/

装画・挿画　100%ORANGE ／及川賢治
ブックデザイン　祖父江 慎＋根本 匠（cozfish）
印刷・製本　中央精版印刷株式会社

Printed in JAPAN ISBN 978-4-7885-1563-5 C0095

＊本書は 2016 年にイースト・プレスより刊行された同名書籍の第 2 章を大幅改訂し、ほかに若干の修正と補足を加え、刊行したものです。